中国特色高水平高职学校项目建设成果系列教材

高等职业教育教学改革特色教材·电子商务专业

Operation and Management of Online Stores

网店运营与管理

崔红 主编

东北财经大学出版社 | 大连

Dongbei University of Finance & Economics Press

图书在版编目（CIP）数据

网店运营与管理 / 崔红主编. —大连：东北财经大学出版社，
2025.8. —（高等职业教育教学改革特色教材·电子商务专
业）. —ISBN 978-7-5654-5625-1

Ⅰ. F713.365.2

中国国家版本馆 CIP 数据核字第 2025GZ8827 号

网店运营与管理

WANGDIAN YUNYING YU GUANLI

东北财经大学出版社出版

（大连市黑石礁尖山街 217 号　邮政编码　116025）

网　　　址：http://www.dufep.cn

读者信箱：dufep@dufe.edu.cn

大连天骄彩色印刷有限公司印刷　　东北财经大学出版社发行

幅面尺寸：185mm×260mm　　　字数：315 千字　　　印张：13.5

2025 年 8 月第 1 版　　　　　　2025 年 8 月第 1 次印刷

责任编辑：张晓鹏　周　欢　　　　　　责任校对：那　欣

封面设计：原　皓　　　　　　　　　　版式设计：原　皓

书号：ISBN 978-7-5654-5625-1　　　　定价：42.00 元

教学支持　售后服务　联系电话：（0411）84710309

版权所有　侵权必究　举报电话：（0411）84710523

如有印装质量问题，请联系营销部：（0411）84710711

本书编写说明

中国特色高水平高职学校和专业建设计划（简称"双高计划"）指党中央、国务院为建设一批引领改革、支撑发展、中国特色、世界水平的高等职业学校和骨干专业（群）而实施的重大决策建设工程。哈尔滨职业技术大学（原哈尔滨职业技术学院）入选"双高计划"建设单位，学校对中国特色高水平高职学校建设项目进行顶层设计，编制了定位高端、理念领先的建设方案和任务书，并扎实地推进人才培养高地、特色专业群、高水平师资队伍与校企合作等项目建设，借鉴国际先进的教育教学理念，开发具有中国特色、国际标准的专业标准与规范，深入推动"三教改革"，组建模块化教学创新团队，推进"课程思政"实施，开展"课堂革命"，出版校企双元开发的活页式、工作手册式新形态教材。为适应智能时代先进教学手段的应用，学校加大力度进行优质在线资源的建设，丰富教材的载体，为开发以工作过程为导向的优质特色教材奠定基础。按照教育部发布的《职业院校教材管理办法》的要求，教材编写的总体思路是：依据学校"双高"建设方案中的教材建设规划、国家相关专业教学标准、专业相关职业标准及职业技能等级标准，服务学生成长成才和就业创业，以立德树人为根本任务，融入课程思政，对接相关产业发展需求，将企业应用的新技术、新工艺和新规范融入教材中。教材编写遵循技术技能人才成长规律和学生认知特点，适应相关专业人才培养模式创新和优化课程体系的需要，注重以真实生产项目、典型工作任务、生产流程及典型工作案例等为载体开发教材内容，将理论与实践有机融合，满足"做中学、做中教"的需要。

本系列教材是哈尔滨职业技术大学中国特色高水平高职学校项目建设的重要成果之一，也是哈尔滨职业技术大学教材改革和教法改革成效的集中体现。教材体例新颖，具有以下特色：

第一，教材研发团队组建创新。按照学校教材建设的统一要求，遴选教学经验丰富、课程改革成效突出的专业教师担任主编，邀请相关企业作为联合建设单位，形成了一支由学校、行业、企业和教育领域高水平专业人才组成的开发团队，共同参与教材编写。

第二，教材内容整体构建创新。精准对接国家专业教学标准、职业标准、职业技能等级标准，确定教材内容体系，参照行业企业标准，有机融入新技术、新工艺、新规范，构建基于职业岗位工作需要的、体现真实工作任务与流程的内容体系。

第三，教材编写模式形式创新。与课程改革相配套，按照"工作过程系统化""项目+任务式""任务驱动式""CDIO 式"四类课程改革需要设计四种教材编写模式，形成新型活页式或工作手册式教材编写形式。

第四，教材编写实施载体创新。依据专业教学标准和人才培养方案要求，在深入企业调研岗位工作任务和职业能力分析的基础上，按照"做中学、做中教"的编写思路，以企业典型工作任务为载体进行教学内容设计，将企业真实工作任务、真实业务流程、真实生产过程纳入教材之中，并开发与教学内容配套的教学资源，以满足教师线上线下混合式教学的需要。本套教材配套资源同时在相关平台上线，以满足学生在线自主学习的需要。

第五，教材评价体系构建创新。从培养学生良好的职业道德、综合职业能力、创新创业能力等角度出发，设计并构建评价体系，注重过程考核和学生、教师、企业、行业、社会参与的多元评价；在学生技能评价上，借助社会评价组织的"1+X"考核评价标准和成绩认定结果进行学分认定，每部教材根据专业特点设计综合评价标准。为确保教材质量，哈尔滨职业技术大学组建了"中国特色高水平高职学校项目建设成果系列教材编审委员会"。教材编审委员会由职业教育专家组成，同时聘用企业技术专家指导。学校组建了专业与课程专题研究组，对教材编写持续提供培训、指导、回访等服务，同时制定常态化质量监控机制，能够为修订完善教材提供稳定支持，确保教材的质量。

本系列教材是在国家骨干高职院校教材开发的基础上，经过几轮修改，融入课程思政内容和课堂革命理念编写而成的，既具教学积累之深厚，又具教学改革之创新，凝聚了校企合作编写团队的集体智慧。本系列教材充分展示了课程改革成果，力争为更好地推进中国特色高水平高职学校和专业建设及课程改革做出积极贡献！

哈尔滨职业技术大学
中国特色高水平高职学校项目建设成果系列教材编审委员会
2025 年

前言

随着电子商务的快速发展，网上购物已经成为一种常态化的购物方式，与此同时，网上开店、网上创业，逐渐成为一种潮流，也成为我们这个时代的热门话题。本教材基于校企合作和工作过程系统化理念进行开发，在深入调研和分析网店运营实践的基础上，针对网店运营的细分岗位需求，对网店运营实际工作流程中的任务进行序化，以电商平台为主要依托，以网店运营与管理为核心，系统、全面地介绍了网上开店、装修、运营、推广、客服等工作的基本方法和技巧，形成一个有机的整体。

本教材以网店开设与运营推广的实际操作流程为主线，本着"激发兴趣，重在实践"的宗旨，以电子商务专业教学标准、电子商务师职业标准、1+X"网店运营推广职业技能等级标准"等为依据，按照"项目引导、任务驱动"的理念，联合校外专家，将网店运营各项工作内容的"知识学习、技能操作、实战应用"有机结合。教材共设计了5个项目12个任务，内容涉及网店运营实际工作过程中所必备的知识与技能；同时，引入企业真实项目，拓展教学场地与教学场景，给读者身临其境的体验。教材各个项目均配有相应的微课资源并以二维码的形式呈现（另有其他课程资源已在智慧树、国家智慧教育公共服务平台上线，同名课程亦获批黑龙江省教育厅第四批职业教育精品在线开放课程），读者扫码即可自学。

本教材既可作为高等职业院校、职教本科电子商务类专业的教学用书，也可作为相关人员的自学参考用书。

党的二十大报告指出，要"加快发展数字经济，促进数字经济和实体经济深度融合，打造具有国际竞争力的数字产业集群"。通过本书学习，学习者要掌握网店运营与管理方面的知识和技能，具备利用电子商务平台开展经营活动的能力。本教材将在电商就业、网上创业、证书考取方面助您一臂之力！

本教材的编写成员均为哈尔滨职业技术大学的教师，由崔红任主编，并负责全书体系设计。具体编写分工如下：刘清负责项目一和项目五的编写，并负责项目一的微课制作；肖伟民负责项目二中的任务1的编写及微课制作；杨海玉负责项目二中的任务2的编写及微课制作，并负责项目三的微课制作；崔红负责项目三和项目四的编写，并负责项目四的微课制作；刘伟伟负责项目五的微课制作。全书最后由崔红统稿。

由于编写时间仓促，作者水平有限，加之电子商务的发展远远快于理论总结，客观上给本书编写带来了一定的难度，因此书中难免有疏漏之处，恳请各位读者和专家批评指正。

编 者

2025 年 6 月

目录

项目五　网店客户服务 / 176

主要参考文献 / 206

项目一　开网店的前期准备

【项目导入】

随着电子商务的快速发展，网上购物已经成为一种常态化的购物方式，与此同时，网上开店、网上创业逐渐成为一种潮流，也成为我们这个时代的热门话题。电子商务专业毕业生小王准备自己创业，决定在电子商务平台开设一家网店。网上开店，不能只凭对电子商务的一腔热情，需要精心地准备与规划。请你作为小王的合伙人，帮助小王完成网店开设的前期准备工作。在前期了解的网上开店的相关知识基础上，首先，通过对各大电子商务平台的调研与对比分析，选择适合自己的网上平台；其次，整合网上开店所需的各种资源，并在此基础上组建创业团队，确定团队人员的分工及对应的岗位职责，完成网店的规划。

【学习目标】

知识目标

（1）能够说出三种不同的电子商务平台的类型。

（2）能够列举五种按照交易主体划分的电子商务平台典型网站。

（3）能够简述一种C2C电子商务平台的入驻要求及入驻流程。

能力目标

（1）能够调研不同电子商务平台的入驻资质及入驻流程。

（2）能够分析不同电子商务平台的优势、特色与不足。

（3）能够根据市场调研情况并结合实际，撰写网店规划书。

素养目标

（1）树立正确的网店开设与运营观念。

（2）培养服务社会、服务地方、乡村振兴的意识。

（3）弘扬躬耕寒地、艰苦创业、自强不息的奋斗精神。

任务1　平台的选择

任务解析

本任务要求了解网上开店所需要的一些基础工作，调研各电子商务平台的经营模式、规模、特色，明确各电子商务平台的入驻规则与入驻流程，了解不同经营类目店铺平台所收取的费用，最后根据整体调研情况选择适合自己的平台。

> **知识链接**

一、电子商务平台的主要类型和模式

1.按交易地域划分

按交易主体地域划分，电子商务平台可分为国内电商、跨境电商。

国内电商，即国内电子商务，是指同一国家或地区内的交易双方通过互联网实现商品交易的一种商业模式。国内电商的本质是国内贸易，主要服务于国内消费者和企业。

跨境电商，即跨境电子商务，是指不同国家和地区之间的交易双方通过互联网及其相关物流手段实现商品交易的一种商业模式。跨境电商的本质是全球贸易，通过电子商务手段实现跨国交易和跨国服务。

国内电子商务运营与跨境电子商务运营的区别主要有以下几个方面：

（1）市场与消费者不同

国内电商所面对的市场相对较小，主要服务于国内消费者和企业，因此需要更加注重满足消费者的需求和习惯。国内电商需要面对的是同一国家或地区内的竞争对手和法律法规，相对来说市场环境较为稳定。

跨境电商所面对的市场是全球化的，交易双方来自不同的国家和地区，因此需要面对各种不同的文化、习惯和消费需求；同时，跨境电商还需要考虑不同国家和地区的法律法规、货币汇率、税务政策等因素，以确保合规经营。

（2）物流与配送不同

国内电商的物流和配送相对来说较为简单，主要依靠国内的物流体系和配送网络。国内电商需要考虑的因素包括物流成本、配送速度、售后服务等，需要更加注重物流服务的优化和提升消费者的购物体验。

跨境电商的物流和配送涉及跨国运输和跨境物流，需要考虑更多的因素，如国际物流、关税、运费等。同时，由于不同国家和地区的物流体系和配送网络存在差异，跨境电商需要更加注重物流方案的优化和配送效率的提高，以确保消费者能够及时、安全地收到商品。

（3）支付与结算不同

国内电商的支付与结算相对来说较为简单，主要采用国内的支付方式。国内电商需要考虑的因素包括支付安全、支付效率和支付成本等，需要更加注重支付服务的优化和提升消费者的支付体验。

跨境电商涉及跨国支付和结算，需要考虑不同国家和地区的支付方式与支付习惯。同时，跨境电商还需要面对不同国家和地区的货币汇率与支付风险等问题。因此，跨境电商需要选择多种支付方式以满足不同国家和地区消费者的需求，并采取有效的风险管理措施。

（4）品牌与营销不同

国内电商的品牌和营销主要面向国内消费者和市场环境，需要更加注重满足消费者的需求和市场趋势的把握。国内电商可以通过各种营销手段如社交媒体、广告投放等提高品

牌知名度和市场份额。

跨境电商的品牌和营销需要面对不同国家和地区的消费者与市场环境，更加注重品牌的全球知名度和营销策略的多样化。同时，跨境电商还需要根据不同国家和地区的文化差异与市场特点进行定制化的营销活动。

综上所述，国内电商和跨境电商在市场与消费者、物流与配送、支付与结算以及品牌与营销等方面存在明显的区别。随着经济全球化和互联网的不断发展，跨境电商将具有更加广阔的市场和发展空间，而国内电商则需要更加注重创新和服务质量的提升以应对激烈的市场竞争。

2.按交易主体划分

按交易主体划分，电子商务平台可以分为B2B、B2C、C2C、B2G等电子商务平台。

（1）B2B

B2B指的是Business to Business，即企业对企业的电子商务。它是指企业与企业之间通过互联网或私有网络等现代信息技术手段进行的各种商务活动（如谈判、订货、签约、付款等）。典型的B2B电子商务平台有阿里巴巴、中国制造网等。

（2）B2C

B2C指的是Business to Customer，即表示企业对消费者的电子商务。这种形式的电子商务一般以网络零售业为主，主要借助于Internet开展在线销售活动。B2C模式是我国最早产生的电子商务模式，以8848网上商城正式运营为标志。B2C即企业通过互联网为消费者提供一个新型的购物环境——网上商店，消费者通过网络在网上购物、在网上支付。这种模式节省了客户和企业的时间和空间，大大提高了交易效率。近年来，随着互联网的快速发展与全球网民的增多，B2C电子商务模式得到了快速的发展。典型的B2C电子商务平台有亚马逊、京东商城、天猫商城等。

（3）C2C

C2C指的是Customer to Customer，即个人对个人的电子商务。它是指个人消费者之间通过网络商务平台实现交易。该模式能够为买卖双方提供在线的交易服务平台，在该平台中，卖方可自行提供商品信息，而买方可以自由选择商品并支付。典型的C2C电子商务平台有淘宝网等。

（4）B2G

B2G指的是Business to Goverment，即企业与政府之间的电子商务。这种模式涵盖了企业与政府之间的若干事务，包括政府采购、税收、商检、政策法规发布等。

3.按业务模式划分

按业务模式划分，电子商务平台可分为综合型电商平台和垂直型电商平台。

（1）综合型电商平台

综合型电商平台是指在互联网上提供综合购物服务的电子商务平台。它旨在为消费者提供全方位的购物体验，在一个平台上集合了各类商品、商家和服务，满足了消费者的多样化需求。综合型电商平台主要包括天猫、淘宝、京东、1号店等。

（2）垂直型电子商务

垂直型电子商务是指在某个行业或者细分市场深化运营的电子商务模式，网站旗下商品是同一类型产品，大多为B2B或者B2C业务。垂直型电子商务的优势在于专注和专业，能够提供更加符合人群的特定类型产品，满足某个领域的需求，更容易提升用户的信任度和加深顾客的印象。

二、B2C和C2C电子商务平台店铺的类型

（一）B2C电子商务平台店铺的类型

1.京东商城店铺的类型

入驻京东商城的企业店铺有普通企业店、专营店、专卖店、旗舰店、卖场店五种类型。

（1）普通企业店

它是指商家以"三证合一"普通企业营业执照及法定代表人身份证件开设的店铺。

（2）专营店

它是指商家以自有品牌（商标为R或TM状态），或以品牌（商标）权利人出具的授权文件在京东开放平台开设的主要经营同一大类商品的店铺。品牌（商标）权利人出具的授权文件不应有地域限制。它可经营多个非自有品牌或自有品牌（商标为R或TM状态）。

（3）专卖店

它是指商家以自有品牌（商标为R或TM状态）或以品牌（商标）权利人出具的授权文件在京东开放平台开设的店铺。品牌（商标）权利人出具的授权文件不应有地域限制。经营一个或多个品牌时，商标权利人应为同一实际控制人。

（4）旗舰店

它是指商家以自有品牌（商标为R或TM状态），或由品牌（商标）权利人出具的在京东开放平台开设品牌旗舰店的独占性授权文件（授权文件中应明确独占性、不可撤销性），入驻京东开放平台开设的店铺。开店主体必须是品牌（商标）权利人或持有权利人出具的开设京东开放平台旗舰店独占性授权文件的被授权企业。

旗舰店可以有以下两种情形：

① 经营一个自有品牌商品的品牌旗舰店（自有品牌是指商标权利归商家所有）或由权利人出具的在京东开放平台开设品牌旗舰店的独占性授权文件（授权文件中应明确独占性、不可撤销性）的品牌旗舰店；

② 经营多个自有品牌商品且各品牌归同一实际控制人的品牌旗舰店（自有品牌的子品牌可以放入旗舰店，主品牌、子品牌的商标权利人应为同一实际控制人）。

（5）卖场店

商家以自有品牌（商标为R或TM状态）或由品牌（商标）权利人出具的一级独占性授权文件入驻京东开放平台，且为35类服务商标（需包含3503类似群）开设的店铺。

2.天猫商城店铺的类型

（1）旗舰店

旗舰店是指商家以自有品牌（商标为R或TM状态）入驻开设的店铺。旗舰店可以有以下几种类型：

① 经营一个自有品牌商品的品牌旗舰店；

② 经营多个自有品牌商品且各品牌归同一实际控制人的品牌旗舰店（仅限天猫主动邀请入驻）；

③ 卖场型品牌（服务类商标）所有者开设的品牌旗舰店（仅限天猫主动邀请入驻）；

④ 开店主体必须是品牌（商标）权利人或持有权利人出具的、开设天猫品牌旗舰店排他性授权文件的企业。

（2）专卖店

专卖店是指商家持品牌授权文件在天猫开设的店铺。专卖店有以下几种类型：

① 经营一个授权销售品牌商品的专卖店；

② 经营多个授权销售品牌的商品且各品牌归同一实际控制人的专卖店（仅限天猫主动邀请入驻）；

③ 品牌（商标）权利人出具的授权文件不得有地域限制，且授权有效期不得早于××××年××月××日。

（3）专营店

专营店是指经营天猫同一招商大类下两个及以上品牌商品的店铺。专营店有以下几种类型：

① 经营两个及以上他人品牌商品的专营店；

② 既经营他人品牌商品，又经营自有品牌商品的专营店；

③ 经营两个及以上自有品牌商品的专营店；

④ 一个招商大类下专营店只能申请一家。

（4）卖场

它是指商家以服务类型商标（R 或 TM 状态）开设且经营至少两个品牌的店铺；开店主体必须是卖场品牌（服务类型商标）的权利人或持有权利人开具的独占性授权书的企业；店铺内经营的品牌须提供以商标权人为源头的完整授权。

（二）C2C电子商务平台店铺类型

1.淘宝网店铺类型

（1）个人店铺

个人店铺适合无营业执照，以个人身份证件开店。

（2）企业店铺

企业店铺适合有营业执照，营业执照类型为个体工商户或者公司或者企业。

个人开店与企业开店的区别主要表现在开店时绑定的支付宝账号，绑定个人支付宝即个人店铺，绑定企业支付宝即是企业店铺（其中，个体工商户既支持绑定个人支付宝，也支持绑定企业支付宝）。开店成功后，个人店铺可申请升级成企业店铺。

（3）"普通商家""达人商家""品牌商家"

"达人商家"是专为直播主、UP 主、小红书博主、抖音红人等设置的专属入驻流程，如在外站平台已积累了一定的粉丝量，可通过"达人商家"开店流程一次性完成入驻。

"品牌商家"是专为持有品牌授权书、商标注册证的，成熟的知名品牌或新兴品牌设置的专属入驻流程。如果已是知名品牌，推荐直接开通天猫店铺；如是新创品牌，推荐开淘宝店并进行品牌认证。

除了"达人商家""品牌商家"外的其他商家，推荐"普通商家"开店流程。

2.拼多多店铺的类型

拼多多平台可以开设个人店和企业店：个人店适合个人、个体工商店户入驻；企业店适合公司、企业开店。企业店包括普通企业店、旗舰店、专卖店、专营店。

（1）普通企业店

普通企业店是指适合普通企业的店铺。

（2）旗舰店

① 经营一个或多个自有品牌的旗舰店；

② 经营一个授权品牌的旗舰店，且授权品牌为一级独占授权；

③ 卖场型品牌（服务类商标）所有者开设的品牌旗舰店（限拼多多商城主动邀请入驻）。

（3）专卖店

① 经营一个或多个自有品牌的专卖店；

② 经营一个授权销售品牌商品的专卖店（授权不超过2级）。

（4）专营店

① 经营一个或者多个自有品牌商品的专营店；

② 经营一个或多个他人品牌商品的专营店（授权不超过4级）；

③ 既经营他人品牌商品又经营自有品牌商品的专营店（授权不超过4级）。

▶ 任务实施

一、对各电子商务平台进行调研并对比分析

通过对B2C、C2C电子商务平台天猫商城、京东商城、淘宝网、拼多多等典型网站的调研（见表1-1），结合实际情况，选择适合的电子商务平台，开设网店。

表1-1　　　　　　　　各电子商务平台调研情况统计表

网站名称	基本介绍	优点	特色	不足

步骤1：确定要调研的电子商务平台。

步骤2：浏览各电子商务网站，查阅相关资料。

步骤3：完善各电子商务平台调研情况统计表。

二、明确各电子商务平台的入驻的资质、流程与资费等情况

微课1-1

步骤1：登录各电子商务平台网站。

以天猫商城为例，登录https：//www.tmall.com/，进入天猫首页，如图1-1所示。

天猫平台
店铺的入驻
要求

图1-1 天猫商城官方网站首页

步骤2：查找各电子商务平台的入驻资质。

以天猫商城为例，打开网站首页后，点击上方导航栏中"入驻材料与费用"按钮，进入天猫商城"入驻材料与费用"页面，如图1-2所示。

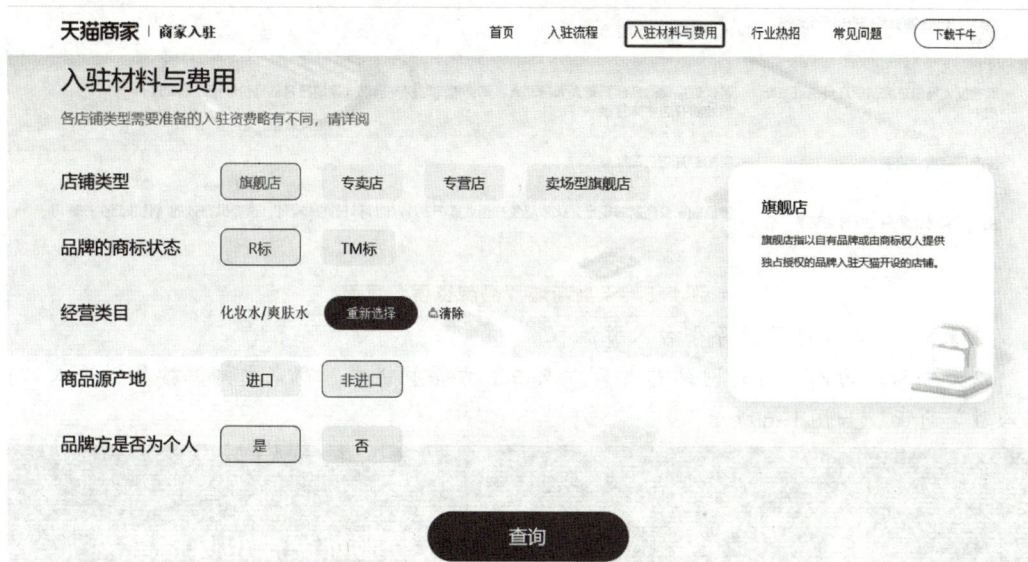

图1-2 天猫商城"入驻材料与费用"页面

依次选择"店铺类型""品牌的商标状态""经营类目""商品原产地""品牌方是否为个人"选项，最后点击"查询"按钮，即可查阅相关类目产品的入驻资质，如图1-3、图1-4、图1-5所示。

资质说明

"美容护肤/美体/精油"类目需要R标	"美容护肤/美体/精油"类目专营店需一级授权
"美容护肤/美体/精油"类目卖场、outlet、特卖邀约入驻	

图1-3 天猫商城"资质说明"页面

企业资质

资质要求	详细描述
企业营业执照 查看示例	最新版营业执照，需加盖开店公司红章 ⬇ 下载模版
法定代表人身份证正反面 查看示例	需加盖开店公司红章 ⬇ 下载模版
一般纳税人资格证明或近3个月内增值税发票	一般纳税人资格证明（需加盖开店主体红章） 若无法提供一般纳税人资质可提供近3个月内开票方为开店公司的增值税专用发票一张，用以证明开店公司具有一般纳税人资格 上述条件必须至少上传1项，以免影响您的入驻时效

图1-4　天猫商城"企业资质"页面

品牌资质

资质要求	详细描述
旗舰店独占授权书 查看示例	请下载模板填写并加盖开店公司红章及商标权人公司红章后，拍照或彩色扫描后上传 若商标授权人为自然人，须同时提交商标授权人亲笔签名的身份证复印件，并加盖开店公司红章 经营自有品牌，无需提交独占授权书，此处请上传商标注册证 ⬇ 下载模版
商标注册证或商标注册申请受理通知书	需加盖开店公司红章
商标权人身份证或供货方身份证 查看示例	若代理品牌的商标持有人为自然人，则必需同时提交自然人亲笔签名的身份证正反面复印件 需加盖开店主体红章
生产厂商营业执照	需加盖开店公司红章
生产厂家《化妆品生产许可证》	根据国家食药监局规定，化妆品生产企业需于2017年1月1日完成换证，请提供有效的《化妆品生产许可证》

图1-5　天猫商城"品牌资质"页面

步骤3：查找各电子商务平台入驻流程。

以天猫商城为例，打开网站首页后，点击上方导航栏中"商家支持"按钮，进入"商家入驻"页面，如图1-6所示。

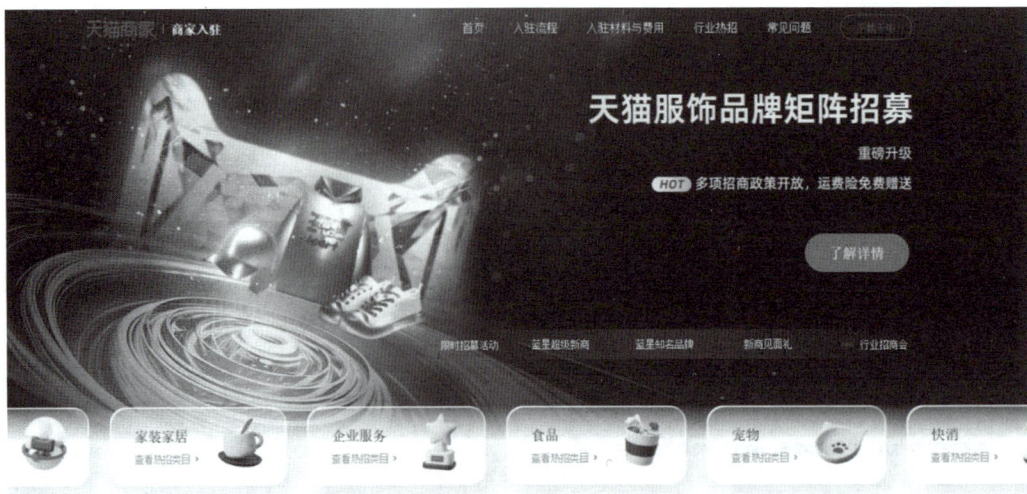

图1-6　天猫商城"商家入驻"页面

或点击网站首页底部，找到"商家服务"中的"商家入驻"，也可进入"商家入驻"页面，如图1-7所示。

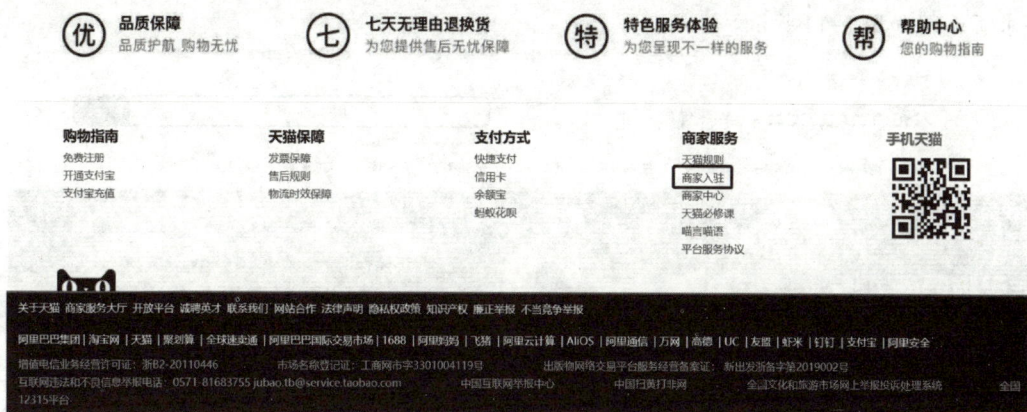

图1-7　天猫商城页面底部"商家入驻"页面

进入"商家入驻"页面后，点击"入驻流程"按钮，即可查找入驻天猫商家的流程，如图1-8所示。

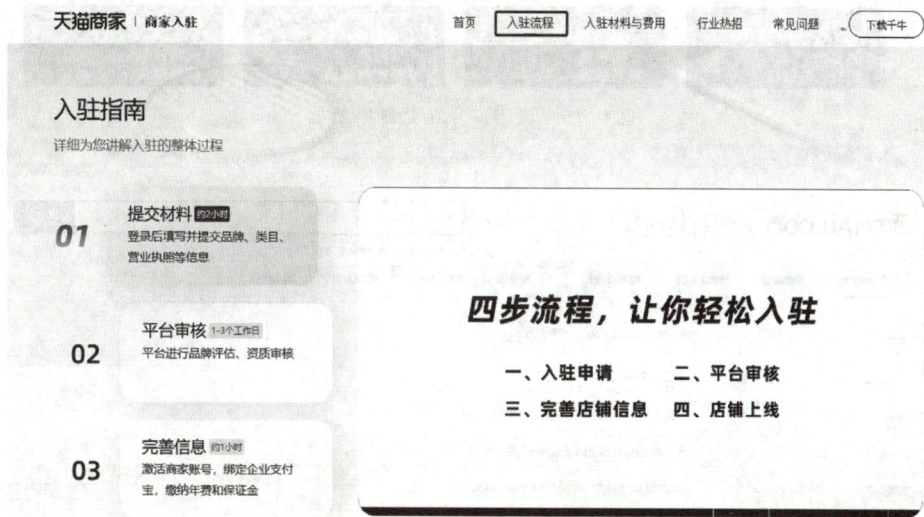

图1-8　天猫商城"入驻流程"页面

步骤4：查找各电子商务平台入驻费用。

在图1-2所示的天猫商城"入驻材料与费用"页面，点击"查询"按钮后，即可查询到不同类目产品的入驻费用明细，如图1-9所示。

类目明细

经营类目	保证金⑦	软件服务费费率⑦	软件服务年费⑦	享受50%年费折扣优惠对应年销售额	享受100%年费折扣优惠对应年销售额
美容护肤/美体/精油>>化妆水/爽肤水	5万	4%	3万	36万	120万

图1-9　天猫商城不同类目产品的入驻费用明细页面

　　或者点击"商家支持"进入天猫"平台规则"页面，如图1-10所示。点击天猫"平台规则"里的"规则词典"，再点击"招商入驻""资费标准"，即可查询相关资质及费用要求页面，如图1-11所示。

图1-10　天猫"平台规则"页面

图1-11　天猫商城"招商入驻规则"页面

　　步骤5：整理各电子商务平台入驻要求统计表（见表1-2）。

微课1-2　京东平台店铺的入驻要求　　微课1-3　淘宝平台店铺的入驻要求　　微课1-4　拼多多平台店铺的入驻要求

表1-2　　　　　　　　　　　各电子商务平台入驻要求统计表

网站名称	入驻资质	入驻流程	入驻要求	其他情况

步骤6：对比、分析各平台的优势与特色，选择并确定自身网店的入驻平台。

【启智育人】

我国网上零售额连续11年稳居全球第一

2024年3月22日，中国互联网络信息中心（CNNIC）在北京发布第53次《中国互联网络发展状况统计报告》（以下简称《报告》）。《报告》显示，2023年全国网上零售额达15.4万亿元，连续11年稳居全球第一。

《报告》显示，2023年，实物商品网上零售额比上年增长8.4%，增速比上一年加快2.2%；占社会消费品零售总额的比重达到27.6%，占比较上一年提升0.4%。截至12月，我国网络购物用户规模达9.15亿人，较2022年12月增长6 967万人，占网民整体的83.8%。

中国国际电子商务研究中心电商首席专家李鸣涛表示，作为数字经济的重要业态，网购消费持续发挥稳增长、促消费作用。

2023年电子商务市场发展呈现出以下三个方面的新特点：

一是业态增长取得新突破。2023年，我国跨境电商保持较快增长，成为外贸重要新动能。全年跨境电商进出口总额为2.38万亿元，增长15.6%，比全国进出口增长速度高出15.4个百分点。农产品直播等农村电商蓬勃发展，推动乡村新业态进一步繁荣。全年农村和农产品网络零售额分别达2.49万亿元和0.59万亿元，增速均高于网上零售额总体水平。

二是平台企业拓展新领域。网络购物平台企业加速打造工业品一站式采购平台，通过开展工业品线上销售、探索工业供应链服务等方式，推动工业品采购线上市场快速增长，同时带动上游工业企业数字化转型，助力构建畅通的工业品流通市场。数据显示，淘宝天猫工业品市场年交易额超过千亿元，京东工业已服务超过6 000个重点企业和200万个中小企业。

三是用户消费出现新亮点。国货"潮品"消费、绿色消费、智能产品消费等新的消费增长点不断形成。在网上购买过国货商品的用户，占网络购物总体用户的比例达58.3%；在网上购买过绿色产品的用户，占网络购物总体用户的比例达29.7%；购买过智能家电、可穿戴设备等智能产品的用户，占网络购物总体用户的比例达21.8%。网购消费新热点的不断涌现，反映出我国消费升级的大趋势、大潮流正在加速形成。

任务 2　网店规划

任务解析

确定开店平台后，接下来作为创业团队的一员，每个人都要开始思考如何行动起来，确定我们要开设一个什么样的网店，也就是要对未来的网店进行规划。在开设网店之前进行网店规划是至关重要的一步，网店规划为整个网店运营提供明确的方向和策略，通过市场调研和定位分析，可以更好地了解目标顾客的需求和偏好，为网店的产品选择、定价、促销等策略提供有力支持。通过规划，可以明确目标、优化产品策略、提升用户体验、制定营销策略、控制成本和风险，并为未来的发展奠定基础。

本任务要求对网店的所在行业进行市场调研与分析，调研拟开设网店所在平台同类商品的经营情况，对主要店铺的盈利模式进行分析，对热销商品的风格属性进行分析，在此基础上，完成货源选择、产品规划、店铺定位，以便后续制定相应的经营管理策略。

知识链接

一、店铺规划

1.店铺定位

店铺定位是指商家根据目标顾客的需求和偏好，以及市场竞争环境，确定店铺的经营方向、商品或服务种类、价格策略、品牌形象等，从而在消费者心中形成独特的印象和地位。店铺定位是店铺经营成功的关键，它有助于店铺在竞争激烈的市场中脱颖而出，吸引目标顾客，实现销售增长和盈利。店铺定位的过程通常包括市场分析，确定目标顾客，确定经营方向，制定商品或服务策略，确定价格策略，塑造品牌形象等步骤。

（1）市场分析

市场分析是店铺定位的第一步。商家需要对目标市场进行深入的分析，了解目标顾客的需求、偏好、购买习惯等，以及竞争对手的情况，包括其产品、价格、营销策略等。市场分析可以通过电子商务平台调研、百度指数分析、排行榜分析、阿里指数分析等方法进行调研。这些方法提供了丰富的数据和信息，有助于商家更准确地了解市场趋势、消费者需求、竞争对手情况等，从而为店铺定位提供有力的支持。

①电子商务平台调研

通过电子商务平台，商家可以收集到大量的商品销售数据、用户评价、竞争对手信息等。这些数据可以帮助商家了解市场需求、消费者偏好、产品定价等关键信息，为店铺定位提供有力的数据支持。以淘宝为例，在淘宝网中搜索"哈尔滨红肠"，查看此类商品的销量、评价、价格分布等，如图1-12所示。

②百度指数分析

百度指数（Baidu Index）是以百度海量网民行为数据为基础的数据分析平台，是当前互联网乃至整个数据时代最重要的统计分析平台之一，自发布之日便成为众多企业营销决策的重要依据。百度指数可以分析关键词的搜索趋势，从而了解消费者对某一产品或服务的关注度。通过分析搜索趋势，商家可以判断市场热点，预测未来趋势，为店铺定位提供决策依据。以"手机"为例，在百度指数中输入"华为手机"和"苹果手机"作为关键词，查看两种品牌手机的搜索趋势、地域分布、人群画像等信息，如图1-13、图1-14、图1-15所示。

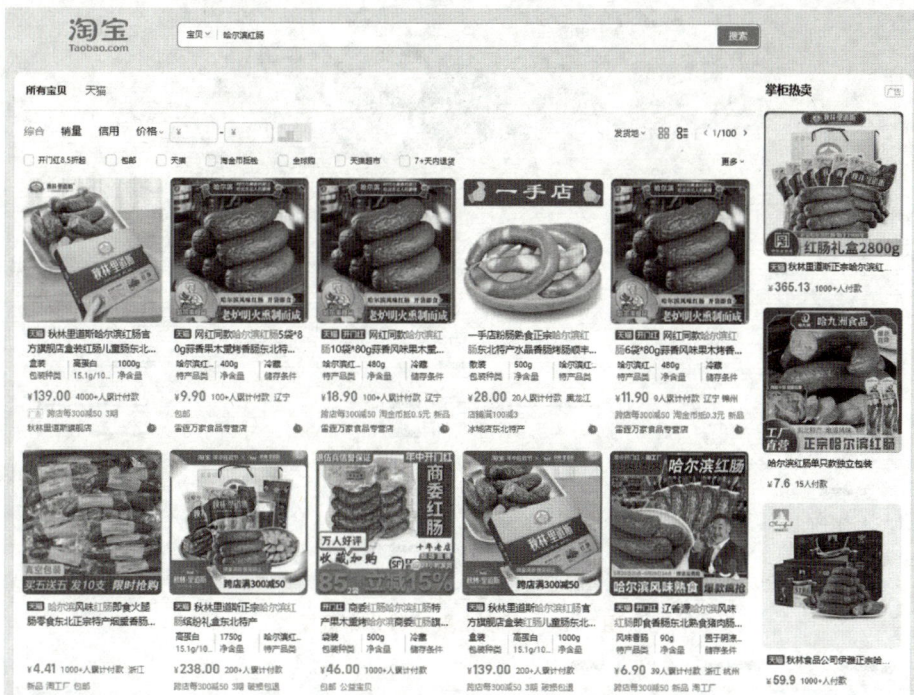

图1-12 淘宝网"哈尔滨红肠"搜索截图

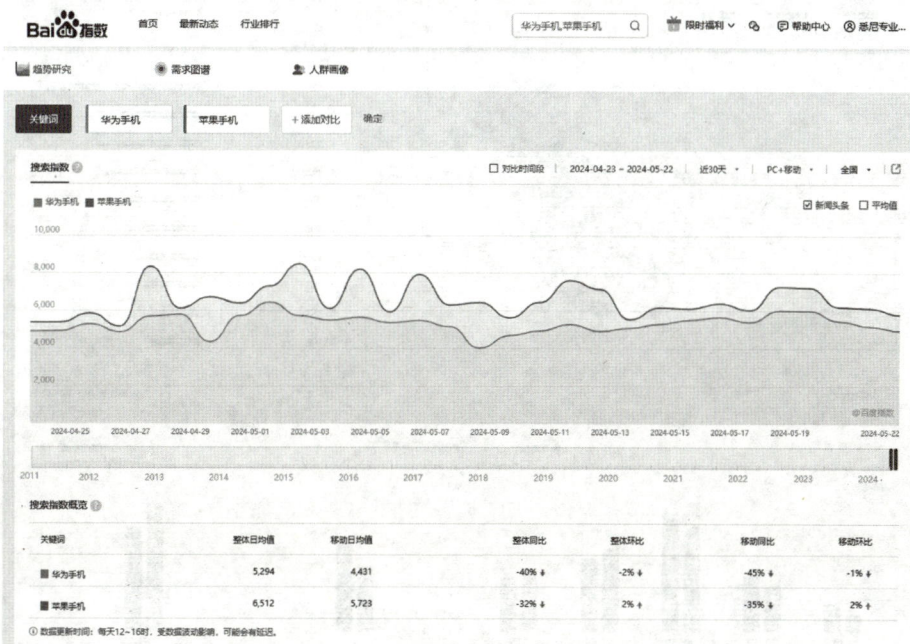

图1-13 百度指数搜索趋势截图

图1-14　百度指数地域分布截图

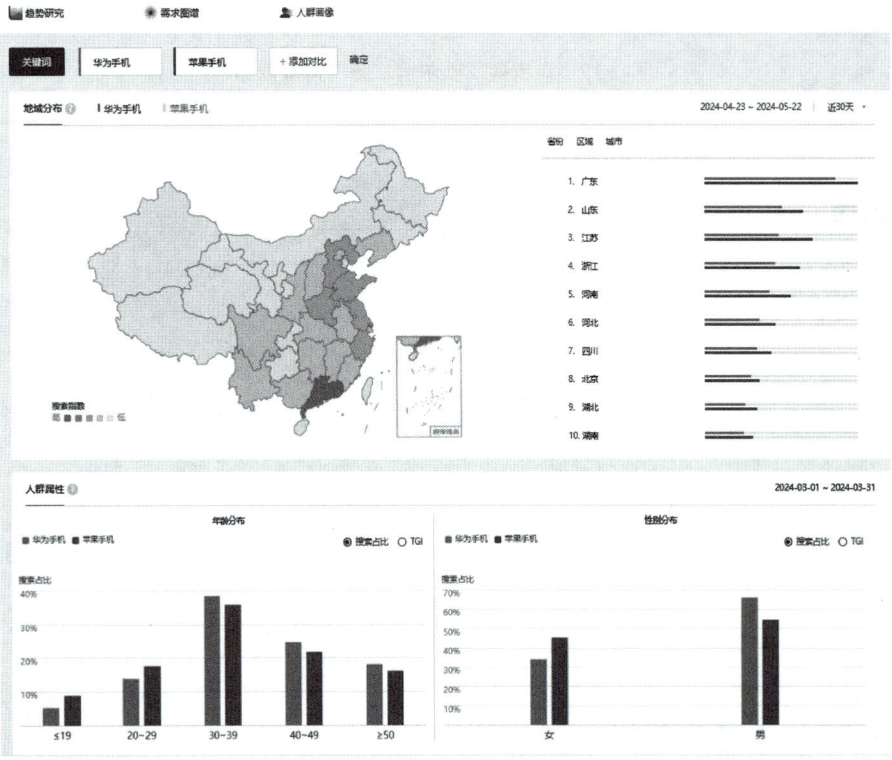

图1-15　百度指数人群画像截图

③排行榜分析

排行榜通常反映了某一领域内的热门产品或服务。通过分析排行榜，商家可以了解当前市场的流行趋势、消费者喜好等，为店铺定位提供参考。以淘宝网"防晒霜热销榜"为例。查看排行榜上的商品种类、价格、销量等信息，分析热销商品的特点和趋势，如图1-16所示。

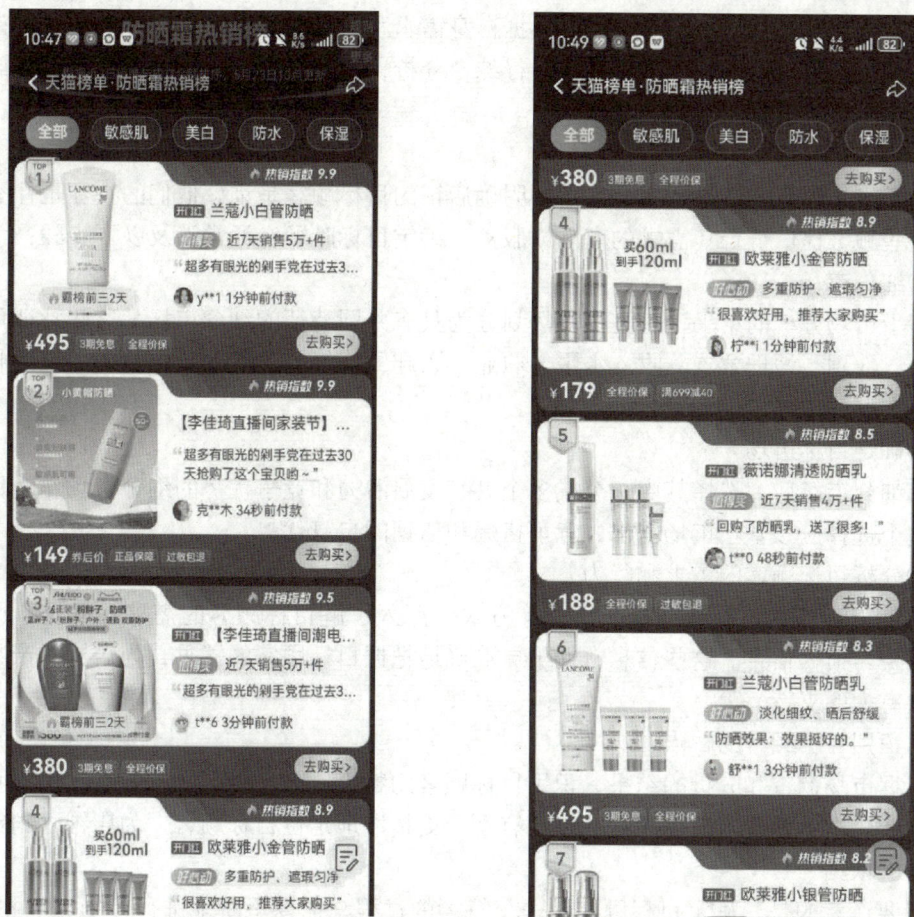

图1-16　淘宝网"防晒霜热销榜"截图

市场分析的方法多种多样，以下是一些其他常用的市场分析方法，这些方法同样可以为店铺定位提供有力的支持。

焦点小组讨论：通过召集一组具有代表性的目标顾客进行深入的讨论，了解他们对产品或服务的看法、需求和期望。这种方法可以直接获取目标顾客的声音，为店铺定位提供直接的参考。

问卷调查：设计一份针对目标顾客的问卷，通过在线或线下的方式发放，收集他们对产品或服务的意见、建议和需求。这种方法可以覆盖更广泛的目标顾客群体，获取更多的市场信息。

社交媒体分析：通过分析社交媒体上的用户讨论、话题趋势、关注度等信息，了解消费者对某一产品或服务的态度和需求。这种方法可以实时追踪市场动态，为店铺定位提供及时的反馈。

专家访谈：邀请行业内的专家或权威人士进行访谈，了解他们对市场趋势、行业发展的看法和预测。这种方法可以获取专业的市场分析和建议，为店铺定位提供有力的支持。

竞争对手分析：对竞争对手进行深入的调研和分析，了解其产品、价格、营销策略、市场份额等信息。通过对比和分析，找出自己的优势和不足，为店铺定位提供具有针对性的策略建议。

这些方法各有优缺点，商家可以根据自身需求和实际情况选择合适的方法进行市场分析。同时，商家也可以结合多种方法进行综合分析，以更全面地了解市场情况，为店铺定位提供更准确的依据。

（2）确定目标顾客

基于市场分析的结果，将商家需要明确店铺的目标顾客是谁，他们的特征是什么，以便为这些顾客提供符合其需求的商品或服务。确定目标时顾客通常涉及以下步骤：

①细分市场

基于市场分析的结果，将整个市场划分为具有共同特征的细分市场。这些特征可能包括年龄、性别、地理位置、收入水平、职业、兴趣爱好等。这有助于更精确地识别和定位目标顾客群体。

②确定目标市场

在细分市场后，选择其中一个或多个具有发展潜力和竞争优势的细分市场作为目标市场。这个选择应该基于市场需求、竞争格局和店铺的自身优势。

③分析目标顾客的需求和行为

通过市场调查、问卷调查、访谈等方式，深入了解目标顾客的需求、偏好、购买行为、消费习惯等信息。这些信息有助于更准确地把握目标顾客的需求，为店铺的产品和服务提供有力的支持。

④识别目标顾客的特点

根据市场调查和分析的结果，识别目标顾客的特点，如年龄层次、性别比例、收入水平、职业分布、消费习惯等。这些特点有助于更精准地定位目标顾客，为店铺营销策略的制定提供依据。

需要注意的是，确定目标顾客是一个持续的过程，需要不断地进行市场调查和分析，以了解目标顾客的变化和需求变化。同时，店铺也应该根据市场变化和自身发展情况，及时调整目标顾客群体和营销策略，以保持竞争优势和市场份额。

（3）确定经营方向

根据目标顾客的需求和偏好，以及商家的资源和能力，确定店铺的经营方向，即主要销售哪些商品或提供哪些服务，可以按照以下步骤进行：

①分析目标顾客需求

A.深入了解目标顾客的具体需求，这包括他们对产品、服务、价格、品质、购买体验等方面的期望。

B.通过问卷调查、深度访谈、在线论坛讨论等方式获取目标顾客的真实反馈。

②确定产品或服务定位

A.根据目标顾客的需求，确定店铺的产品或服务定位。这可以是高端、中端或低端市场，也可以是特定品类或特定风格的产品。

B.思考如何使产品或服务在目标顾客心中形成独特的认知和价值。

③制定差异化策略

A.分析竞争对手的经营策略和市场表现，找出自己的优势和劣势。

B.根据目标顾客的需求和竞争对手的弱点，制定差异化的经营策略，如独特的产品设计、优质的客户服务、创新的营销策略等。

④确定市场切入点

A.思考如何以最佳的方式进入市场，并吸引目标顾客的注意力。

B.确定市场的切入点和突破口，如特定的销售渠道、合作伙伴、营销活动等。

⑤规划经营计划

A.制订详细的经营计划，包括产品或服务开发、定价、营销、渠道管理、客户服务等方面。

B.确保经营计划与目标顾客的需求和店铺的定位保持一致。

（4）制定商品或服务策略

根据经营方向，选择适合的商品或服务，并确定其品质、价格、特色等，以满足目标顾客的需求。

①制定产品组合策略

A.根据经营方向，确定要提供的商品或服务范围。

B.考虑商品或服务的互补性和关联性，制定合理的产品组合策略，以提高整体销售效果。

②确定商品或服务定价策略

A.分析目标顾客的价格敏感度，以及竞争对手的定价情况。

B.根据成本、市场需求和竞争状况，制定具有竞争力的定价策略，同时确保利润空间。

③设计商品或服务推广策略

A.根据目标顾客的特点和购买习惯，设计有针对性的推广策略。

B.利用广告、促销、社交媒体、线上平台等多种渠道进行宣传推广，提高商品或服务的知名度和曝光率。

（5）确定价格策略

根据商品或服务的成本、市场需求、竞争状况等因素，制定合理的价格策略，确保价格既能覆盖成本，又能吸引顾客。确定价格策略时，需要考虑多个因素，以确保价格既能吸引顾客，又能实现企业的盈利目标。以下是一些确定价格策略时需要考虑的关键点：

①成本分析

企业需要详细了解其产品或服务的成本结构，包括直接成本（如原材料、生产、劳动力等）和间接成本（如研发、市场营销、管理等）。通过成本分析，企业可以确定其产品的最低售价，以避免亏损。

②市场需求和竞争分析

研究市场需求和竞争环境对于制定价格策略至关重要。分析顾客对价格的敏感度，以及市场上类似产品或服务的定价情况。考虑竞争对手的定价策略，以及自己的产品或服务与竞争对手的差异化程度。

③定价目标

企业的定价目标应与整体经营策略相一致。常见的定价目标包括最大化利润，增加市场份额，塑造品牌形象等。根据定价目标，企业选择相应的定价策略。

④考虑市场变化

市场条件是不断变化的，企业需要灵活调整价格策略以适应市场变化。例如，当市场需求增加时，企业可以提高价格以获取更高的利润；当竞争加剧时，企业可能需要降低价格以吸引顾客。

⑤法律和政策因素

在制定价格策略时，企业需要遵守相关的法律和政策规定。例如，反垄断法可能会限制企业的定价行为，价格歧视法规可能会要求企业对不同顾客群体实行公平定价。

⑥测试和评估

在正式实施价格策略之前，企业可以通过测试市场反应来评估其有效性，例如，可以选择一小部分顾客群体进行试点销售、收集反馈并调整价格策略。

总之，确定价格策略是一个综合考虑多种因素的过程。企业要深入了解市场需求、竞争状况、成本结构等因素，并根据自身的经营目标和市场定位选择合适的定价策略。

（6）塑造品牌形象

塑造品牌形象是指通过店铺的装修、陈列、服务、宣传等方式，塑造符合经营方向和目标顾客需求的品牌形象，提高店铺的知名度和美誉度。

塑造品牌形象是一个综合性的过程，涉及店铺的装修、陈列、服务、宣传等多个方面。以下是塑造符合经营方向和目标顾客需求的品牌形象的具体方式：

①店铺装修

定位风格：根据经营方向和目标顾客群体，确定店铺的整体装修风格。比如，如果是高端品牌，则装修风格应体现奢华与品位；如果是年轻时尚品牌，则应该充满活力和创意。装修过程要注重细节处理，如灯光的颜色、色彩的搭配、材料的选择等，这些都能给顾客留下深刻的印象。在店铺内显著位置展示品牌标识，如Logo、品牌标语等，以增强品牌认知度。

②商品陈列

商品陈列要突出主题，根据季节、节日或促销活动，设置商品陈列的主题，吸引顾客的注意力。注重分区展示，将商品按照类别或功能进行分区展示，方便顾客查找和选择；注重细节，通过摆放道具、使用灯光等方式，突出商品的特色和优势，提升顾客的购买欲望。

③服务质量

企业要定期对员工进行服务培训，确保他们具备良好的服务意识和专业知识，能够为顾客提供优质的服务。优化服务流程，确保顾客在购物过程中享受到便捷、高效的服务。企业要根据顾客的需求和喜好，提供个性化的服务，如定制商品、礼品包装等，增强顾客满意度和忠诚度。

④宣传推广

企业要根据目标顾客群体的特点，选择合适的宣传渠道，如社交媒体、线上广告、线下活动等；通过创意广告、话题营销等方式，引发顾客的关注和讨论，提高品牌知名度；

与其他品牌或知名人士合作推广，借助其影响力，扩大品牌的影响力。

⑤品牌的故事和文化

品牌的故事和文化指通过店铺内的展示、宣传册等方式，向顾客讲述品牌的故事和发展历程，增强顾客对品牌的认同感和归属感，将品牌的核心价值观和文化理念融入店铺的装修、陈列、服务等各个方面，让顾客在购物过程中感受到品牌的独特魅力。

以上方面的综合打造可以有效地塑造符合经营方向和目标顾客需求的品牌形象，提高店铺的知名度和美誉度，从而吸引更多的顾客前来消费。

通过店铺定位，可以明确自己的经营方向和目标顾客，为店铺的长期发展奠定坚实的基础。同时，店铺定位也有助于企业在竞争激烈的市场中形成独特的竞争优势，提高市场份额和盈利能力。

2.盈利模式定位

网店盈利模式定位是开设网店时至关重要的一个环节，它决定了网店如何盈利以及盈利的来源。以下是一些常见的网店盈利模式定位：

（1）商品销售利润

这是最直接的盈利模式，网店通过销售商品获得利润。网店可以销售自己生产或设计的产品，也可以作为品牌或供应商的代理商，销售其产品。商品销售过程中，要注意产品的选择、定价、促销策略等，以满足目标客户的需求，提高销售额和利润。

（2）广告收入

网店可以利用自己的网站或社交媒体平台发布广告，吸引广告商投放广告，从而获得广告收入。与传统广告相比，网店广告可以根据用户的浏览历史和购买记录进行精准投放，提高广告的点击率和转化率。

（3）佣金收入

如果网店选择成为电商平台（如淘宝、京东等）的合作伙伴，则可以通过推广平台上的商品获得佣金收入。佣金收入的多少通常取决于销售额和佣金比例，因此需要选择适合自己店铺的推广商品和佣金比例。

（4）增值服务

网店可以提供一些增值服务，如定制服务、包装设计、礼品定制等，以满足客户的个性化需求，并增加额外收入。增值服务不仅可以提高客户满意度和忠诚度，还可以增加网店的差异化竞争优势。

（5）会员制度

网店可以设立会员制度，为会员提供优惠和特权，鼓励客户成为长期客户。会员制度包括会员专享折扣、会员积分兑换、会员生日礼品等，以提高客户的黏性和忠诚度。

（6）批发业务

如果网店有足够的规模和影响力，可以考虑开展批发业务，向实体店或其他网店提供批发价格的产品。批发业务可以扩大销售渠道，提高销售量，并降低库存压力。

（7）品牌授权

它是指与知名品牌合作，获得品牌商品的独家销售权，并按一定比例分享收益。品牌授权可以提高网店的知名度和信誉度，吸引更多的目标客户。

在定位盈利模式时，需要考虑自己的产品特点、目标客户、市场竞争等因素，选择适合自己的盈利模式，并不断调整和优化，以实现盈利最大化；同时，也要注意遵守法律法规和电商平台的规定，确保合法、合规经营。

3.风格文化定位

风格文化定位是开设网店时非常关键的一环，它决定了网店的视觉呈现、品牌个性和顾客体验。以下是一些关于风格文化定位的建议：

（1）目标顾客分析

深入了解目标顾客的需求、喜好和购物习惯。通过市场调研和数据分析，明确目标顾客群体的特征和偏好，为风格文化定位提供依据。

（2）品牌定位

根据目标顾客的分析结果，确定网店的品牌定位。品牌定位应突出网店的独特性、优势以及与竞争对手的区别。例如，可以定位为高端时尚、简约实用、环保绿色等。

（3）视觉风格的设计

视觉风格是网店给顾客的第一印象，直接影响顾客的购物体验和购买决策。根据品牌定位，网店要设计符合品牌形象的视觉风格，包括店铺LOGO、主题色调、字体、图片等，确保视觉风格与品牌定位一致，传达出品牌的个性和价值观。

（4）商品陈列与展示

商品陈列与展示是网店风格文化定位的重要组成部分。根据品牌定位和视觉风格，网点要设计合理的商品陈列方式和展示效果。通过精美的图片、详细的描述和专业的搭配，让顾客更好地了解商品的特点和优势，提高购买欲望。

（5）文案与语言风格

文案与语言风格也是风格文化定位的重要体现。根据品牌定位和顾客群体，网店要选择合适的文案和语言风格。例如，如果品牌定位是高端时尚，文案和语言可以更加精致、优雅；如果品牌定位是简约实用，文案和语言可以更加简洁、明了。

（6）服务体验优化

除了商品本身，服务体验也是影响顾客购买决策的重要因素。根据风格文化定位，网店要优化服务体验，提高顾客满意度和忠诚度。例如，网店可以提供个性化的购物建议、快速的物流配送、贴心的售后服务等。

（7）社交媒体与营销手段

利用社交媒体和营销手段，网店可以进一步推广风格文化定位。通过发布与品牌相关的内容、互动活动等方式，吸引更多的目标顾客关注并购买；同时，利用社交媒体平台与顾客建立联系，收集反馈和建议，不断优化风格文化定位。

（8）持续更新与调整

随着市场和顾客需求的变化，风格文化定位也需要不断更新和调整。网店要定期分析销售数据、顾客反馈和市场竞争情况，对风格文化定位进行必要的调整和优化，以保持网店的竞争力和吸引力。

风格文化定位是一个综合性的过程，需要考虑多个方面的因素。通过深入分析目标顾客、确定品牌定位、设计视觉风格、优化商品陈列与展示、选择合适的文案与语言风格、优化服务体验以及利用社交媒体与营销手段等方式，网店可以塑造出符合自身特点和目标顾客需求的风格文化定位。

4.客户群体定位

客户群体定位可以分为很多个维度，例如，针对性别的定位除了包含男人、女人、儿童、情侣外，不同的组合会有不同的定位，亲子装就是性别定位下的延伸品。除了性别之外，还有年龄、职业、生活及工作场景等不同的定位维度。

二、产品规划

开设网店并进行产品规划时，从产品品类定位、产品属性定位、产品营销定位和产品价格定位等几个方面进行综合考虑是非常重要的。

1.产品品类定位

产品品类是指产品的分类，它确定了哪些产品组成一个小组或类别。产品品类可以根据不同的维度和标准进行划分，例如行业、功能、用途、材质等，又如消费品、工业品、半成品、服务产品、数字产品、文化产品等。

产品品类定位是确定网店所经营的产品类别和范围的过程。在进行产品品类定位时，首先要考虑的是目标市场的需求和竞争状况，通过市场调研和分析，了解目标市场中的热门品类、消费者偏好以及竞争对手的产品线；然后，根据自身的资源和能力，选择具有竞争优势和市场需求的产品品类。在选择产品品类时，可以考虑以下几个因素：

市场需求：选择具有广泛市场需求和增长潜力的品类，以确保产品的销售量。

竞争状况：分析竞争对手的产品线和市场份额，选择相对空白或具有竞争优势的品类。

自身能力：考虑自身的资源、技术和经验，选择能够充分发挥自身优势的品类。

如某网店主要销售智能手机、平板电脑、笔记本电脑、数码相机等电子产品，以及相关的配件和周边产品。

在开设网店或进行产品规划时，确定产品品类是非常重要的一步。通过市场调研和分析，了解目标受众的需求和偏好，以及竞争对手的产品和策略，可以帮助企业选择有潜力和竞争力的品类，并制定相应的营销策略和产品规划。同时，不同的品类角色意味着不同的品类策略和品类目标，企业要根据自身情况和市场趋势，制定适合自己的品类管理策略。

2.产品属性定位

在完成了货品类目覆盖后，企业还需要对覆盖的每个类目进行属性覆盖。因为每个类目下会有很多不同的属性，在同一个子类目下的产品某一项属性不同，就会有极大的差距，例如一件针织衫，在款式这个属性中，"套头"和"开衫儿"这两个属性完全不同，其产品也截然不同。在这些属性中要区分出关键属性和非关键属性。所谓关键属性，就是指那些让产品出现明显差别的属性，例如在流行女装衬衫这个类目中，袖长就属于关键属性，而"尺码"等一些属性则属于非关键属性。

产品属性定位是确定产品特性和品质的过程。在进行产品属性定位时，企业要深入了解目标市场的消费者需求和偏好，以及竞争对手的产品特点，通过对比和分析，找出自身产品的独特之处，并将其作为产品的核心竞争力。在确定产品属性时，可以考虑以下几个因素：

功能性：确保产品具有满足消费者需求的基本功能，如性能、耐用性、安全性等。如某化妆品品牌专注于研发天然成分的护肤品，强调其无添加、无刺激的特性，吸引追求健康护肤的消费者。该网店定位强调产品的天然成分和高端品质，满足消费者对健康和美丽的追求。

创新性：通过研发和创新，提供具有独特功能或优势的产品，以吸引消费者的关注。如某家具网店提供定制服务，消费者可以根据自己的需求和喜好选择材料、颜色、尺寸等，打造独一无二的家具。该网店定位强调提供根据消费者需求定制的家具产品，满足消费者对个性化和独特性的追求。

品质性：注重产品的品质和细节，提高消费者的购买体验和满意度。如某电器品牌专注于生产和销售环保节能的电器产品，如LED灯、节能空调、太阳能热水器等，为消费者提供绿色、低碳的生活方式。该网店定位强调产品的环保和节能特性，满足消费者对环保和节能的需求。

3.产品营销定位

产品营销定位是确定产品营销策略和渠道的过程。在进行产品营销定位时，企业要根据产品的特性和目标市场的特点，选择合适的营销方式和渠道。以下是一些常见的产品营销定位策略：

品牌定位：通过塑造独特的品牌形象和价值观，提高消费者对产品的认知度和忠诚度。

渠道定位：选择适合产品特性和目标市场的销售渠道，如线上平台、实体店、社交媒体等。

促销策略：制定具有吸引力的促销活动和优惠政策，以刺激消费者的购买欲望。

网店的产品是营销之本，网店的差异需要通过产品的差异来实现。对于刚开店的新卖家来说，我们需要知道店铺产品少不了这四款：引流款、利润款、活动款、形象款。

引流款：顾名思义，就是店铺的主推产品，是店铺最大的流量来源通路。它一般选择大部分消费者能接受的、非小众的、转化率高的产品。

利润款：依靠此产品为店铺带来更多的利润和销量。前期选择要锁定目标群众，精准地分析目标群众的爱好，分析出适合他们的款式、产品卖点、设计风格、价位区间等多方面的因素后再做出决定。

活动款：在选择活动款产品时，要明确产品通过活动达到什么目的，主要作用是清库存、冲销量，还是体验品牌，根据不同的目的，结合店铺的实际情况，选择不同的产品。

形象款：形象款的目的是提升品牌形象。应该选择高品质、高客单价的极小众产品，一般是产品销售的极小部分，只需3~5款即可。

4.产品价格定位

产品价格定位就是依据产品或服务的价格特征，把产品或服务价格确定在某一区域，在顾客心智中建立一种价格类别的形象，通过顾客对价格所留下的深刻印象，使产品在顾客的心目中占据一个较显著的位置。

产品价格定位是确定产品售价的过程。在进行产品价格定位时，企业要考虑产品的成本、市场需求、竞争状况以及消费者的购买能力等因素。价格定位类型一般有以下三种情况：

一是高价定位，即把不低于竞争者产品质量水平的产品价格定在竞争者产品价格之上。这种定位一般都借助良好的品牌优势、质量优势和售后服务优势。

二是低价定位，即把产品价格定得远远低于竞争者价格。之所以采用低价，是由于网店要么具有绝对的低成本优势，要么是形象好、产品销量大，要么是出于抑制竞争对手、树立品牌形象等战略性考虑。

三是市场平均价格定位，即把价格定在市场同类产品的平均水平上。

以下是一些常见的产品价格定位策略：

成本导向定价：以成本为基础，加上预期的利润来确定价格。这种方法简单易行，但可能忽视市场需求和竞争状况。如某家生产家具的企业，首先计算其生产一张桌子的成本，包括原材料（木材、油漆等）、劳动力、设备折旧等，假设总成本为200元；然后，企业根据期望的毛利率（如20%），计算出售价=成本÷（1-毛利率）=200÷（1-20%）=250（元）。因此，该企业将桌子的售价定为250元。

需求导向定价：以市场需求为基础，根据顾客对产品的价值感知来确定价格。这种方法可以更好地满足市场需求，但需要对市场有深入的了解。

竞争导向定价：参考竞争对手的定价来确定自己的价格。这种方法可以确保企业在市场上的竞争力，但也可能导致价格战。

高端时尚品牌通常会采用需求导向定价，例如，某奢侈品牌的手提包，虽然其生产成本可能并不高，但由于品牌的影响力、独特的设计以及目标顾客对高品质生活的追求，该品牌可以将价格定得非常高。在这种情况下，价格不仅仅是成本的反映，更是品牌价值和顾客需求的体现。超市中的日常用品（如洗衣粉、纸巾等）通常采用竞争导向定价。由于这些产品的同质化程度较高，顾客在购买时往往会比较不同品牌之间的价格，因此，超市会参考竞争对手的定价，将价格定在一个相对合理的范围内，以吸引顾客购买。

价值定价：强调产品或服务的独特价值，以高于竞争对手的价格出售。这种方法适用于具有明显差异化优势的产品或服务。苹果公司的iPhone手机就是一个典型的价值定价策略的实例。虽然iPhone的价格远高于其他品牌的智能手机，但由于其卓越的性能、独特的设计以及丰富的生态系统（如App Store、iTunes等），许多消费者愿意为其支付高价。在这种情况下，价格不仅仅反映了产品的成本，更体现了产品为顾客带来的独特价值。

此外，还可以通过以下方式进行定价：

①新产品定价

撇脂定价法：新产品上市之初，将价格定得较高，在短期内获取厚利，尽快收回投资的方法。就像从牛奶中撇取所含的奶油一样，取其精华，因此这种定价方法被称为撇脂定价法。这种方法适合需求弹性较小的细分市场，其优点是：新产品上市时，顾客对其无理性认识，利用较高价格可以提高身价，适应顾客需求心理，有助于开拓市场。

渗透定价法：在新产品投放市场时，价格定得尽可能低一些，其目的是获得最高销售量和最大市场占有率的方法。当新产品没有显著特色，竞争激烈，需求弹性较大时，宜采用渗透定价法。其优点是：产品能迅速为市场所接受，打开销路，增加产量，使成本随生产规模的扩大而下降。

采用撇脂定价法还是渗透定价法，需要综合考虑市场需求、竞争、供给、市场潜力、价格弹性、产品特性、企业发展战略等因素。

②心理定价

心理定价是根据消费者的消费心理定价，主要有以下三种：

尾数定价。许多商品的价格宁可定为9.8元或9.9元，也不定为10元，这是适应消费者购买心理的一种取舍。尾数定价使消费者产生一种"价廉"的错觉。

声望性定价。此种定价法有两个目的：一是提高产品的形象，以价格说明其名贵、名优；二是满足消费者的购物档次需要，适应购买者的消费心理。

习惯性定价。由于同类产品多，某种商品在市场上形成了一种习惯价格，价格过高或过低都容易引起消费者的怀疑和抵制。

③折扣定价

大多数企业通常都酌情调整其基本价格，以鼓励顾客及早付清货款、大量购买或增加淡季购买。这种价格调整叫作价格折扣和折让，主要包括以下五种：

现金折扣：是对及时付清账款的购买者的一种价格折扣，如"2/10，N/30"，表示付款期是30天，如果在成交后10天内付款，给予2%的现金折扣。许多行业习惯采用此法以加速资金周转，减少收账费用和坏账。

数量折扣：是企业给那些大量购买某种产品的顾客的一种折扣，以鼓励顾客购买更多的产品。大量购买能使企业降低生产、销售等环节的成本费用。例如：顾客购买某种商品500单位以下时，每单位为100元；购买1 000单位以上时，每单位为90元。

职能折扣：也叫贸易折扣，是制造商给予中间商的一种额外折扣，使中间商可以获得低于目录价格的价格。

季节折扣：是企业鼓励顾客淡季购买的一种减让，使企业的生产和销售一年四季都能保持相对稳定。

推广津贴：为扩大产品销路，生产企业向中间商提供推广津贴。如零售商为企业产品刊登广告或设立橱窗，生产企业除负担部分广告费外，还在产品价格上给予一定优惠。

④差别定价

企业往往根据不同顾客、不同时间和场所来调整产品价格，实行差别定价，即对同一产品或服务定出两种或多种价格，但这种差别不反映成本的变化。

在进行产品价格定位时，还需要注意以下几点：

避免价格战：过度降价可能会导致产品质量的下降和品牌形象的受损，因此要避免与竞争对手进行价格战。

灵活调整价格：根据市场需求和竞争状况的变化，灵活调整产品的售价以保持竞争优势。

提供差异化定价：针对不同消费群体的需求提供差异化定价策略，以满足不同消费者的购买需求和期望。

综上所述，从产品品类定位、产品属性定位、产品营销定位和产品价格定位等几个方面进行综合考虑和规划是开设网店成功的关键。深入了解目标市场和消费者需求以及竞争对手的情况，选择具有竞争优势和市场需求的产品品类和属性，并制定相应的营销策略和价格策略，可以提高网店的竞争力和盈利能力。

三、货源规划

入驻 B2C 和 B2C 平台后，如果你确定了自己要销售的产品，那么如何去找到合适的货源呢？我们可以从批发市场、电子商务批发网站、产品原产地、其他渠道等途径来进行货源选择。

微课 1-5

货源选择

（一）批发市场进货

批发市场对于网店经营者的进货量要求相对不高，进货时间也比较灵活，产品成本相对较低，但经营者需要花费时间和精力进行选择。无论是实体店还是网店，批发市场都是比较快捷的进货渠道。在开店初期，销量不大的时候，批发市场足以满足网店发货的需求。全国各地的批发市场有很多，如杭州四季青服装批发市场、义乌小商品城等。

1.批发市场的特点

（1）商品数量多，品种全，更新快，挑选余地大，而且能够货比三家。

（2）商品看得见、摸得着，如果肯花时间和精力，每次都可以购买到物美价廉的商品。

（3）批发市场分布广，许多城市都会有多家批发市场。

2.从批发市场进货要注意的问题

（1）与批发商建立良好的关系。批发商会及时将新品推荐给网店店主，长期合作还能继续压低进货价。不好卖的前品可以及时调换，甚至可以先赊账，销售出去后再结账，这样不仅商品不会大量积压，也不会占用资金。

（2）少量、多品种。即使一家批发商的商品不错，也不要急于大批量进货，可以多尝试几个品种，看看用户的反应，以避免商品积压。

（3）把好质量关。因为大多数批发市场的产品良莠不齐，有的商品虽然比较便宜，但质量不过关，如果在网上销售，会严重影店铺信誉和顾客回头率。

（二）产品原产地进货

传统进货渠道中，最便宜、合算的方式应该是从产品原产地进货。有些地区有特色产品，并且有一定的知名度，已形成了产业集聚，并有专业市场。例如，焦作温县的铁棍山药、新疆的大枣、河北迁西的板栗、五常的大米、哈尔滨的红肠等，如果进货量比较大，则可以直接从这些产品原产地拿货，购买价格一般比较低。

（三）电子商务网站进货

批发市场主要集中在稍大规模的城市，一些乡镇和小城的卖家没有条件千里迢迢地去这些批发市场购货，阿里巴巴等网络批发平台可以为这些卖家提供货源。淘宝网等电子商务网站提供了网络代销平台，在淘宝网后台，网店经营者可以在商品货源中找到工厂货源，找到相应的产品后进行铺货。如图 1-17、图 1-18 所示。

电子商务批发网站的优势如下：

1.成本优势

网上批发可以节省大量往返批发市场的时间成本、交通成本等。

2.选购时间更自由

批发市场有上下班时间，不可能长时间挑选，有些商品也许并不满意，但由于时间限制也不得不选购，而网上批发可以24小时进行对比采购。

3.批发数量优势

部分网上批发是10件起批，有的甚至是一件起批，并且对花色和品种还支持混批，大大提升了选购的自由度。

图1-17　淘宝网后台"商品货源"页面

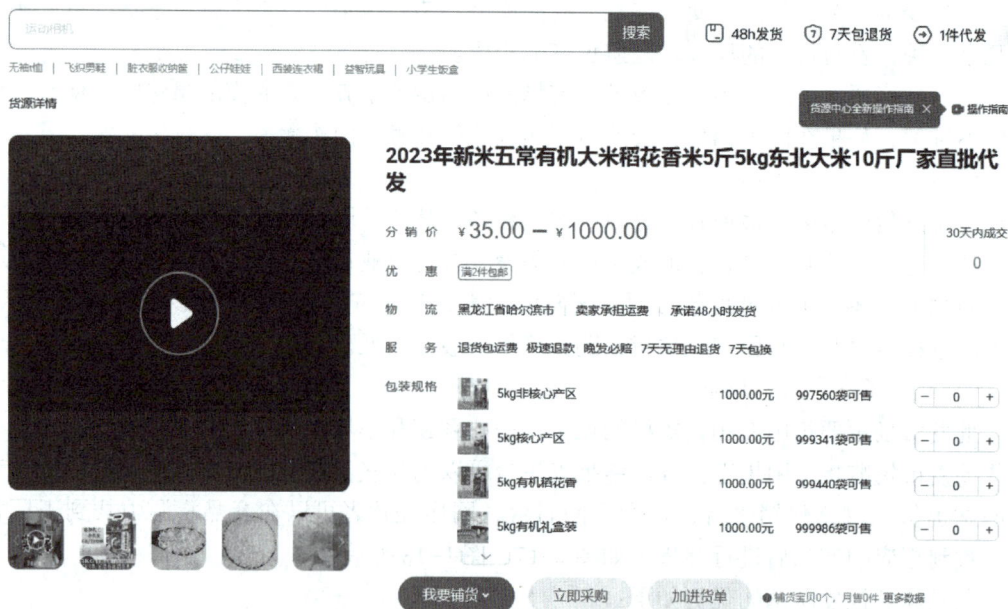

图1-18　淘宝网后台"工厂货源铺货"页面

4.商品上架优势

网上批发商还可以提供精美的、多样的、没有水印的图，即使摄影和PS技术不好，也能做出漂亮的产品详情页。

（四）其他渠道进货

1.工厂货源

工厂货源的优势是价格低，省去了中间渠道，能得到最低的价格，相对应的网店利润会比较可观。但工厂一般批发量比较大，产品比较单一，适合规模较大且资金比较充裕的网店。

2.品牌代理商

品牌代理商的货源稳定，渠道正规，商品不易断货。品牌代理商关注品牌和授权，但是相对来说，直接联系品牌代理商时，需要更大的进货量。越是大品牌，它的价格折扣就越低，但是可以在完成销售额后拿到返利。如果店铺已经发展到一定程度，想走正规化路线，这是个不错的选择，适合做品牌旗舰店的人群。

3.代销式供应商

采用这种方式时，代销式供应商提供图片及商品介绍，网店卖出后，代销式供应商可帮助网店直接发货（代发货）。对新手来说，这种方式是个不错的选择，因为所有的商品资料都是齐全的，关键看网店如何把商品卖出去。在选择这种供应商的时候，一定要注意其信用度和商品质量。这种方式适合低成本创业的C2C网店主。

4.各种展会、交易会

每年每个行业都会召开各种展会，如服装展、农博会等，这些展会聚集了很多厂商。因此，当网店经营已经有所起色，而苦于货源不够好的时候，参加相关产品的展会时接触真正一手货源，和厂商建立合作，对网店的长期发展是很有好处的。这种方式适合资金实力较雄厚的网店主。

5.外单尾货

外单尾货指外商在中国国内工下订单时，为了保证次品率不影响货物数量，一般会按照5%-10%的比例多生产些，这些多出来的产品就是外单尾货，它的特点是性价比高，但缺点也很明显，很多产品颜色、尺码不全，并且有些产品会有瑕疵。

6.换季清仓和品牌库存

由于商家急于处理这类商品，所以一般价格较低，网店如果能够利用地域或时间差价，则可以获得丰厚的利润，但也存在一些有瑕疵或不合时宜的商品。

▶ 任务实施

微课 1-6

一、店铺规划

步骤1　调研所在平台同类商品的经营情况，填写表1-3。

表1-3　　　　电商平台同类商品的经营情况分析表

店铺定位

热销商品	所在类目	售价	销量

续表

热销商品	所在类目	售价	销量

步骤2 对主要店铺的盈利模式进行分析，填写表1-4。

表1-4　　　　　　　　主要店铺的盈利模式分析表

店铺名称	主营产品	盈利模式	优势不足

步骤3 对热销商品的风格属性进行分析，填写表1-5。

表1-5　　　　　　　　热销商品的风格属性分析表

热销商品	价格区间	风格属性	规格型号

微课1-7

产品定位

步骤4 对热销商品的购买人群进行分析，填写表1-6。

表1-6　　　　　　　　热销商品购买人群分析表

热销商品	价格区间	目标人群	购买偏好

续表

热销商品	价格区间	目标人群	购买偏好

二、产品规划

以女装产品为例，对产品具体风格、属性、价格等进行规划。

第一步：登录电子商务平台，了解商品细分类目，如图1-19、图1-20所示。

图1-19　淘宝网一级类目

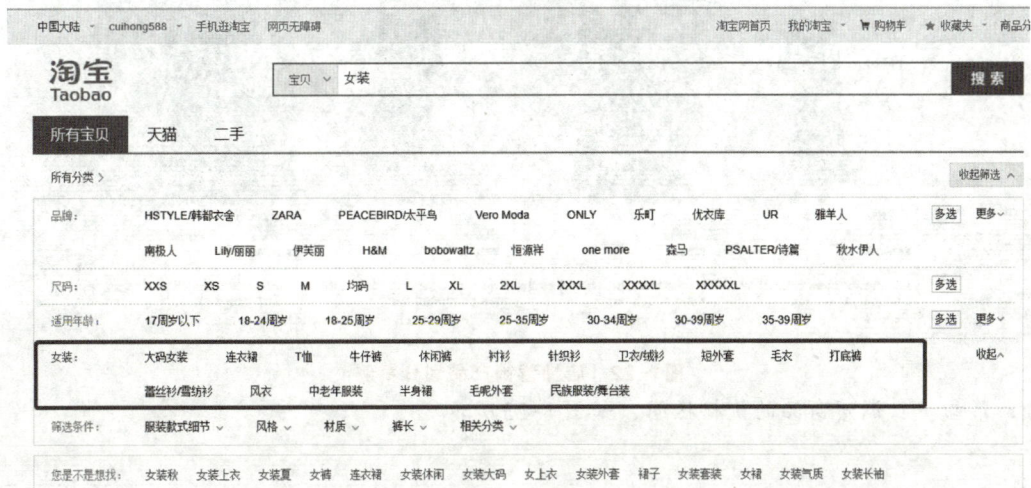

图1-20　淘宝网女装下设二级类目

第二步：了解女装商品的属性分类，如图1-21所示。

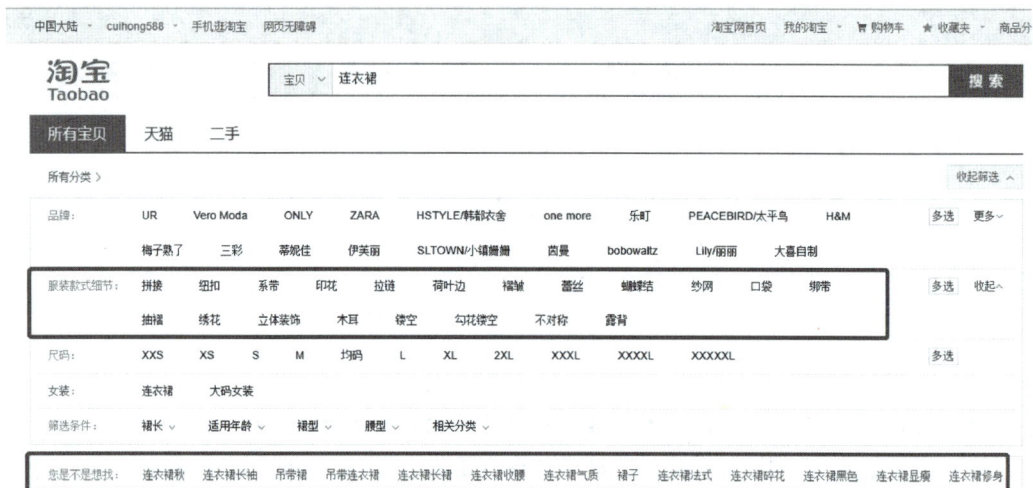

图1-21　淘宝网女装服装款式细节

第三步：确定营销产品，如图1-22所示。

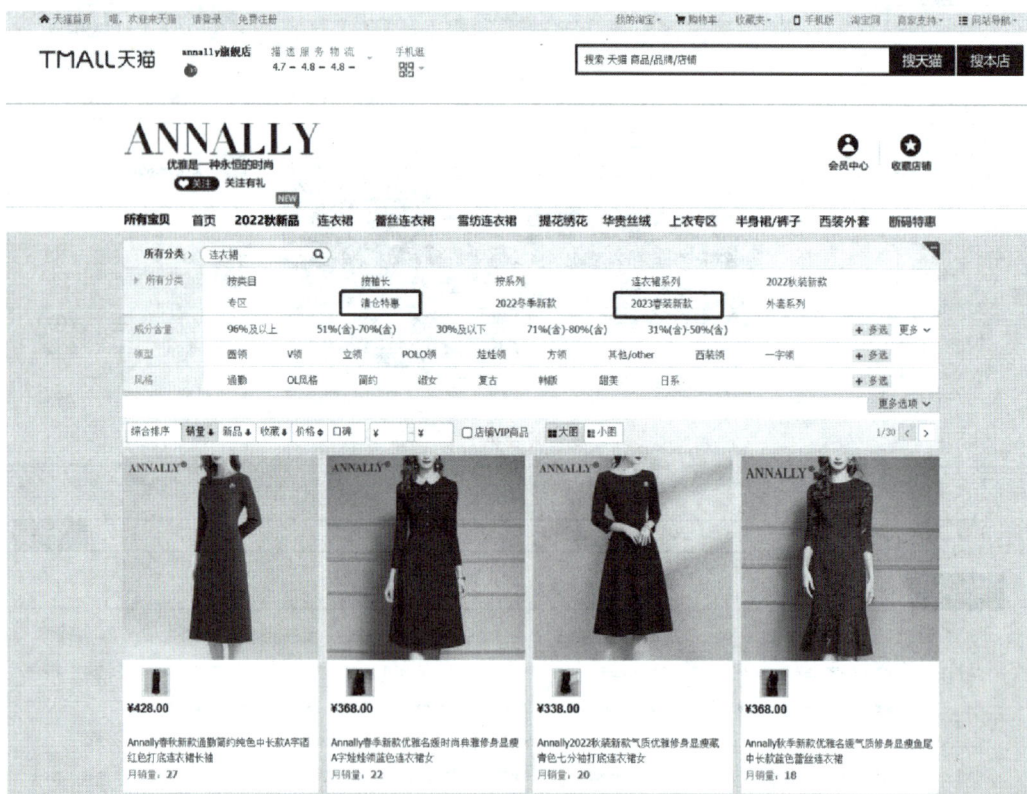

图1-22　店铺营销产品划分案例

第四步：调研商品的价格区间，如图1-23所示。

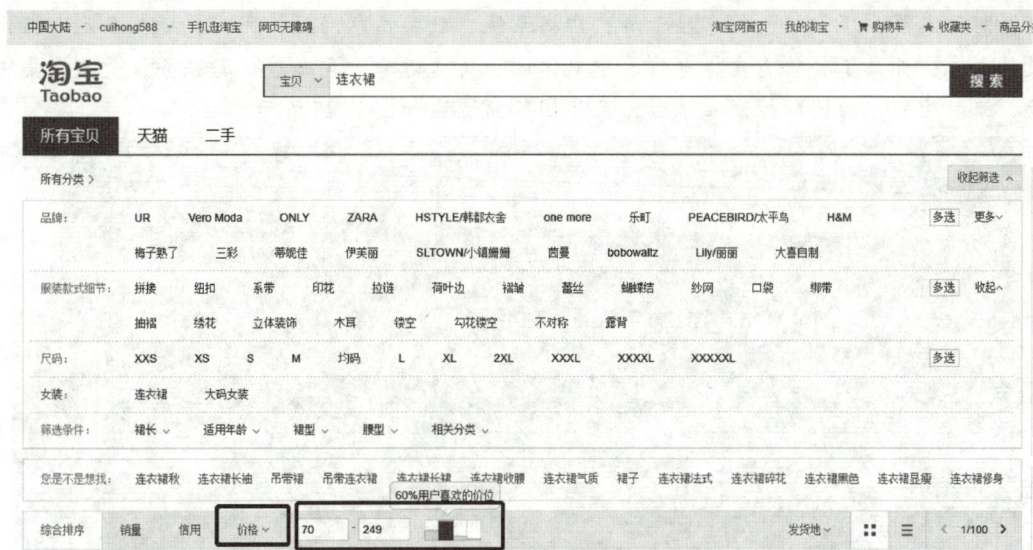

图1-23　淘宝网连衣裙价格区间调研

三、货源规划

第一种：选择实体批发市场货源。

不同商品的实体批发市场的所在地不同，以床上用品为例，其批发市场主要集中在江苏南通。

中国叠石桥国际家纺城始建于1982年，位于江苏省南通市海门区三星镇与区川港、姜灶三镇的交界处，由叠石桥家纺城、绣品城、三星工贸园区、物流中心、商贸城五大部分组成，占地面积77 150平方米，拥有8 000多个营业门面及摊位。该家纺城生产经营床单、枕套、被套、棉被等床上用品及各类家用电器套、窗帘、靠垫、玩具等300多个绣品系列品种。中国叠石桥国际家纺城如图1-24所示。

图1-24　中国叠石桥国际家纺城

义乌国际商贸城坐落于浙江省义乌的稠州路上，是义乌建设国际性商贸城市的标志性建筑、小商品市场的现代化延伸。义乌国际商贸城配套设施完善，环境优美，服务功能强大。市场设有中央空调、货梯、电梯、内高架桥、大型停车场等设施，并配备了专业的外商服务中心、采购商经营区和信息化管理系统，汽车可直接进入市场各楼层。市场建有大型全彩信息屏，单、双色信息显示屏，广播系统，数字信息网站；同时，融入多元人性化设计元素，开设了餐饮美食、电信、中庭休闲、交通运输、金融等配套服务，是一个集购物、旅游为一体的国际性商业平台，义乌国际商贸城如图1-25所示。

图1-25 义乌国际商贸城

海宁中国皮革城。海宁中国皮革城（通常简称"海宁皮革城"）于1994年建成开业，位于浙江省嘉兴市海宁市，是中国具有影响力的皮革专业市场，中国皮革业龙头市场，中国皮革服装、裘皮服装、毛皮服装、皮具箱包、皮毛、皮革、鞋类的集散中心，也是皮革价格信息、市场行情、流行趋势的发布中心，如图1-26所示。

图1-26 海宁中国皮革城

第二种：互联网批发市场货源选择。

第1步：登录1688批发网（www.1688.com），如图1-27所示。

图1-27　1688批发网首页

第2步：调研1688批发网的主营类目，如图1-28所示。

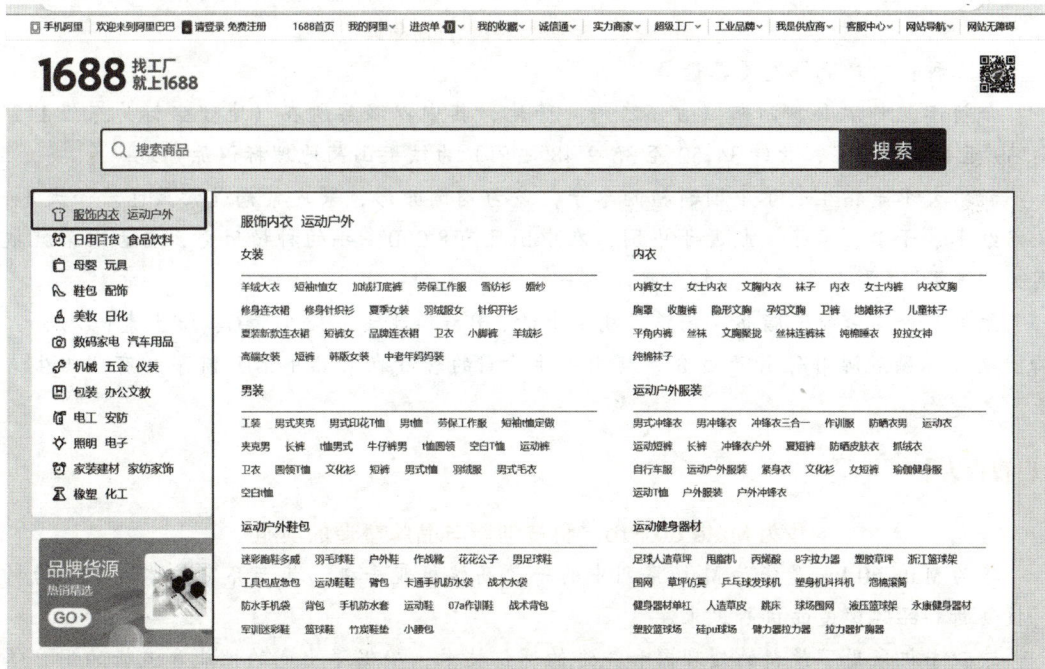

图1-28　1688批发网产品主营类目页

第3步：根据网店自身情况选择批发或代发商品，如图1-29所示。

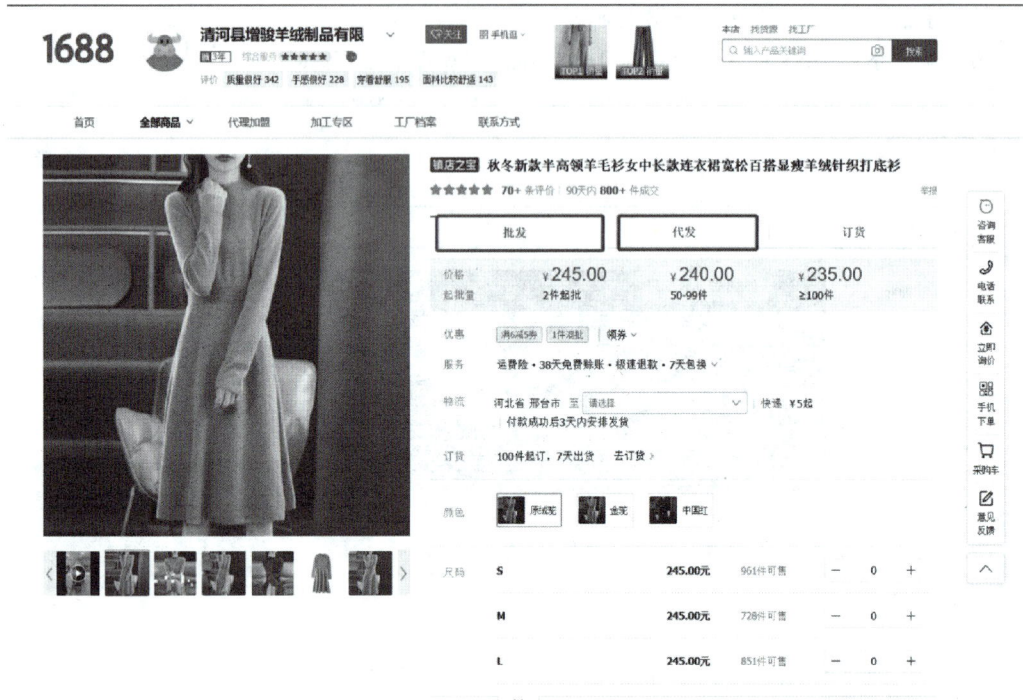

图1-29　选择批发或代发商品页

第三种：原产地批发货源选择。

今河南焦作温县、沁阳（古怀庆府）等地，其中以温县所在（地理坐标为东经112°51′39″至113°13′20″，北纬34°52′至35°2′48″之间）为铁棍山药地理标识原产地。

新疆大枣是指生长于中国新疆的枣子，多为扁倒卵形，果皮紫褐或紫黑色。而大枣，又名红枣、干枣、枣子，起源于中国，在中国已有8 000多年的种植历史，自古以来就被列为"五果"（栗、桃、李、杏、枣）之一。

红枣富含蛋白质、脂肪、糖类、胡萝卜素、B族维生素、维生素C、维生素P以及钙、磷、铁和环磷酸腺苷等营养成分。其中维生素C的含量在果品中名列前茅，有"维生素王"之美称。

【启智育人】

华为Mate 60 Pro：科技创新与品牌塑造的典范

华为Mate 60 Pro是华为Mate系列中的一款高端旗舰手机，其产品定位体现了华为对科技创新和品牌塑造的执着追求。

这款手机采用了最新的处理器和先进的通信技术，确保了出色的性能和流畅的用户体验。同时，Mate 60 Pro还拥有一流的摄像系统和精美的外观设计，满足了消费者对手机拍照和外观美观度的需求。

在品牌定位方面，华为Mate 60 Pro延续了华为Mate系列一贯的商务、高端形象。它不仅仅是一款手机，更是华为品牌和技术实力的代表。通过不断地技术创新和产品升级，华为Mate 60 Pro在高端手机市场中树立了标杆，成为商务人士和科技爱好者的首选。

此外，华为Mate 60 Pro还体现了华为对品牌塑造的重视。从产品设计、包装到广告宣传，华为都注重保持品牌形象的统一性和连贯性。这种一致性不仅增强了消费者对品牌的认知度和信任度，还有助于提升品牌价值和市场竞争力。

【项目总结】

开设网店要做好充分的前期准备工作，选择合适的电商平台至关重要，根据商品类型、目标受众和预算，可选择如淘宝、京东、拼多多等综合性电商平台，或专注于特定领域的垂直电商平台。需综合考虑平台特点、费用结构、竞争状况等因素，选择最适合自己的电商平台，以实现销售增长和品牌提升。网店规划旨在确保店铺的稳健发展和持续优化，核心内容包括明确店铺规划、产品规划、货源规划。通过调研对比各电商平台的模式、特色与优劣势，我们结合自身产品定位选择适合自己的电商平台，同时做好开店前的货源选择、产品规划和店铺规划后，接下来即将进入采集商品信息、开设网店等流程了。

【项目实训】

根据自己的优势与实际情况，结合充分的市场调查与分析，请你为自己的网店选择经营的产品种类，确定网上开店平台，对网店进行整体规划，并撰写一份《网上开店策划书》。

1.组织形式

以6～8人为一个学习小组，以小组为单位撰写一份网上开店创业策划书。

2.主要内容

（1）确定网店运营的基本模式。通过不同平台的调研对比，选择合适的开店平台。

（2）进行店铺规划。可从店铺定位、盈利模式定位、风格文化定位等方面进行规划。

（3）进行产品规划。需从产品品类定位、产品属性定位、产品营销定位、产品价格定位方面进行考虑。

（4）进行货源规划。对选择产品的进货渠道进行考察后，将不同的进货渠道的优劣进行分析。

以下为网店规划书撰写参考流程与步骤：

> **一、选择合适的电商平台**
>
> 步骤1：对各电子商务平台进行调研并对比分析。
>
> 步骤2：明确各电子商务平台的入驻的资质、流程与资费等情况。
>
> 步骤3：选择合适的电商平台。
>
> **二、市场调研与分析**
>
> （一）市场行情调研与分析
>
> 步骤1：使用百度指数、淘宝搜索等工具进行市场调研，了解市场趋势，调查内容包括商品规格、风格、受众、流行元素、季节更换、可持续性、爆款等。
>
> 步骤2：摸清市场规模，包括商品搜索量（每天搜索次数与7天搜索次数）、商品销售（每天销售、7天销售、一个月销售）。
>
> 步骤3：调查商品价格区间，包括客单价、定价区间、售价区间、买家心理定位。
>
> （二）竞争对手调研与分析
>
> 步骤1：从店铺宝贝排名、销量排名、款式相同、店铺风格相同、消费者群体相近

等几方面来确定网店主要竞争对手。

步骤 2：了解市场竞争形式，确定竞争对手销量、商品评价、商品款式、商品价格、质量做工、消费者群体等。

步骤 3：定位商品价格，包括商品成本估算、商品定价、促销价格、折扣力度。

步骤 4：确定店铺盈利模式、风格文化定位、单品营销方案、关联搭配套餐。

步骤 5：从商品、店铺、营销、消费群体等找出店铺的优势与弱势。

（三）顾客群体调研与分析

步骤 1：分析消费特征，从顾客年龄层了解顾客消费能力、购物特点、买家地域、购物时段等。

步骤 2：了解顾客需求，包括刚性需求和柔性需求，如搭配因素、潮流因素、从众心理、冲动消费、购买风险等。

三、进行产品规划

步骤 1：确定产品总数。准备当季产品店里款式至少 30～50 款，上架规律为新店开张一次性分不同时间段上架 20 款，然后每天上架 2～3 款，做好上架时间登记。

步骤 2：确定上架时间。产品提前 3 个月上新款商品。

步骤 3：确定商品定价。爆款商品按照 20% 确定利润，其他商品利润比爆款提升 20%。

步骤 4：风格定位。根据产品的特性来区分产品定位产品。

步骤 5：优势产品。根据网店优势，对核心产品主推。

步骤 6：筛选爆款。通过大数据来筛选爆款。

步骤 7：确定库存量。新品库存量尽量维持在 100～200 件，就算变成爆款，也好安排计划。

步骤 8：网络推广，确定关键词，采用店内推广、站内推广、网络推广三种方式推广网店首页，要求核心关键词要在搜索结果页面前 3 页显示。

四、确定进货渠道

步骤 1：对比不同进货渠道优势与不足。

步骤 2：结合实际，选择适合的进货渠道。

项目二　商品信息的采集与处理

【项目导入】

　　网络零售与传统零售最大的区别就是无法做到眼见为实，客户只能通过商家发布在网上的照片来了解商品的特性，所以在发布商品之前，商家必须对所售商品信息进行采集与处理。请你帮助店长小王拍摄商品信息，并对所拍摄的照片完成初步处理。由于服装类商品比较注重款式和效果，因此对商品照片的要求就更高，要求在视觉上能充分地呈现出服装的不同款式、面料、做工、风格和档次等区别，属于大件商品里面最难拍出效果的商品之一，所以，以下将以服装为例，完成商品信息的采集与处理。

【学习目标】

知识目标

（1）描述商品拍摄环境的类型。

（2）讲述摄影器材的使用方法。

能力目标

（1）能够使用摄影器材进行拍摄。

（2）能够完成商品图片进行处理。

素养目标

（1）养成善于思考的习惯，逐步提高独立分析问题、解决问题的能力。

（2）初步养成创新、创业、开拓发展的精神。

（3）树立艰苦创业的工作作风。

任务1　商品信息的采集

▶ 任务解析

　　把握普通服装进行信息采集的注意要点、确定采用平铺拍摄服装时的位置与角度，对服装进行塑形，对不同类型服装的细节进行展现、做好人物拍摄时的构图。使用相机对服装类型进行拍摄，包括：根据不同需求对服装采用平铺、挂拍、外拍服装的方式，构建相应拍摄环境；通过塑形使服装更贴近人们生活化，增强立体感；通过细节展示商品品质；能够通过模特来展示服装并做好沟通工作。

▶ **知识链接**

一、常见的拍摄环境

当网店运营商品时，拍摄环节是至关重要的一环，因为它直接影响到商品的展示效果和消费者的购买意愿。选择合适的拍摄环境是确保商品能够吸引顾客目光的第一步。

1. 自然光线环境

自然光线环境是最常见且成本最低的拍摄环境之一。它利用自然光进行拍摄，能够呈现出商品的真实色彩和质感。在这种环境下拍摄，关键是要选择合适的时间和地点。早晨和傍晚的阳光柔和，是拍摄的理想时段。此外，室内靠近窗户的位置也能获得较好的自然光效果。在拍摄时，要注意避免阳光直射产生的强烈阴影，可以利用窗帘、反光板等工具来调节光线。

2. 专业摄影棚

专业摄影棚提供了更为灵活和可控的拍摄环境，可以根据需要调整灯光、背景和道具，以营造出各种拍摄效果。专业摄影棚通常配备各种类型的灯光设备，如环形闪光灯、软箱灯等，可以根据商品的特点和拍摄需求进行选择。同时，背景布和道具的选择也非常重要，它们可以帮助突出商品的特色和风格。在使用专业摄影棚时，要注意保持环境的整洁和有序，以确保拍摄过程的顺利进行。

3. 家庭环境

对于小型网店而言，家庭环境是一个经济实惠的拍摄选择。在家中寻找一个光线充足、背景简洁的房间，就可以开始拍摄了。在拍摄前，可以整理一下房间，去除不必要的杂物和背景干扰物。同时，可以利用家中的家具、窗帘等物品来营造出合适的拍摄氛围。虽然家庭环境可能没有专业摄影棚那么灵活和可控，但只要用心布置和拍摄，同样可以拍出令人满意的商品图片。

4. 户外环境

户外环境为拍摄提供了更为广阔和独特的空间。在户外拍摄时，你可以利用大自然的景色和光线来营造出独特的氛围和视觉效果。例如，在海边、公园或山区拍摄户外用品、旅行纪念品等商品时，可以展现出商品与大自然的和谐共处。在户外拍摄时，要注意选择合适的时间和地点，避免恶劣的天气和杂乱的环境影响拍摄效果。同时，还要携带足够的拍摄设备和道具，以应对各种突发情况。

除了选择合适的拍摄环境外，在拍摄过程中还需要注意以下几点：

（1）拍摄角度：选择合适的拍摄角度能够突出商品的特点和优势。可以尝试从不同的角度进行拍摄，如正面、侧面、背面等，以展示商品的多个方面。

（2）构图技巧：构图是拍摄中非常重要的一个环节。可以运用三分法、对角线构图等构图技巧来突出商品的主体地位，使画面更加平衡和美观。

（3）色彩搭配：色彩搭配是拍摄中需要特别注意的一个方面。根据商品的特点和拍摄环境选择合适的色彩搭配，可以使商品在画面中更加突出和吸引人。

（4）拍摄道具：拍摄时适当地加入一些小装饰物作为配景可以使构图显得饱满、均衡、不单调，虽然我们也可以在图片的后期处理时给照片加上装饰素材、漂亮的边框和水印来进行美化，但是都没有在拍摄时添加小配景显得自然，操作上的灵活性也要相差很多。用于拍摄构图的搭配装饰物的选择余地很大，我们身边的各种生活用品都可以当作摄时的配景小装饰，当然，如果有搭配穿着的引导效果会更好，甚至可以根据这些搭配材料，来为每一次上新款设计一个表现主题，例如运动风格、休闲风格、知性风格等。

（5）后期处理：拍摄完成后，对图片进行适当的后期处理也是非常重要的。可以使用图像处理软件对图片进行裁剪、调色、添加水印等操作，以提高图片的质量和吸引力。同时，要注意保持图片的真实性和清晰度，避免过度处理导致失真或模糊。

二、相机的使用

（一）数码相机

数码相机（数码照相机的简称），英文全称为 Digital Still Camera（DSC），简称为 Digital Camera（DC），它是一种利用电子传感器把光学影像转换成电子数据的照相机。它按用途分为单反相机、微单相机、卡片数码相机、长焦数码相机和家用相机等。

1.单反相机

单反就是指单镜头反光，即 SLR（Single Lens Reflex），这是当今最流行的取景系统，大多数35mm照相机都采用这种取景器。在这种系统中，反光镜和棱镜的独到设计使得摄影者可以从取景器中直接观察到通过镜头的影像。

市场中的代表机型常见于尼康、佳能、宾得、富士等。此类相机一般体积较大，比较重。单反数码相机的一个很大的特点就是可以交换不同规格的镜头，这是单反相机天生的优点，是普通数码相机不能比拟的，如图2-1所示。

图2-1　单反相机

2.微单相机

微单包含两个意思：微，微型小巧；单，可更换式单镜头相机。也就是说这个词是表示这种相机有小巧的体积和单反一般的画质，即微型、小巧且具有单反性能的相机称之为微单相机。普通的卡片式数码相机很时尚，但受制于光圈和镜头尺寸，总有些美景无法拍摄；而专业的单反相机过于笨重。于是，博采两者之长，微单相机应运而生。

微单相机在去掉了单反中的反光板及机顶取景系统后，修改了单反中的对焦系统，没有了反光板就意味着没有光线的反射，所以就无法直接通过镜头看到景物，在这样的情况下只好另外开一个取景窗，再者即是同卡片机一样通过LCD取景，同时可提升微单机身的紧凑性。当然对焦性能也不一样，单反的对焦性能为相位对焦，而微单使用的是反差式对焦。反差式对焦在对焦过程中需反复检测对比度，当合焦后可能还会继续对焦过头，然后再回到合焦位置，这样就会比相位式对焦要慢一点，而相位式对焦一开始就可以直接到合焦的位置，不需要过头再合焦，这样可省掉一些时间，会快一点。

奥林巴斯、松下新款微单相机都采用高检测频率反差式对焦功能，对焦速度能够达到甚至超过单反的对焦速度。看来这项技术足以填补微单对焦慢的不足。其实反差式对焦还有一个优点就是不会跑焦，而且也不需要十字或双十字对焦点就能实现准确对焦。这项技术的提升为微单产品增加不少色彩，如图2-2所示。

图2-2　微单相机

3.卡片数码相机

卡片数码相机在业界内没有明确的概念，小巧的外形、相对较轻的机身以及超薄时尚的设计是衡量此类数码相机的主要标准。其中索尼T系列、奥林巴斯AZ1和卡西欧Z系列等都应划分于这一领域。

卡片数码相机可以不算累赘地被随身携带；而在正式场合把它们放进西服口袋里也不会坠得外衣变形；女士们的小手包再也不难找到空间挤下它们；在其他场合把相机塞到牛仔裤口袋或者干脆挂在脖子上也是可以接受的。虽然它们的功能并不强大，但是最基本的曝光补偿功能还是超薄数码相机的标准配置，再加上区域或者点测光模式，这些小东西在有时候还是能够完成一些摄影创作。至少你对画面的曝光可以有基本控制，再配合色彩、清晰度、对比度等选项，很多漂亮的照片也可以来自这些被"高手"们看不上的小东西。

4.长焦数码相机

长焦数码相机指的是具有较大光学变焦倍数的机型，而光学变焦倍数越大，能拍摄的景物就越远。代表机型为：美能达Z系列、松下FX系列、富士S系列、柯达DX系列等。

长焦数码相机主要特点其实和望远镜的原理差不多，通过镜头内部镜片的移动而改变焦距。当人们拍摄远处的景物或者被拍摄者不希望被打扰时，长焦的好处就发挥出来了。另外焦距越长则景深越浅，和光圈越大景深越浅的效果是一样的，浅景深的好处在于突出主体而虚化背景，相信很多FANS在拍照时都追求一种浅景深的效果，这样使照片拍出来更加专业。一些镜头很长的数码相机，内部的镜片和感光器移动空间更大，所以变焦倍数也更大。如今数码相机的光学变焦倍数大多在3～12倍，即可把10米以外的物体拉近至3～5米；也有一些数码相机拥有10倍的光学变焦效果。家用摄录机的光学变焦倍数在10～22倍，如果光学变焦倍数不够，人们可以在镜头前加一增倍镜，其计算方法是这样的：一个2倍的增距镜，套在一个原来有4倍光学变焦的数码相机上，那么这台数码相机的光学变焦倍数由原来的1倍、2倍、3倍、4倍变为2倍、4倍、6倍和8倍，即以增距镜的倍数和光学变焦倍数相乘所得。长焦数码相机，如图2-3所示。

图2-3　长焦数码相机

（二）单反相机的主要配件

1.UV镜片

过滤空气中多余的紫外线，同时起到保护镜头的作用。UV镜片品牌，有肯高、哈森、B+W等等，价位上也是参差不齐：从几十元到几百元不等。选择的时候要注意的是UV镜的表面上是有镀膜的，尤其是在强光下晃动的时候，可看到五颜六色的颜色，通光性能非常好，把镜片放到眼前是有一种看不到镜片的感觉。而几十元的镜片严格上讲并不是UV镜片（而叫保护镜），首先镜片没有镀膜（没有镀膜就没有UV镜以上的功能，仅仅起到了保护镜头防止镜头落灰的作用），放到镜头上就像是加了一个比较高档的玻璃。成像效果反倒不如不加镜片的好。

2.液晶保护膜

主要是起到防止液晶屏幕划伤的作用，这种保护膜的特点是：静电吸附在液晶屏幕的表面，如果时间长了，保护膜表面划伤比较严重可以及时更换，同时对液晶屏幕的表面没有腐蚀作用（而手机上使用的贴膜是用胶粘贴在液晶屏幕的表面上，不能够更换）。

3.气吹

清理镜头以及相机表面的灰尘，不过在清理的时候一定要注意，吹头必须离镜头有一段距离，通过手掌的瞬间用力去吹（这样可以保证吹头不会因为不注意而碰到镜头，导致镜头划伤。）

4.镜头布

应该配合气吹的使用，在擦拭镜头的时候不能用嘴去吹镜头上的浮灰，以避免镜头上面沾上你的唾液，尤其是刚吃完油腻的东西，镜头上面一旦沾上油腻的唾液就不好擦拭了。

5.摄影包

首先摄影包的选择要注重性能（也就是买包包干什么用），比如：防雨，防震，防尘，防火等等。市面上的摄影包品种很多：JEEP、乐摄宝、伟峰、白金翰、日华、巴斯特、吉多喜等。

（三）照片的主要存储格式

对于商品图片，常用的存储格式有JPEG、RAW和TIFF。

1.JPEG格式

JPEG格式是目前应用最广泛的文件格式，文件后缀名为JPG，这是一种有损压缩格式，类似于音乐中的MP3。数码单反拍摄的JPEG图像是经过了相机内部的各种处理（亮度、对比度、饱和度和白平衡）而得到的最后"结果"，使用非常简单。尽管如今的JPG已经能提供相当好的图像质量，但在挑剔的人看来，它仍然是一种压缩格式。另外，JPEG的后期处理空间相对有限。所以，JPEG还不能应付最苛刻的条件。

JPEG格式是目前网络上最流行的图像格式，是可以把文件压缩到最小的格式。在Photoshop软件中以JPEG格式储存时，提供11级压缩级别，以0～10级表示。其中0级压缩比最高，图像品质最差。

2.RAW格式

RAW的原意就是"未经加工"。可以理解为，RAW图像就是CMOS或者CCD图像感应器将捕捉到的光源信号转化为数字信号的原始数据。RAW文件是一种记录了数码相机传感器的原始信息，同时记录了由相机拍摄所产生的一些元数据（如ISO的设置、快门速度、光圈值、白平衡等）的文件。RAW是未经处理，也未经压缩的格式，可以把RAW概念化为"原始图像编码数据"或更形象地称为"数字底片"。

由于RAW非常"原始"，所以，不同品牌、不同型号的数码单反的文件格式几乎不通用，需要用专用的软件才能处理。例如，佳能的有Digital Photo Professional，尼康的有Nikon Capture NX，还有一些通用软件，如Adobe Photoshop等。由于互不兼容，所以文件后缀名也是多种多样的，如佳能的CRW、CR2，尼康的NEF和索尼的ARW等。RAW还有一个优势。即使后期对图像做了各种调节，也不会损失图像质量。而JPG如果进行后期调整，在压缩的基础上继续压缩，只能造成更多的损失。

3.TIFF格式

标签图像文件格式（Tagged Image File Format，简写为TIFF）是一种主要用来存储包括照片和艺术图在内的图像的文件格式。它最初由Aldus公司与微软公司一起为Post Script打印机页面的程序设计语言开发时而产生。

TIFF与JPEG和PNG一起成为流行的高位彩色图像格式。TIFF格式在业界得到了广泛的支持，如Adobe公司的Photoshop、Jasc的GIMP、Ulead Photo Impact和Paint Shop Pro等图像处理应用，QuarkX Press和Adobe In Design这样的桌面印刷和页面排版应用，扫描、传真、文字处理、光学字符识别和其他一些应用等都支持这种格式。

对商品图片而言，TIFF扮演的角色是RAW文件的最终处理结果。也就是说，RAW文件经过处理，最终转化而成的，就是TIFF文件。这里面的理由有两点：第一，TIFF是所有的图像处理软件都支持的一种格式，应用广泛；第二，它是一种不压缩的格式，可以最大限度地保证画面的质量。所以，从RAW转化到TIFF，可以保证整个过程是无损的。这也是最大限度发挥数码单反成像质量优势的终极办法。当然，RAW也可以转化为JPEG文件，只是，这样就失去了使用RAW的意义了——到最后，还要经过一次有损压缩，RAW的价值就大打折扣了。

三、设施和配件的使用

1.静物台

静物台是商品摄影的一个主要设施，它主要是用来拍摄小型静物商品的，使商品可以展示出最佳的拍摄角度和最佳的外观效果。标准的静物台相当于一张没有桌面的桌子。在其上覆盖了半透明的，用于扩散光线的大型塑料板，以便于布光照明，消除被摄物体的投影。桌面的高度能够按照要求进行调节。放置塑料板的支架的角度也可以在一定范围内转动和紧固，以适合不同的拍摄需要。如果所拍摄的商品比较特别的话，比如比较小或者细长的物体，就需要临时定制特别尺寸的静物台和支架，采用普通货架的组构件来按照拍摄题材和设计的要求，随时组合各种特殊的静物台。这种做法适应网店商品摄影题材多样性的需要，如图2-4所示。

图2-4　静物台

2.摄影棚

网店卖家通常购买摄影棚套装或自己搭建摄影棚用于商品的拍摄，摄影棚主要由背景架、背景布、三脚架、反光板、倒影板、柔光箱、闪光灯、灯架、反光伞、摄影灯泡等设备组成。配合数码相机可以满足对服装、人像及小商品的拍照需要。

3.柔光箱

柔光箱由反光布、柔光布、钢丝架、卡口组成。柔光箱像一个一面可以射出光线而其余部分被遮掩的大箱子，在其透出光线的部分，蒙上了扩散光线的半透明材料，因此所发出的光线非常柔和。被其照明的物体的明暗反差也最弱，所产生的投影边缘也最为柔和。柔光箱有多种尺寸，尺寸越大，则柔光效果越显著。除了照明之外，柔光箱的另一用处是可以在全反射的金属物体表面形成漂亮的反光效果。柔光箱的形状多种多样，有长方形的、正方形的，还有正八边形的。

4.闪光灯

闪光灯能在很短时间内发出很强的光线，是照相感光的摄影配件，多用于光线较暗的场合瞬间照明，也用于光线较亮的场合给被拍摄对象局部补光。外形小巧，使用安全，携带方便，性能稳定。闪光灯大致可以分为三类，根据其类型不同，其功能和性能也不同，如图2-5所示。

图2-5　闪光灯

（1）内置闪光灯。使用内置闪光灯会造成相机电量的大量消耗，而且内置闪光灯不支持闪光灯的各种高级功能。

（2）外置闪光灯。外置闪光灯一般位于相机机身顶部，一些高端的外置闪光灯还提供各种高级的功能。

（3）手柄式闪光灯。手柄式闪光灯常用于照相馆、影楼、婚纱摄影工作室等专业场所。

5.反光板

反光板是商品摄影的辅助工具，用锡箔纸、白布、米菠萝泡沫板等材料制成。反光板在外景拍摄时起辅助照明作用，有时作主光用。不同的反光表面，可产生软硬不同的光线。

反光板作为拍摄中的辅助设备，其常见程度不亚于闪光灯。根据环境需要用好反光板，可以让平淡的画面变得更加饱满，体现出良好的影像光感、质感。同时，利用它适当改变画面中的光线，对于简洁画面成分，突出主体也有很好的作用，如图2-6所示。

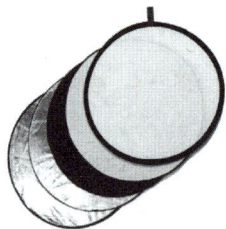

图2-6　反光板

常用的反光板包括白色、银色、金色和黑色四种类型。有时尔还可使用柔光板或"纱幕"，但是在拍摄过程中，一般使用反光板。下面简单介绍一下不同类型的反光板和柔光板：

（1）白色反光板。白色反光板反射的光线非常微妙。由于它的反光性能不是很强，所以其效果显得柔和而自然。需要稍微加一点光时，使用这种反光板对阴影部位的细节进行补光，可以让阴影部位的细节更多一点。

（2）银色反光板。由于银色反光板比较明亮且光滑如镜，所以能产生更为明亮的光。银色反光板是最常用的一种反光板。这种反光板的效果很容易在被摄者眼睛里映现出来，从而产生一种大而明亮的眼神光。当阴天和光线主要从被摄者头上方射过来时使用，直接放在被摄者的脸下方，让它刚好在相机视场之外，把顶光反射到被摄者脸上。在阴天的光线条件下，白色反光板就不具备如此强的作用。

（3）金色反光板。在日光条件下使用金色反光板补光。与银色反光板一样，它像光滑的镜子似的反射光线，但是与冷调的银色反光板相反，它产生的光线色调较暖。金色反光板更常用作为主光。在明亮的阳光下拍摄逆光人像，并从侧面和稍高处把光线反射到被摄者的脸上。用这种反光板有两个作用：一是可以得到能照射到被摄者脸上的定向光线，并且还能使被摄者脸部的曝光增加一档；二是可以减少从背景到前景的曝光差别，这样不会使背景严重地曝光过度。

（4）黑色反光板。这种反光板是与众不同的，因为从技术上讲它并不是反光板，而是"减光板"或称为"吸光板"。使用其他反光板是根据加光法工作的，目的是为景物添加光量。使用黑色反光板则是运用减光法来减少光量。为什么要使用黑色反光板呢？因为种种原因使人们不得不常常采用讨厌的顶光拍摄。采用这种光线时拍出的人脸常会产生"浣熊眼"。采用把黑色反光板放在被摄者头上的办法，可以减少顶光。

（5）柔光板。柔光板在太阳光或灯光与被摄物或人之间起到阻隔或减弱光线的作用，可以使光线柔和，降低反差。在光线强烈，而又不想调换摄影角度损失背景，或柔和光线以减少被摄物投影可以使用柔光板，如图2-7所示。

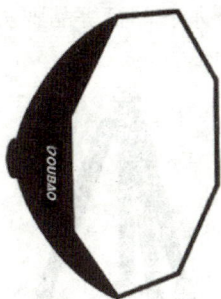

图2-7　柔光板

6.倒影板

倒影板针对珠宝首饰等小物品拍照使用。倒影板表面镜面光滑，可以让被拍照的物品产生很漂亮的倒影。很多首饰商品的画册宣传图片就是这样得来的。倒影板实质是一种反光板，只是能够在板上映射出较明显的商品倒影。在一些饰品、手机、化妆品、酒水等带有反光或者透明特性商品的信息采集时，往往通过倒影板来添加效果。现阶段倒影板的使用在网络贸易平台上较流行，被越来越多地用于各类商品的拍摄，不再局限于原有品类。倒影板主要分为黑色与白色两种，最常见的是采用亚克力材质做的，因此有时也直接称为亚克力倒影板或者亚克力板。亚克力材质实际就是有机玻璃的一种，价格低廉，易于裁剪成各种规格。一般的倒影板为正方形，按尺寸购买，常见尺寸为30～60厘米不等。倒影板，如图2-8所示。

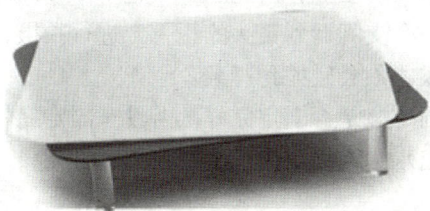

图2-8　倒影板

倒影板在使用过程中需要注意对其进行保养，由于亚克力的材质问题，容易产生划痕。白色的相对较好，而黑色的在光源投射下，划痕会非常醒目。倒影板在保养时，主要是使用后用刷子将灰尘拂去，不可以用布直接擦拭。将灰尘去除干净后，可采用家用塑料保鲜薄膜对表面进行覆盖后保存，保存时竖起或者水平放置即可，避免在放置不平时被重物压到。

白色或者黑色的有机玻璃可以做成倒影板，透明的有机玻璃也是很好的一种道具，用于辅助拍摄。透明的有机玻璃可以作为展示台来放置商品：一是用于抬高商品的位置，使其受到正确光位的布光；二是使商品展现特定的摆放形态。因为透明有机玻璃的最大特点也就是透明，不会产生干扰商品本身的因素，也便于后期图像处理将其消除。

7.三脚架

三脚架的主要作用就是稳定照相机，以达到某种摄影效果。最常见的就是长曝光中使用三脚架，如图 2-9 所示，三脚架品牌主要有捷信（Gitzo）、曼富图（Manfrotto）、浦吉（PRO.J）、金钟（Velbon）、sinno（信乐）、捷宝（TRIOPO）、美达斯（MIDAS）、索尼（SONY）、竖立、泰立、飞异、安维尔、鼎帝等品牌。三脚架在使用过程中需要注意以下几点：

图2-9　三脚架

（1）利用三脚架的升降功能。在使用前取出三脚架展开后将摇杆旋转至工作高度，工作高度等于身高减掉30厘米，取下云台的快装版将快装版上的。

（2）螺丝锁在相机的底部。把相机装和快装板装在云台上，按要拍照的镜头调整工作高度，这时就可以用摇杆来调整高度。

（3）在展开每支脚管时务必把每一支脚管全部拉打开至最大限度为止，并全部展开三支脚管。因为在操作相机时，如果脚管没有拉到尽头存在将板。

（4）扣固定好。脚管关节部位会很容易出现松动的情况，三支脚管也必须展开到最大限度，固定在地面的面积已大得足够，因此三脚架也不易移动。

（5）将三脚架的其中一个支脚调到镜头的正下方进行拍摄，另外两个支脚管面向拍摄者的方向，这样拍照的时候才不会碰撞到脚架。

（6）检查固定座，看固定座是否固定完好。若没有固定完好，则必须再次固定。

（7）找出水平线。找出水平线的目的在于在使用时方便核对三脚架是否平稳，以保证使用的效果。

▶ 任务实施

一、搭建拍摄环境

服装拍摄根据不同的拍摄环境分为棚内人工照明和室外自然光结合反光板补光等两种布光方式。

1.棚内人工照明布光

主灯位于相机的左侧，辅助灯位于相机的右侧，根据服装和模特妆面的色彩，在模特身后的左侧，面对背景墙的位置放置一盏加入色片的辅助灯，使光线呈渐变的方式被投射到白色背景墙上，由此产生出漂亮的光影效果，如图2-10所示。

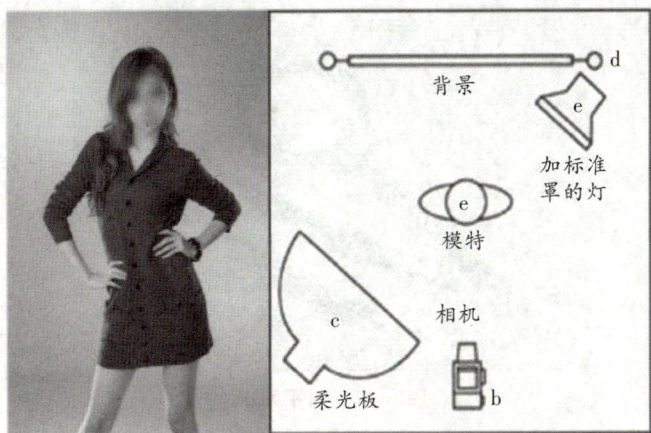

图2-10　棚内人工照明布光示图

2.室外使用自然光和反光板拍摄

在拍摄现场模特是蹲在墙角的阴影里的，周围光线很暗，要是不用反光板补光的话，照片拍出来会显得黑乎乎的，看不到什么细节，颜色也会失真。如果用两片反光板像三明治一样从模特的两个方向补光，就会形成一个光线柔和的拍摄空间，可以在拍出明媚阳光的同时还不会出现大片的光斑或阴影。

二、摄影器材的使用

做好现场的整理工作，填写拍摄登记表，检查拍摄样品，背景采用白色背景，整理好文具小道具，准备和文具盒搭配。

1.搭建小件商品棚

步骤1：按照商品摄影要求准备数码相机、静物台、闪光灯、柔光罩、引闪器、支架等摄影器材，如图2-11所示。

图2-11　小件商品摄影器材

步骤2：使用白平衡卡和灰卡进行色彩校正，如图2-12、图2-13所示。

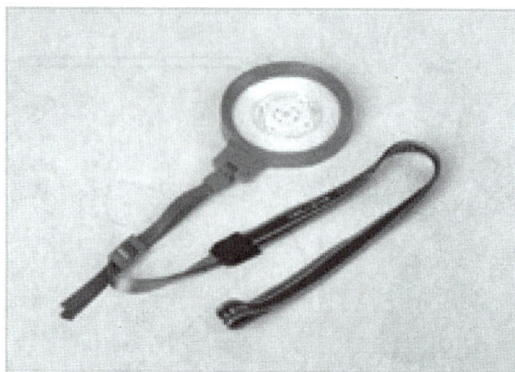

图2-12 白平衡卡

图2-13 灰卡

2.搭建大件商品摄影棚

步骤1：按照商品摄影要求准备背景布、反光板、闪光灯、支架、引闪器、柔光罩、风巢等摄影器材，如图2-14所示。

图2-14 大件商品摄影棚

步骤2：使用测光表测光，为数码相机选择光圈和快门提供依据。

3.数码相机的前期准备

拿到拍摄商品的数码相机后，要先进行前期准备的检查工作。首先检查电源和存储卡是否放置正常，然后检查相机外观有无问题，做必要的清洁工作。开机正常后，对相机的基本参数进行设置，主要包括语言模式、自动关闭时间、日期与时间、图像品质与尺寸以及感光度等。最后将相机的拍摄模式调整至手动模式。

三、商品图片的采集

1.根据商品特性设计拍摄环境

拿到样品后先检查，然后根据样品对于光源的特性进行分析。从分析可知，文具盒虽然表面有一定的反光，但整体上还是属于吸光类，这样可以按照常见的光源设计来进行处理。使用两盏柔光源的闪光灯，文具盒本身的高度不高，可以采用两侧光源照明，布置好静物台，放置好白色的背景布。然后安装闪光灯，均安装柔光箱。

2.摆放文具盒的整体造型

将文具盒样品进行整体造型。将文具盒正面朝上自然放置，并略微倾斜。通过相机构图时以低角度俯视为主。

3.对焦测试

对符合视觉习惯的文具盒正面和前侧面结合处附近进行对焦。对焦时采用两段式快门的方式，半按快门确定对焦成功后，再完全按下快门。

4.初次试拍后调整方案

通过相机回放，观察初次拍摄的商品图片，考虑进行光源的调整、取景范围的调整以及白平衡的调整。

步骤1：依据闪光灯进行光圈、快门的设置。预判光照环境后，设置恰当光圈值，最后通过相机进行对焦拍摄，并根据需要预览拍摄效果，尽量借助三脚架来放慢快门值。

步骤2：通过调整相机快门光圈设置和位置多次拍摄后获取最佳效果。

尝试调整相机不同光圈以及快门的组合寻求最佳曝光组合，同时对拍摄位置进行微调。特别是在细节拍摄时，需要通过仔细的检查确认来保证最后的拍摄效果。

步骤3：进行商品细节局部特写镜头的拍摄。在文具盒的拍摄中，完成外表的整体展示后，继续针对细节进行拍摄。

步骤4：通过预览检查无误后，填写拍摄登记表，完成拍摄。拍摄完成后，再次通过预览检查是否完成所需商品拍摄，填写登记表。

【素养园地】

淘宝网"真实展示"原则下的维修图片违规案例

随着互联网和电子商务的快速发展，淘宝网作为国内最大的网络购物平台之一，对商品展示图片的要求也越来越高。其中，对于维修、二手商品等类别的图片，淘宝网有着明确的规定，要求图片必须真实、准确，不得使用虚假、误导性的图片信息。然而，在实际操作中，一些卖家为了吸引顾客，可能会采取违规拍摄、处理图片的行为。

某淘宝卖家小王经营一家二手数码产品店铺，主营各类二手相机、摄像机等商品的维修与销售。为了提升商品的吸引力，小王使用摄像机拍摄了一系列修理过程中的图片，并对这些图片进行了美化处理，使得原本破损严重的商品看起来焕然一新。他将这些图片作为商品展示图上传至淘宝店铺，希望能够吸引更多的顾客。

然而，小王的这一行为很快就被淘宝网的管理部门发现。管理部门经过核实，确认小王的图片存在违规情况，即使用虚假、误导性的图片信息对商品进行展示。根据淘宝网的相关规定，管理部门对小王的店铺进行了处罚，包括下架违规商品、扣除信用分等。

诚信是商业活动的基本原则之一。在电子商务领域，诚信更是关系到商家的声誉和长远发展。小王使用虚假图片的行为严重违背了诚信原则，不仅损害了消费者的利益，也影响了自己的商业信誉。这个案例告诉我们，在激烈的市场竞争中，只有坚持诚信经营，才能赢得消费者的信任和支持。

在商品展示过程中，尊重事实、真实展示商品是商家的基本职责。小王为了吸引顾客而使用虚假图片的行为，不仅误导了消费者，也违反了商业道德。这个案例提醒我们，在信息传播日益便捷的今天，我们应该更加注重事实的真实性，不传播虚假信息，共同维护一个诚信、公正的商业环境。

在电子商务领域，法律法规是规范商家行为的重要保障。淘宝网作为电商平台，有责任对商家的行为进行监督和管理。小王因违规使用图片而受到处罚的案例，体现了法律法规对商家行为的约束和监管作用。这个案例告诉我们，在从事商业活动时，我们必须遵守相关的法律法规，不得违法违规操作。

在上述案例中，具体涉及淘宝网的以下规则：

（1）商品信息发布规范：淘宝网要求商家发布的商品信息必须真实、准确、完整，不得夸大其词或进行虚假宣传。在案例中，小王使用摄像机拍摄并美化处理修理过程中的图片，导致图片信息与实际商品状况不符，违反了商品信息发布的真实性原则。

（2）商品图片规范：淘宝网对商品图片有明确的规定，要求图片必须清晰、真实地反映商品的实际状况，不得使用虚假、误导性的图片信息。小王为了吸引顾客，对图片进行了美化处理，使商品看起来比实际状况更好，这违反了淘宝的商品图片规范。

（3）平台管理政策：淘宝网有严格的管理政策，对于违反平台规定的商家会进行处罚，以维护平台的公平性和诚信度。在案例中，小王的行为被淘宝网管理部门发现后，他的店铺受到了处罚，包括下架违规商品、扣除信用分等，这是淘宝网对违规行为进行管理的体现。

任务 2　商品信息的处理

任务解析

商品信息处理旨在将采集到的原始商品图片与数据，通过专业软件和技术手段进行优化、编辑与整合，使其符合网络销售平台的展示要求，有效吸引消费者的目光，提升商品竞争力。本任务需掌握图像裁剪、调色、添加文字与水印等基础处理技巧，运用光影调整、瑕疵修复等进阶技术优化商品图片质量，同时规范处理商品文字信息，确保信息准确、完整，富有吸引力。

▶ **知识链接**

一、图像处理软件介绍

（一）Adobe Photoshop

1.功能特点

作为一款专业的图像处理软件，Adobe Photoshop 拥有强大的功能。它可以进行色彩调整、图像合成、修复瑕疵、添加特效等操作。例如，通过曲线工具可以精确地调整商品图片的亮度和对比度，使其色彩更加鲜艳、层次更加丰富；利用蒙版功能可以轻松地将商品从背景中分离出来，更换不同的背景，以适应不同的展示需求。

2.适用场景

Adobe Photoshop 适用于各种类型商品的图像处理，无论是服装、电子产品还是食品等。对需要进行复杂图像合成、精修以及创意设计的商品图片的处理，Adobe Photoshop 是首选软件。比如，在处理服装图片时，可以通过液化工具对模特的身材进行微调，使服装穿着效果更加美观；对于电子产品，可以利用光影效果突出产品的质感和细节。

3.学习难度

Adobe Photoshop 的学习难度较高，因为其功能丰富且复杂，需要用户花费一定的时间和精力去学习和掌握各种工具和技巧；一旦掌握，能够取得非常专业的图像处理效果。

（二）Adobe Lightroom

1.功能特点

Adobe Lightroom 主要侧重于照片的后期调色和管理。它具有强大的色彩校正功能，可以快速调整照片的白平衡、色调、饱和度等参数，使商品图片呈现出统一的色调风格。同时，Adobe Lightroom 还支持批量处理图片，能够大大提高工作效率。例如，对于一组服装照片，可以通过预设的色调模板，快速将所有图片调整为具有相同风格的色调，并且可以同时对多张图片进行曝光、对比度等参数的统一调整。

2.适用场景

Adobe Lightroom 特别适合处理大量商品图片，尤其是对色彩一致性要求较高的商品，如服装、饰品等。它可以帮助用户快速建立起统一的品牌视觉风格，使店铺中的商品图片看起来更加协调一致。

3.学习难度

相对于 Adobe Photoshop 来说，Adobe Lightroom 的学习难度较低。其界面简洁，操作流程较为直观，用户容易上手。对于一些基本的图片调色和处理需求，用户能够快速掌握并应用。

（三）醒图

1.功能特点

醒图是一款手机端的图像处理软件，具有操作便捷、功能丰富的特点。它提供了多种预设的滤镜和调色模板，能够一键实现不同的风格效果。同时，醒图也具备一些基本的图像调整功能，如对亮度、对比度、饱和度、色温等的调整。此外，醒图还可以对人像进行美颜、修图等操作。例如，在处理服装商品图片时，如果模特的皮肤有一些小瑕疵，使用醒图的人像修图功能可以快速去除瑕疵，同时保留皮肤的质感；通过调整滤镜和参数，可以让服装的颜色更加鲜艳，提升图片的视觉吸引力。

2.适用场景

醒图适合在移动设备上随时随地进行商品图片的简单处理和快速调整。对于一些小型商家或者个人卖家，使用醒图可以方便地在手机上对拍摄的商品图片进行初步处理，然后直接上传到网上店铺中，尤其适用于服装、美妆等时尚品类的商品图片处理，能够快速打造出具有时尚感和吸引力的图片效果。

3.学习难度

醒图学习难度低，界面简洁易懂，操作方便快捷。即使是没有专业图像处理知识的用户，也能在短时间内学会使用其基本功能，快速处理出美观的商品图片。

（四）美图秀秀

1.功能特点

美图秀秀也是一款广为人知的图像处理软件，操作简单、易上手。它有丰富的特效、贴纸和文字模板，可以为商品图片添加各种有趣的元素，增强图片的趣味性和吸引力。此外，美图秀秀也具备基本的图像调整功能，如裁剪、旋转、色彩调整等。比如，在处理食品图片时，可以添加一些可爱的食物相关贴纸，营造出诱人的氛围；通过调整色彩参数，让食品看起来更加新鲜美味。

2.适用场景

美图秀秀适用于对图片处理要求不是特别高、注重图片的趣味性和快速出图的场景，对创意商品、文具、玩具等品类的商品的图片处理较为适用，可以通过添加各种元素，让图片更具个性和吸引力，适合在一些主打年轻消费群体的网上店铺中使用。

3.学习难度

美图秀秀非常容易学习，软件界面直观，功能按钮一目了然。用户可以快速找到所需的功能并进行操作，即使是初学者也能轻松掌握，快速制作出具有特色的商品图片。

二、图像基础处理技巧

微课 2-1

图片基础处理

（一）裁剪与构图优化

1.裁剪

裁剪是突出商品主体、去除干扰元素的重要手段。在商品信息处理中，可以根据商品的形状、大小和展示重点，使用裁剪工具对原始图像进行调整。例如，对于方形的电子产品，可采用正方形裁剪，将商品置于画面中心，去掉周围多余的背景；对于长条形的服装，可沿着服装轮廓进行裁剪，保留关键细节部分，去除无关的场景元素。同时，参考电商平台的图片尺寸要求（如淘宝主图常见尺寸为800×800像素）进行裁剪，确保图片符合上传标准。

2.构图优化

运用常见的构图法可以提升图片美感。如三分法，是将画面横竖均三等分，形成九宫格，将商品主体放置在四条分割线的交叉点或分割线附近，使画面更加平衡、协调，吸引消费者的目光。例如，拍摄水杯时，可以将水杯放置在九宫格右上角交叉点附近，搭配简洁的背景，突出水杯的造型。对称构图则适用于具有对称美感的商品，如书本、首饰盒等，可将商品置于画面中心，左右或上下对称摆放，营造出稳定、规整的视觉效果。

（二）色彩校正

1.亮度与对比度调整

这是指通过调整亮度和对比度，使商品图片更清晰、生动。对于曝光不足的图片，可以适当增加亮度，避免商品细节因过暗而无法展现；对于过亮的图片，则降低亮度，防止商品颜色泛白。同时，合理调整对比度，增强画面中明暗区域的差异，凸显商品的立体感。例如，处理深色服装图片时，提高对比度可使服装的纹理和褶皱更加明显。

2.色彩平衡与饱和度调节

色彩平衡用于校正图片的偏色问题，确保商品颜色与实物一致。若图片整体偏黄，可增加蓝色通道的数值，减少黄色通道的数值，使色彩恢复正常。饱和度的调节需适度，过度提升饱和度会使颜色失真，降低则会让画面显得沉闷。如处理水果图片时，适度提高饱和度可让水果看起来更加新鲜诱人，但不可过度，以免颜色过于艳丽而不真实。

微课2-2

图片调色处理

（三）添加文字与水印

1.文字添加

在图片中添加文字能直观传递商品的关键信息，如名称、价格、促销标语等。文字的字体选择要清晰易读，避免使用过于花哨、难以辨认的字体；字号大小应根据图片尺寸和内容进行调整，确保在不同设备上查看时都能清晰呈现。例如，在服装主图上方添加商品名称，可以用较大字号且采用简洁的黑体，颜色选择与背景形成鲜明对比的白色，以增强视觉冲击力。文字的排版要简洁明了，避免杂乱无章，可采用居中、左对齐等方式。

2.水印添加

添加水印可保护图片版权，防止他人盗用。水印内容通常包括店铺名称、Logo或网址等。水印的位置应选择在不影响商品展示的角落，如图片右下角或左上角，且透明度要适中，既起到保护作用，又不会遮挡商品关键部分。水印的大小和颜色也要与图片整体风格相协调，例如，简约风格的图片可采用浅色、较小的水印，以突出商品主体。

三、图像进阶处理技术

（一）光影调整

1.曲线工具运用

曲线工具具有精准调整图像光影的强大功能。在曲线图中，横坐标表示图像的原始亮度值，纵坐标表示调整后的亮度值。通过在曲线上添加控制点并拖动，可对图像的暗部、中间调、亮部进行单独调整。例如，将曲线的暗部向上提升，可增强暗部的亮度，使原本过暗的细节显现出来；将亮部曲线下压，可降低亮部的亮度，避免高光过曝。利用曲线工具还可以营造特殊的光影效果，如为商品添加柔和的光晕，提升画面氛围感。

2.高光与阴影处理

使用"阴影/高光"功能可修复因光线问题导致的高光过曝或阴影过暗的情况。该功能能够智能识别图像中的高光和阴影区域，并进行针对性调整。对于逆光拍摄的商品图片，通过提升阴影的亮度，可清晰展现商品的细节；对于因强光照射而产生过亮高光的部分，降低高光强度，可以使商品表面的质感更加真实。

（二）瑕疵修复

1.仿制图章工具

仿制图章工具常用于修复商品表面较小的瑕疵，如服装上的线头、电子产品表面的轻微划痕等。使用时，先按住 Alt 键在商品上选取与瑕疵周围相似的区域作为样本，然后松开 Alt 键，在瑕疵位置点击或拖动鼠标，将样本区域的图像复制到瑕疵处，从而取得修复效果。操作过程中需注意调整画笔的大小、硬度和不透明度，使修复区域与周围自然融合。

2.内容识别填充

对于较大面积的瑕疵或不需要的元素，内容识别填充功能十分有效。选中需要去除的区域后，执行内容识别填充命令，软件会自动分析周围图像的内容和纹理，智能填充被选中的区域。例如，去除背景中多余的杂物时，使用内容识别填充可快速生成与背景一致的画面，且过渡自然，无须手动复制粘贴。

微课 2-3

抠图技巧

（三）抠图与合成

1.钢笔工具抠图

钢笔工具适用于对边缘精确性要求较高的商品抠图，如形状规则的商品或需要保留细腻边缘的服装、饰品等。通过绘制路径，沿着商品边缘创建封闭的选区，将商品从背景中分离出来。在绘制过程中，可通过添加、删除锚点和调整锚点的方向线，使路径贴合商品边缘。完成路径绘制后，将路径转换为选区，即可进行背景替换或其他操作。

2.合成创意图像

将抠取的商品与其他元素进行合成，可制作出富有创意的宣传图片。例如，将化妆品与梦幻的星空背景合成，营造出浪漫的氛围；将运动服装与户外运动场景结合，展现商品的使用场景。在合成过程中，要注意调整元素之间的大小比例、光影效果和色彩协调，使合成后的图像看起来自然、真实，以有效提升商品的吸引力和宣传效果。

四、商品文字信息处理规范

（一）准确性

1.信息真实准确

商品文字信息必须如实反映商品的实际情况，包括商品的规格、成分、功能、使用方法、保质期等，不得虚假宣传或夸大其词。例如，不能将普通棉质衣物宣传为由具有特殊保暖功能的高科技面料制成。

2.数据精确

涉及尺寸、重量、容量等具体数据时，要确保精确到合适的单位和精度。比如，服装的尺码应明确标注为 S、M、L 等具体尺码，同时辅以详细的尺寸数据，如胸围、腰围、肩宽等，精确到厘米；食品的净含量要准确标注，如500±5克。

（二）完整性

1.涵盖关键信息

商品文字信息应包含消费者购买决策所需的关键信息，一般包括商品名称、品牌、型号、特点、优势、适用场景、售后服务等内容。以一款手机为例，除了基本的参数，如屏幕尺寸、处理器型号、内存容量等，还应介绍其拍照功能的特色、外观设计的亮点以及品牌提供的保修政策等。

2.补充必要细节

对于一些可能影响消费者使用或购买的细节信息，也应尽量补充完整。例如，化妆品需注明是否为孕妇可用、有无特殊的气味或质地；电子产品要说明是否包含配件，以及配件的具体内容等。

（三）简洁性

1.语言简洁明了

避免使用过于复杂或生僻的词汇和句子结构，应以简洁直白的语言传递商品信息。例如，"这款洗发水具有深层清洁头皮、滋养发丝的功效，能让你的头发柔顺亮泽"，而不是"此款洗发产品具备深入清洁头部皮肤、为发丝提供滋养呵护之效能，可令阁下之秀发呈现柔顺且亮泽之状态"。

2.突出重点

抓住商品的核心卖点和关键信息进行重点阐述，避免冗长的描述和无关紧要的细节堆砌。可以使用项目符号、小标题等方式突出重点内容，便于消费者快速获取关键信息。比如，在介绍一款运动鞋时，可以将"轻量设计""高弹性鞋底""透气鞋面"等核心特点以项目符号的形式列出来。

（四）规范性

1.遵循行业标准

不同行业有各自的商品信息规范和标准，应严格遵循。例如，在食品行业，营养成分表需按照国家规定的格式和要求进行标注；在服装行业，纤维成分的标注要符合相关的纺织行业标准。

2.统一格式规范

在同一店铺或同一品牌的商品信息中，应保持文字格式的一致性，包括字体、字号、颜色、对齐方式等。例如，商品标题使用较大的字号和醒目的颜色，以突出显示；商品描述则使用较小的字号和相对柔和的颜色，保持整体的协调性和专业性。

（五）吸引力

1.使用生动语言

在保证信息准确的前提下，运用生动、形象的语言来描述商品，以增强信息的吸引力。比如，"这款巧克力如丝般顺滑，入口即化，带给你极致的甜蜜享受"，通过"如丝般顺滑"这样的描述让消费者更能感受到巧克力的口感。

2.强调独特卖点

挖掘商品的独特之处，并在文字信息中加以强调和突出，使商品在众多竞争品牌中脱颖而出。例如，"这款智能手表具有独特的健康监测功能，能够实时、精准地监测你的心率、血压和睡眠质量，为你的健康保驾护航"，突出其独家的健康监测功能。

▶ 任务实施

一、前期准备

（一）软件选择与安装

根据商品类型和处理需求选择合适的图像处理软件。若对服装、电子产品等进行复杂精修与创意合成，可安装 Adobe Photoshop；如处理大量服装、饰品图片，追求色调统一，可选用 Adobe Lightroom；如小型商家或个人卖家在移动设备上快速处理时尚商品图片，可安装醒图；如处理创意商品、文具等对趣味性要求较高的商品图片，可安装美图秀秀。完成软件安装后，熟悉界面与基础操作。

（二）素材整理

将采集到的商品原始图片与数据分类存放，建立清晰的文件夹目录，如"服装类""电子产品类""食品类"等，每个类别下再细分不同商品名称的子文件夹，确保素材便于查找与调用。

二、图像基础处理

（一）裁剪与构图优化

（1）依据商品形状、大小和电商平台图片尺寸要求（如淘宝主图 800×800 像素），使用软件裁剪工具进行操作。如方形电子产品采用正方形裁剪，置于画面中心；长条形服装沿轮廓裁剪，保留关键细节，去除多余背景。

（2）运用三分法、对称构图等方法优化构图。如拍摄水杯时，将其放置在九宫格右上角交叉点附近；拍摄书本、首饰盒等对称商品，应将其置于画面中心对称摆放，提升图片美感与视觉吸引力。

（二）色彩校正

（1）针对曝光不足或过亮的图片，可调整亮度和对比度。曝光不足的提升亮度，过亮的降低亮度，并合理调节对比度，凸显商品的立体感。如提高深色服装图片的对比度，清晰展现纹理和褶皱。

（2）利用色彩平衡校正偏色问题，以确保商品颜色与实物一致。如图片整体偏黄，可增加蓝色通道的数值，减少黄色通道的数值；调节饱和度时要适度，以避免颜色失真或沉闷，如处理水果图片时适度提高饱和度，展现其新鲜色泽。

微课2-4

防盗图水印
技巧

（三）添加文字与水印

（1）在图片合适位置添加商品名称、价格、促销标语等文字信息。字体应选择清晰易读的类型，字号根据图片尺寸调整，以确保不同设备都能查看清晰。如服装主图上方用较大的黑体字添加商品名称，搭配与背景对比鲜明的白色，采用居中或左对齐排版。

（2）在图片角落添加店铺名称、Logo 或网址等水印，做到位置不影响商品展示，透明度适中，大小和颜色与图片风格协调。如简约风格图片用浅色、小尺寸水印。

三、图像进阶处理

（一）光影调整

（1）使用曲线工具精准调整图像光影。在曲线图中，可通过添加控制点并拖动，分别调整图像暗部、中间调、亮部。如提升暗部曲线，显现过暗细节；下压亮部曲线，避免高光过曝，还可营造特殊光影效果，为商品添加柔和光晕。

（2）利用"阴影/高光"功能修复逆光拍摄或强光照射导致的光影问题，可提升逆光图片的阴影亮度，展现商品细节；降低强光下过亮的高光强度，还原商品表面的真实质感。

（二）瑕疵修复

（1）对于服装线头、电子产品的轻微划痕等小瑕疵，可使用仿制图章工具。按住Alt键选取瑕疵周围相似区域作为样本，松开后在瑕疵处点击或拖动鼠标修复，调整画笔大小、硬度和不透明度，保证修复区域自然融合。

（2）去除背景杂物等大面积不需要元素时，可使用内容识别填充功能。选中区域执行命令，软件自动分析周围图像填充，确保过渡自然。

（三）抠图与合成

（1）对形状规则或需保留细腻边缘的商品，如服装、饰品，可使用钢笔工具抠图：沿商品边缘创建封闭选区，通过添加、删除锚点和调整方向线贴合边缘，完成后将路径转换为选区，进行背景替换等操作。

（2）将抠取的商品与其他元素合成，制作富有创意的宣传图片。如化妆品与星空背景合成营造浪漫氛围；运动服装与户外场景结合展现使用场景。合成时注意调整元素大小比例、光影和色彩，保证图像自然真实。

四、商品文字信息处理

（一）确保准确性

（1）如实描述商品规格、成分、功能、使用方法、保质期等信息，杜绝虚假宣传和夸大其词，避免将普通商品宣传为具有特殊功能的产品。

（2）如涉及尺寸、重量、容量等数据，应精确到合适单位和精度。如服装标注S、M、L等尺码及详细尺寸数据（精确到厘米）；食品准确标注净含量（如500±5克）。

（二）保证完整性

（1）商品文字信息应涵盖消费者购买决策所需的关键内容，包括商品名称、品牌、型号、特点、优势、适用场景、售后服务等。如手机商品除基本参数外，介绍拍照特色、外观亮点和保修政策。

（2）补充影响消费者使用或购买的细节信息，如化妆品注明是否孕妇可用、气味、质地；电子产品说明配件内容。

（三）注重简洁性

（1）采用简洁直白的语言表达，避免复杂、生僻的词汇和句子结构。如描述洗发水的功效可用"深层清洁头皮、滋养发丝，让头发柔顺亮泽"，而非复杂表述。

（2）运用项目符号、小标题突出商品的核心卖点和关键信息，避免冗长描述和无关细节。如介绍运动鞋时用项目符号列出"轻量设计""高弹性鞋底""透气鞋面"等特点。

（四）遵循规范性

（1）严格遵循行业标准标注商品信息，如食品按规定格式标注营养成分，服装按纺织行业标准标注纤维成分。

（2）同一店铺或品牌商品应保持文字格式统一，包括字体、字号、颜色、对齐方式。商品标题应用较大的醒目字体和颜色，商品描述可用较小的柔和字体。

（五）增强吸引力

（1）用生动形象的语言描述商品，如"巧克力如丝般顺滑，入口即化"，让消费者直观感受产品的特点。

（2）挖掘并强调商品的独特卖点，如智能手表突出独特的健康监测功能，提升商品的竞争力。

五、成果输出与检查

（一）图片输出

根据网络销售平台的要求，将处理好的图片输出为合适格式（如 JPEG），设置恰当的图像质量参数，在保证清晰度的同时控制文件大小，以便于网页加载。

（二）整体检查

对处理后的商品图片和文字信息进行全面检查，查看图片是否清晰、美观，文字信息是否准确、完整、规范，确保商品信息符合网络销售平台的展示要求，以有效吸引消费者。

以上是商品信息处理的主要内容，你可以说说对这份方案的看法，如是否需要增减某些环节，以便进一步优化。

【启智育人】

商品信息违规案例及启示

在电商平台竞争日益激烈的当下，部分商家为追求销量，在商品信息处理环节存在违规行为。某商家小李经营一家美妆店铺，为使商品在众多同类产品中脱颖而出，在商品图片处理上过度使用滤镜和特效，导致商品实际颜色与图片严重不符；在文字描述中，夸大产品功效，宣称某普通面膜具有"三天美白、七天祛斑"等不切实际的效果。

这些违规行为虽在短期内吸引了一些顾客下单，但当消费者收到商品后，发现实物与宣传严重不符，纷纷发起投诉。拼多多平台经核实，认定该商家违反了平台商品信息发布规范，对其店铺采取了限制推广、下架违规商品、扣除保证金等处罚措施。这不仅使商家遭受经济损失，还严重损害了店铺信誉，导致后续销量大幅下滑。

此案例深刻表明，诚信经营是电商发展的基石。在商品信息处理过程中，商家必须严格遵循平台规则，确保图片和文字信息真实、准确、客观。虚假的商品信息虽能一时吸引流量，但最终会失去消费者信任，影响店铺的长远发展。同时，电商平台也应加强监管力度，严厉打击违规行为，维护公平、公正的市场环境，保障消费者和诚信商家的合法权益。只有坚守诚信原则，才能在电商领域赢得口碑，实现可持续发展。

资料来源　作者根据网络相关资料整理。

【项目总结】

为了更全面地展示商品细节，我们可以采用多角度拍摄，比如俯拍、仰拍等多种角度，不仅可以多方位展示商品，还可以尝试多种摄影构图。总之，要根据不同商品的特点，选择合理的拍摄方案。选择多种图片处理软件对已拍摄的商品图片进行处理，可以起到画龙点睛的作用，让我们的商品照片能够更好体现商品效果，更好吸引顾客。

【项目实训】

每4～8人为一组，每组成员分别进行选择包括服装在内的不同类型的商品进行摄影、图形图像处理软件安装、商品后期处理工作，最后各组提交商品图片进行评比，具体要求如下。

（1）每组拍摄四类不同的商品，每件商品要有不同角度的照片2～4张。

（2）小组成员能够根据不同商品的特点设计不同的拍摄方案。

（3）利用图形图像处理软件对所拍摄的图片进行处理。

（4）处理完的图片能够直接应用于网上店铺建设。

项目三　网店的开设与装修

【项目导入】

项目团队前面经过对相关电商平台的调研，结合自身目前所具备的条件，决定选择具有可行性的门槛低的C2C平台"淘宝网"作为开店平台。下面请你作为项目团队成员在"淘宝网"开设一个网店，并完成相应的店铺装修。

【学习目标】

知识目标

（1）能描述网上开店的基本流程。

（2）能确定店铺基本设置的内容。

（3）能阐述网上开店的注意事项。

（4）能描述网店装修的主要内容。

（5）能描述网店首页布局与结构。

能力目标

（1）能够在淘宝网开设店铺。

（2）能够完成店铺基本设置。

（3）能够应用店铺基本管理功能。

（4）能够完成店铺首页布局设计。

（5）能够进行店招与海报的设计与制作。

（6）能够完成商品详情页的设计与制作。

素养目标

（1）具备一定的视觉审美能力，紧跟设计趋势，根据目标人群设计差异化视觉方案。

（2）具有版权与法律意识，严格使用正版素材和字体，遵守广告法等相关法律法规。

（3）传承中国传统文化，结合传统节日做好视觉营销策划与设计。

任务1　网店开设

任务解析

本任务要求在淘宝网完成网上开店。要完成此任务，首先需要申请成为淘宝网会员，注册并绑定支付宝账号，完成开店认证，之后开通网店，对店铺进行模板添加、编辑基本信息等。

知识链接

一、开店资格

（1）阿里巴巴工作人员无法创建淘宝店铺。

（2）一个身份证只能创建一个淘宝店铺（在特殊情况下，满足多店条件时可以进入多店权益中心）。

微课 3-1

开店流程

（3）同账户如创建过 U 站或其他站点，或创建过天猫店铺，或在 1688 有过经营行为，均无法直接创建淘宝店铺，需更换账号。

（4）淘宝账户如果违规被淘宝处罚永久禁止创建店铺，则无法创建淘宝店铺。

（5）涉及国家、地区或国际组织实施贸易限制、经济制裁或其他法律法规限制，或直接或间接为前述对象提供资金、商品或服务，也可能无法创建淘宝店铺。

二、开店资质

淘宝网开设网店的资质要求清晰明确，主要可以分为个人店铺和企业店铺两类。以下是详细的资质要求。

1.个人店铺

（1）身份信息：①根据身份归属地，提供相应的经营者身份证件；②提供有效期限范围内的证件，且证件须露出四角，勿遮挡或模糊，保持信息清晰可见；③支持 PNG、JPG 和 JPEG 格式，大小为 100KB～4M。

（2）支付宝账号：与开店使用的个人主体身份信息一致的（个人）支付宝账号。

（3）账户认证：需要经营者本人通过人脸识别完成验证。

2.企业店铺

（1）营业执照：①需提供三证合一的营业执照原件扫描件或加盖公司公章的营业执照复印件；②确保未在企业经营异常名录中且所售商品在营业执照经营范围内；③距离有效期截止时间应大于 15 天；④须露出证件四角，勿遮挡或模糊，保持信息清晰可见；⑤新办理的营业执照，因国家市场监督管理总局信息更新有延迟的，建议办理成功后至少等待 7 个工作日后再入驻；⑥若营业执照的公司名称为星号或空白等，不支持入驻，须先前往市场监督管理机构添加公司名称；⑦支持 PNG、JPG 和 JPEG 格式，大小为 100KB～4M。

（2）身份信息：①根据身份归属地，提供相应的经营者身份证件；②提供有效期限范围内的证件，且证件须露出四角，勿遮挡或模糊，保持信息清晰可见；③支持 PNG、JPG 和 JPEG 格式，大小为 100KB～4M。

（3）支付宝账号：与开店使用的营业执照信息一致的（企业）支付宝账号。

（4）账户认证：推荐法人本人扫脸验证，或选择"非法人"由店铺实际经营人（如股东、店铺运营）上传本人身份证件后扫脸验证。

三、店铺名称设置

1.店铺名称设置的要求

（1）合法性

店铺名字不能含有违法、淫秽、诋毁他人等内容，不得冒用或抄袭其他商标或公司名称，不得使用同中华人民共和国、外国、政府国际组织的国家称号、国旗、国徽、军旗、勋章相同或近似的文字、图形，未经允许，不得使用"淘宝网特许""淘宝授权"等意义的字词。具体如下：

同外国的国家名称、国旗、国徽、军旗相同或者近似的，但该国政府同意的除外。

① 同政府间国际组织的旗帜、徽记、名称相同或者近似的，但经该组织同意或者不易误导公众的除外。

② 与表明实施控制、予以保证的官方标志、检验印记相同或者近似的，但经授权的除外。

③ 同第三方标志相同或者近似的，如：中国邮政、中国电信、中国移动、中国联通、中国网通和中国铁通等。

④ 县级以上行政区划的地名或者公众知晓的外国地名，但地名具有其他含义的除外，已经注册的使用地名的可继续使用。

⑤ 包含旗舰、专卖及其同音字、异形字、形近字等词语。

⑥ 包含未经淘宝或阿里巴巴集团授权、许可使用的名称、标识或其他信息。

⑦ 含有"淘宝特许""淘宝授权"及近似含义的词语，"淘宝""淘宝网""天猫""飞猪"等代表淘宝特殊含义的词语或标识，心、钻、冠等与淘宝信用评价相关的词语或标识，阿里巴巴集团及旗下其他公司的名称或标识。

⑧ 包含淘宝相关机构或组织名义信息，以及虚假的淘宝资质或淘宝特定服务、活动等信息。如：非商盟店铺的店铺名命名为**商盟，或非商盟的店铺在店铺中使用商盟进行宣传；不具有相关资质或未参加淘宝相关活动的店铺，使用与特定资质或活动相关的特定含义的词语，如：聚划算、消费者保障计划、先行赔付等。

⑨ 含有不真实内容或者误导消费者的内容。

⑩ 其他淘宝平台禁止使用的信息。

（2）行业特定要求。对于特定行业，如药品、食品等，需要对店铺名字进行审核。

（3）禁止使用的词汇：禁止使用含有民族歧视性、夸大宣传并带有欺骗性、有害于社会主义道德风尚或其他不良影响的词汇。

（4）不得使用淘宝平台禁止的词汇或图形：①不得使用淘宝网专用文字和图形作为店铺宣传的文字和图形。②不得使用淘宝网或其他网站信誉评价的文字和图标。

2.店铺取名技巧

（1）简洁明了

选择简短、易记、易发音的店名，避免生僻字、难发音和音韵不好的字眼。简短的店名有助于消费者记忆，并增加搜索曝光率。

（2）独特新颖

店名应具有独特性，避免与其他店铺重名或雷同。可以使用形近字、音译或结合当前热点信息，创造独特的店名。

（3）精准贴近店铺属性

店名应与店铺经营的产品或业务相关，能够传达出店铺的特点和卖点。例如，如果店铺主要销售高端服装，店名可以体现"高端"或"时尚"等词汇。

（4）创意组合

尝试将词语、字母、数字或音节进行创意组合，形成有趣或富有内涵的店名。这样的店名能够吸引消费者的注意力，并引起他们的兴趣。

（5）表达价值观

如果店铺有明确的品牌或价值观念，则可以在店名中体现出来。比如，我们一提起"七格格"就知道是关于女装的，提到"大玩家"就知道是关于游戏的。这有助于吸引与店铺价值观相符的目标消费者，并建立起共鸣和信任。

（6）测试和反馈

在正式确定店名之前，可以将候选的店名分享给朋友、家人或同行业人士听取意见和建议。他们的反馈可以帮助你做出更好的决策。

3.店铺名称优化设计

在给店铺起名的时候，考虑到搜索引擎优化（Search Engine Optimization，SEO）的因素。选择与店铺经营产品相关的关键词，这有助于提高店铺在搜索结果中的排名。除了要参照前面讲过的相关条款以外，还要充分利用关键词来提高搜索机率。因为顾客可能会通过搜索店铺这种站内搜索方式或者外部搜索引擎来查找店铺和店主，而店主ID一旦注册，就不能更改，那么，在店名里面加入相应的关键词，根据经营情况来设计和优化店名，就可以使店铺被更多的人搜索到。

店名的容量是30个字，我们可以使用以下的关键词元素来进行组合：

（1）店铺或主营品牌、经营内容、定位特点等行业介绍类关键字。

（2）皇冠、钻石、好评率等信誉信息类关键字。

（3）包邮、打折、清仓、新货上架、热卖程度、收藏有奖等促销信息类关键字。

（4）原创手工、外贸原单、厂家直销等专业特色类关键字。

（5）在线情况、议价态度、发货周期等个性化关键字。

（6）商盟、满就送、搭配减价等淘宝组织或活动类关键字。

店铺名称每180天内仅可以修改3次，如果填写的店铺名称涉嫌侵犯他人权利，将被处罚并置空，若多次处罚，将会限制编辑，请谨慎填写。

四、店铺基本设置

店铺的基本设置包含店铺名称、店铺标志、经营地址、营业时间和店铺域名等基本信息的设置。

1.店铺标志

店标是淘宝普通店铺的标志，也称作Logo。店标的设计可以使用户了解店铺的名称、销售产品类型等相关信息。建议先设计好店铺名字，然后根据名字设计一张相应的图片。

文件格式：GIF、JPG、JPEG、PNG文件大小80k以内。

尺寸：输入最小宽度，固定宽高比等参数。

2.联系地址

根据实际填写联系地址，请确保填写的地址信息真实、有效。

3.店铺联系人

根据实际填写联系人手机号，请确保填写的手机号信息真实、有效。店铺简介应注意以下几点：

（1）简洁明了：店铺简介应该简短、精炼，避免冗长和复杂的句子。简洁的文字，能够让顾客迅速抓住店铺的核心信息和特色。

（2）突出重点：在有限的字数内，尽量突出店铺的特色、优势或主要卖点。这有助于吸引顾客的注意力，并增加他们对店铺的兴趣和信任度。

（3）注意可读性：尽管字数有限，但店铺简介仍然需要保持良好的可读性。合理的排版、分段和适当的标点符号可以帮助顾客更好地理解店铺信息。

4.店铺域名

淘宝网所有子域名归淘宝网所有。会员通过淘宝网子域名自助注册系统进行子域名注册成功后，仅有权通过该子域名跳转至其淘宝网店铺，自助注册成功并不意味着子域名权属的变更。淘宝网子域名自助注册技术规范：

（1）淘宝网子域名的展现形式为：xxxx.taobao.com，其中"xxxx"部分称为子域名。

（2）构成子域名的字符数应当大于等于4，小于等于32。构成子域名的字符只能包含"英文字母（a～z）""阿拉伯数字（0～9）""–"，并且"–"不能出现在子域名的首部或尾部。

（3）会员通过淘宝网子域名自助注册服务系统注册成功的子域名将自动指向会员在淘宝网设立的网络店铺。

▶ 任务实施

一、网上开店

微课3-2

开店注意事项

以淘宝网为例，开设一个家网店有两种方式：一种是在PC端开设；另一种是在手机端开设。

（一）PC端开店

步骤1：登录淘宝网（https：//www.taobao.com），点击"开店"，如图3-1所示。

图3-1　淘宝网首页"开店"页面

步骤2：选择开店的适用身份，通常选择普通商家，如图3-2所示。

图3-2　淘宝网卖家身份类型

步骤3：选择店铺主体类型及入驻材料，如图3-3所示。

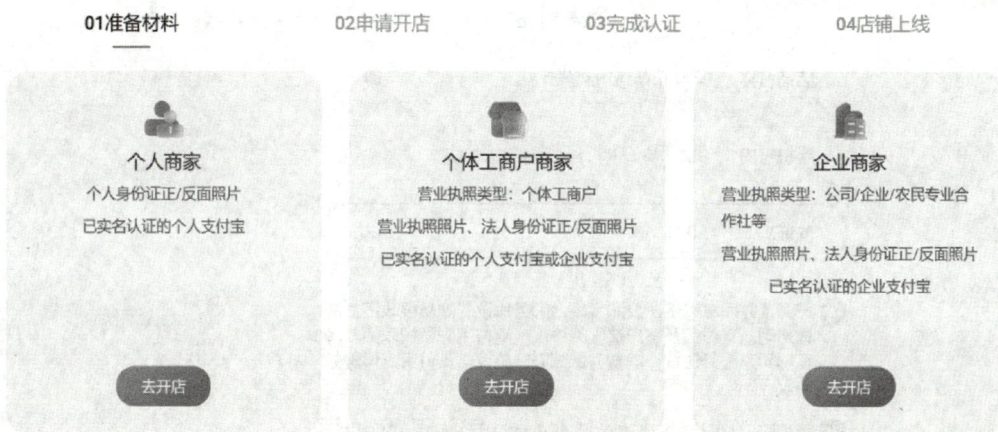

图3-3　淘宝网店铺主体类型及入驻材料

淘宝网可选择的店铺主体类型如下：

（1）个人商家：适用于个人，需提供个人身份证、个人支付宝。

（2）个体工商户商家：营业执照类型为"个体工商户"，需提供营业执照、法人身份证正反面照片、个人或企业支付宝等资料。

（3）企业商家：营业执照类型为"xxx公司/企业/农民专用合作社"等，需提供营业执照、法人身份证正反面照片、企业支付宝等资料。

步骤4：选择对应开店主体，点击"去开店"。进入注册页面，填写注册信息，如图3-4所示。

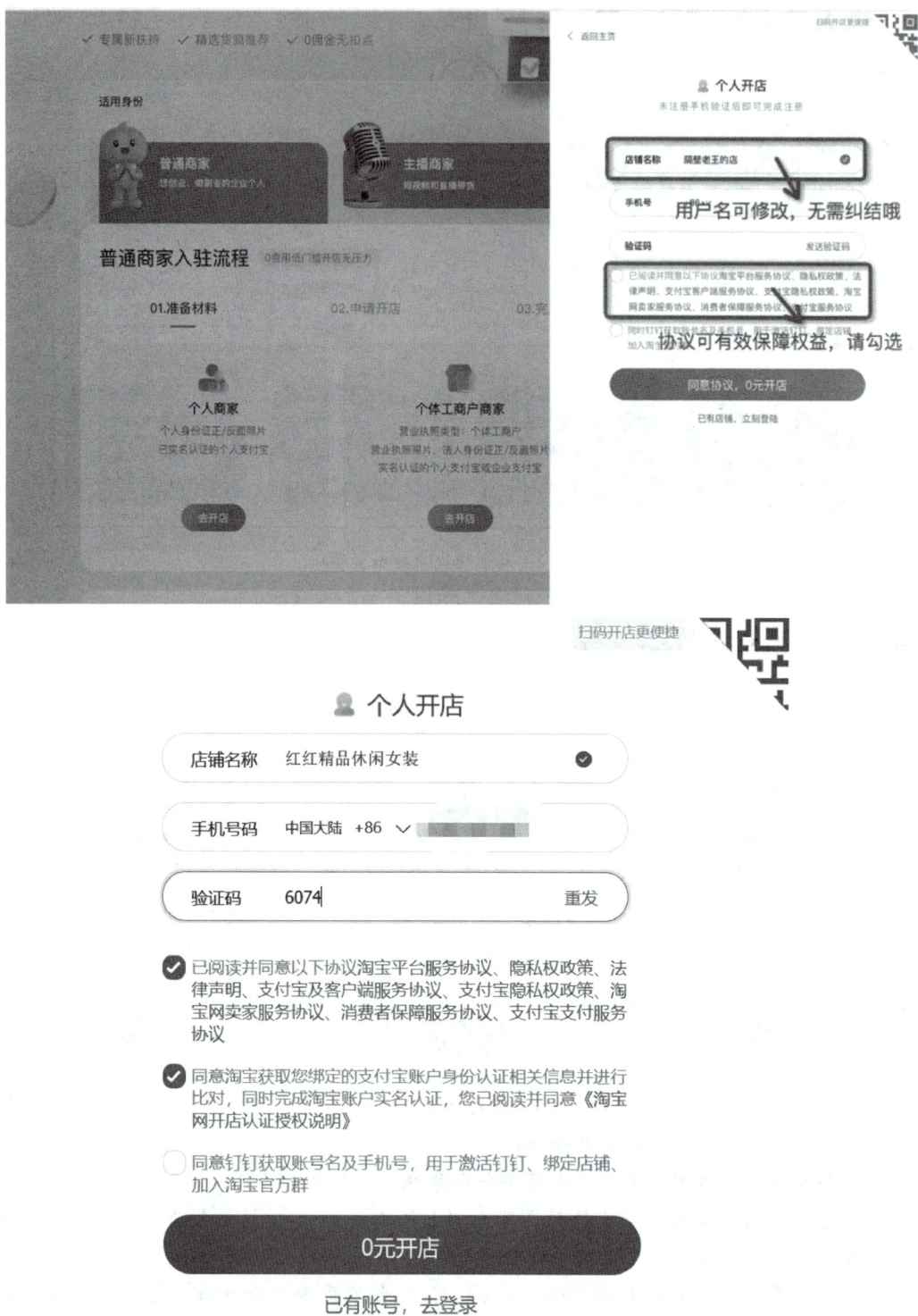

图3-4 淘宝网个人店铺注册页面

步骤5：注册成功后，登录店铺后台，如图3-5所示。

图3-5 淘宝网网店后台

步骤6：通过支付宝认证，完善认证信息，完成实人认证，如图3-6所示。

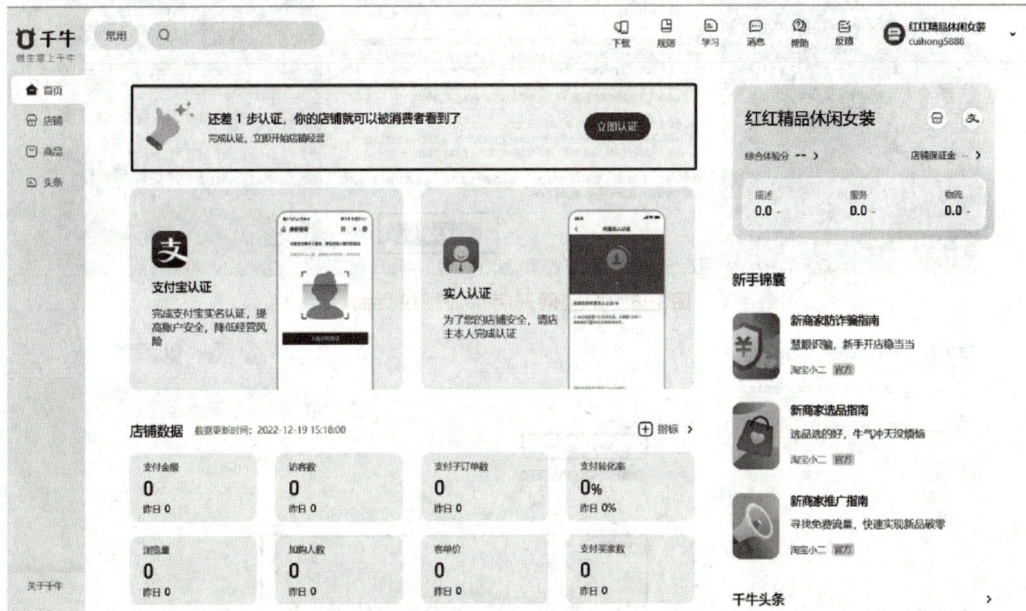

图3-6 淘宝网开店认证页面

淘宝网开店的三个步骤如图3-7至图3-9所示。

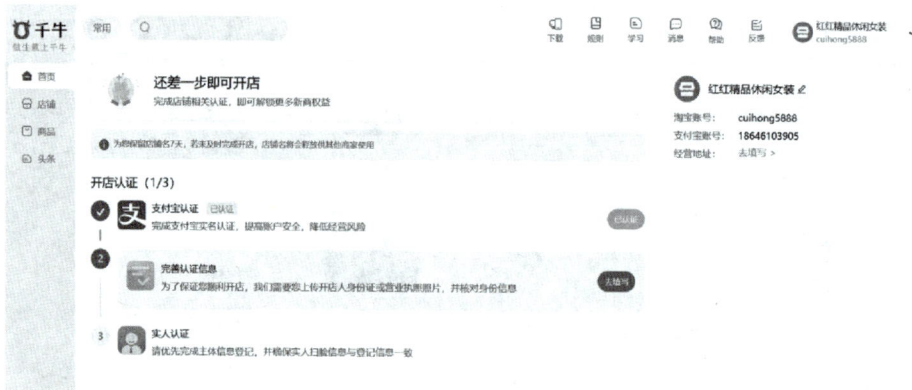

图3-7　淘宝网开店认证的三个具体步骤

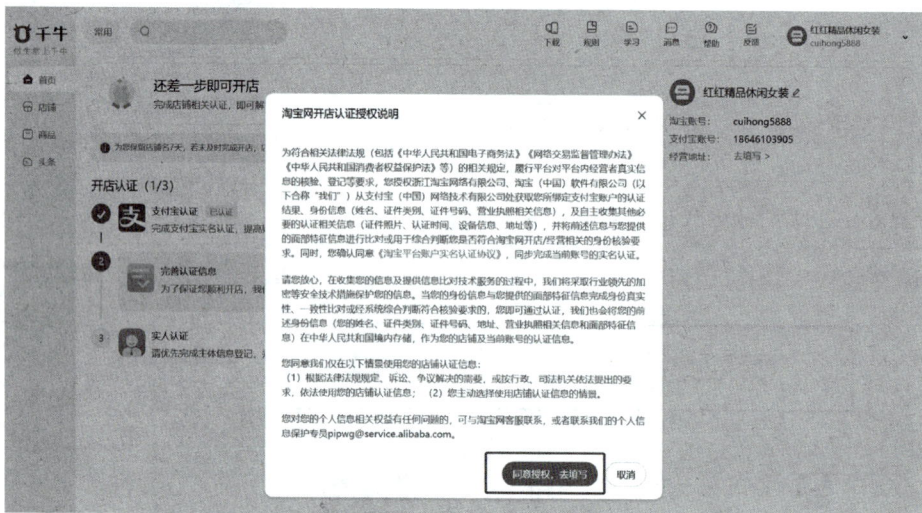

图3-8　淘宝网开店认证授权页面

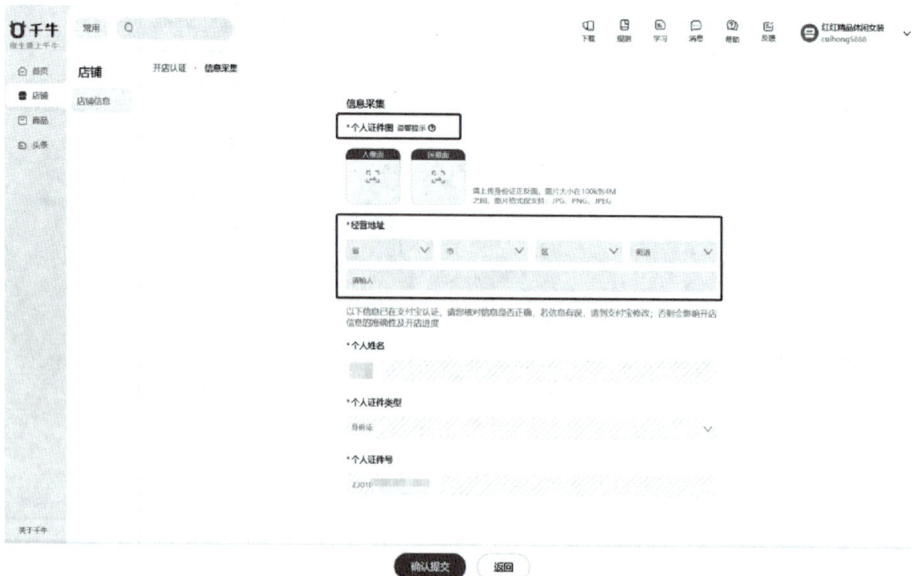

图3-9　淘宝网开店认证个人信息填写页面

（二）手机端开店

第1步：在PC端注册页面，点击开店，如图3-10所示。

图3-10　淘宝网首页开店入口

第2步：在右上角点击二维码，出现二维码，如图3-11、图3-12所示。

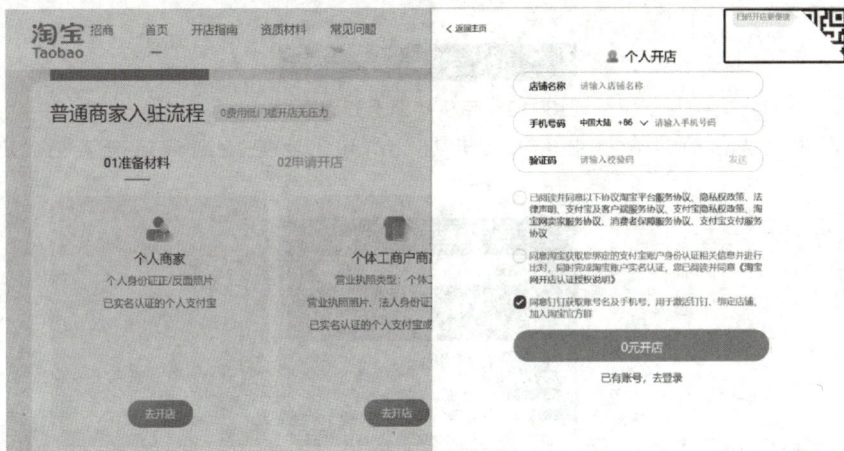

图3-11　淘宝网首页"个人开店"入口

图3-12　淘宝网首页手机开店二维码页面

第3步：用手机淘宝App扫描二维码，出现注册页面，如图3-13所示。

图3-13　手机端网上开店页面

或者在淘宝App的搜索框中输入"开店"二字，也会跳到该注册页面，如图3-14所示。

图3-14　手机端网上开店搜索页面

第4步：填写注册信息，完成开店，如图3-15所示。

图3-15　淘宝App淘宝开店页面

第5步：登录网店后台，完成店铺认证（同PC端）。

二、店铺设置

淘宝的店铺管理平台完全是可视化操作，非常方便商家进行店铺的日常维护和管理。点击店铺管理平台页面的"基本设置"，会看到里面有店铺基本设置、宝贝页面设置和友情链接设置的操作提示,点击"店铺基本设置"进入店名、店标的设置页面。

微课3-3

店铺基本设置

在店铺基本设置的可视化编辑页面，要按照系统的提示一步一步地完成店铺的基本设置。

步骤1：登录淘宝网，点击"千牛卖家中心"，如图3-16所示。

图3-16　"千牛卖家中心"页面

步骤2：点击"店铺"，进入店铺管理，如图3-17所示。

图3-17 "店铺管理"页面

步骤3：进入店铺→店铺信息→修改信息，如图3-18所示。

图3-18 "修改信息"页面

步骤4：上传店铺标志，如图3-19所示。填写联系地址（注：暂不支持设置海外国家和地区、港澳台地区的地址）。该地址会同时作为行政及司法机关送达法律文件的地址，您知悉地址信息有误可能带来平台处罚、行政监管及诉讼风险。

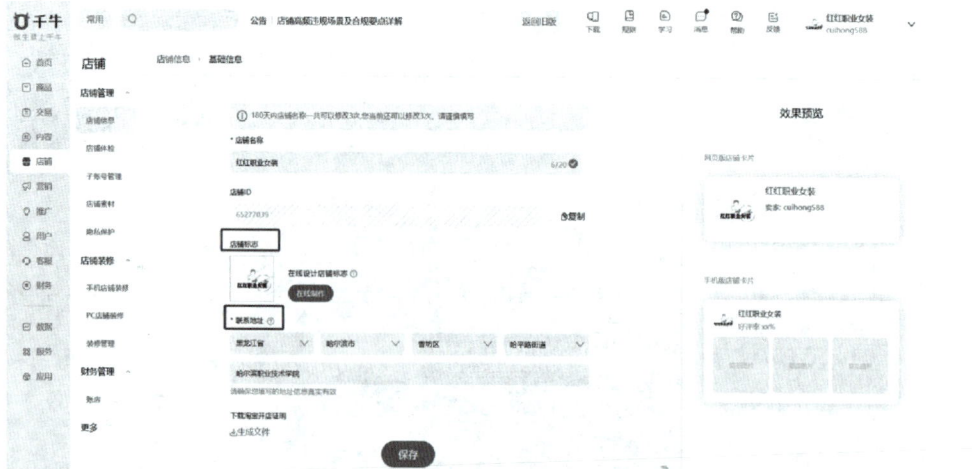

图3-19 上传店铺标志页面

步骤5：营业时间设置，如图3-20、3-21所示。

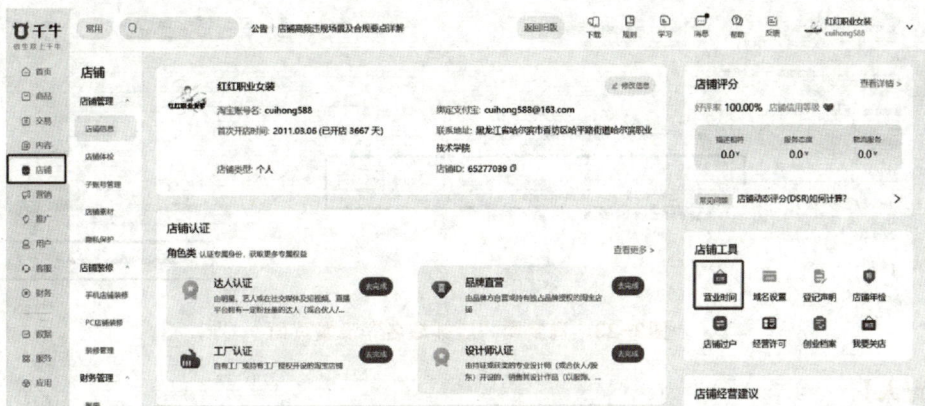

图3-20 淘宝网"营业时间"页面

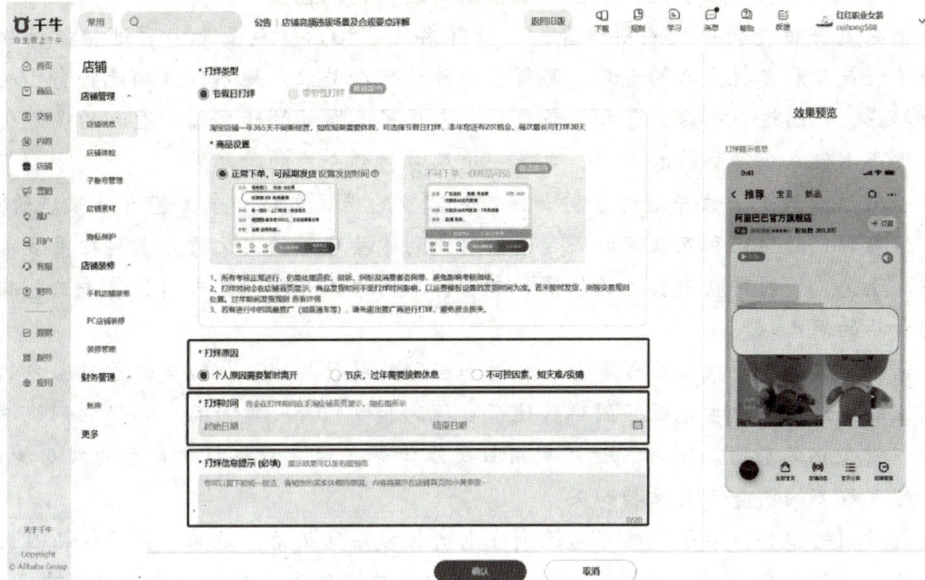

图3-21 "营业时间"设置页面

步骤6：设置店铺域名，如图3-22、3-23所示。

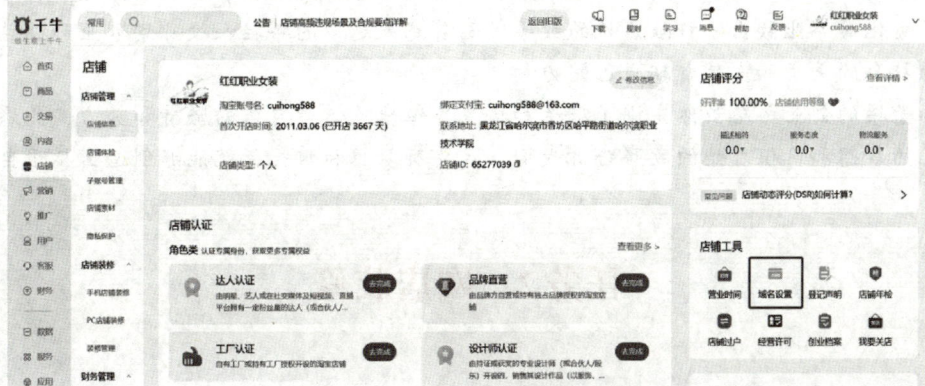

图3-22 淘宝网"店铺域名"页面

图3-23 淘宝网"店铺域名"设置页面

【启智育人】

李子柒：从乡村女孩到网店传奇的创业之路

李子柒是一位美食短视频创作者，一位著名的"80后"创业者，通过拍摄和分享关于中国传统美食和乡村生活的视频，赢得了大量粉丝和关注。她不仅成功地将自己的兴趣转化为职业，还通过多平台运营和流量变现，实现了品牌的快速传播和盈利的多元化。她的创业故事不仅充满了坚持和努力，更是一次从乡村到全球的跨越。

李子柒原本只是一位普通的乡村女孩，对家乡的传统文化和手工艺有着深厚的感情。然而，随着时代的变迁和互联网的兴起，她意识到这些珍贵的文化遗产需要被更多人看见和了解。于是，她决定利用自己的热情和专长，在网络上开设一家专门销售手工艺品和乡村特色食品的网店。

在创业初期，李子柒面临着资金、资源和经验的种种挑战。但她凭借着对家乡的热爱和对事业的执着，一步步克服了困难。她亲自挑选和制作每一件产品，确保它们能够真实地反映乡村文化的魅力。同时，她还利用社交媒体等平台，积极推广自己的网店和产品，吸引了越来越多的消费者关注和购买。

随着时间的推移，李子柒的网店逐渐在电商领域崭露头角。她的产品不仅在国内市场上备受欢迎，还远销海外多个国家和地区。她的成功不仅为家乡的经济发展做出了贡献，更让更多人了解和喜爱上了中国的乡村文化和传统手工艺。

除了商业上的成功外，李子柒还积极参与公益事业，通过自己的影响力为乡村地区的教育、文化等事业做出了贡献。她的故事激励着越来越多的年轻人投身到创业和公益事业中，为社会的进步和发展贡献自己的力量。

李子柒的创业之路虽然充满了艰辛和挑战，但她凭借着自己的坚持和努力，最终实现了自己的梦想和价值。她的故事告诉我们，只要有梦想和勇气，就能够创造出属于自己的传奇。

任务2 网店装修

任务解析

对网店来讲，一个好的店铺设计至关重要。网店装修是吸引人眼球的第一感，因为客户只能通过网上的文字和图片来了解我们，一般的网店装修是起到一个美观的作用，是对网店外观上的审美。此外客户会通过装修第一时间了解你店铺的信息和产品，所以做得好能增加用户的信任感，甚至还能对自己店铺品牌的树立起到关键作用。因此在注册网店之后，就要对网店进行装修，这与传统店铺的开店流程基本一致，因为好的装修能够吸引更多的人来光顾。

请各项目团队根据自己网店经营产品类目的特点以及网店定位，对网店进行装修设计，并将完成的设计方案上传到自己的淘宝网店中。可以通过调研典型的淘宝网店装修情况，分析网店装修的主要内容与技巧，之后将店铺装修的工作任务进行分解，可以从首页布局、海报设计、详情页设计三大部分来分别完成。

▶ 知识要点

一、网店装修概述

（一）网店装修的含义与意义

1.网店装修的含义

微课3-5

网店装修与实体店的装修一样，都是让店铺变得更美，更吸引人。

店铺装修就是利用色彩、图像、文字等造成的冲击力吸引潜在顾客的关注，由此增加产品和网站的吸引力，从而达到营销制胜的效果。

初识网店
装修

2.网店装修的意义

网店装修对于电商经营者来说具有非常重要的意义，能够提升品牌形象、增强用户体验、突出商品特色、营造购物氛围、提高店铺竞争力、便于数据分析与优化、适应不同平台的要求以及增加客户黏性。因此，电商经营者应该重视网店装修的工作，投入足够的精力和资源来打造一个优秀的网店。

（1）提升品牌形象

① 专业的网店装修能够体现店铺的独特性和专业性，从而增强消费者对品牌的认知和信任。

② 统一的视觉风格和品牌元素有助于加深消费者对品牌的印象，形成品牌记忆。

（2）增强用户体验

① 合理的布局和分类能够方便用户浏览和查找商品，提高购物效率。

② 美观的界面和详细的商品描述能够提升用户的购物体验，增加用户停留时间和转化率。

（3）突出商品特色

① 通过专业的图片处理和展示方式，能够突出商品的特色和优势，吸引消费者的注意力。

② 适当的促销和推荐能够引导消费者购买，提高销售额。

（4）营造购物氛围

① 网店装修能够营造出独特的购物氛围，使消费者产生购物欲望和冲动。

② 节日氛围的营造能够吸引消费者的关注，提高店铺的曝光率和流量。

（5）提高店铺竞争力

① 在竞争激烈的电商市场中，专业的网店装修能够使店铺在众多竞争者中脱颖而出。

② 优秀的网店装修能够提升店铺的整体实力，增强竞争力。

（6）便于数据分析与优化

① 网店装修过程中，可以通过数据分析工具了解用户行为和需求，从而优化店铺布局和商品展示。

② 不断优化和改进的网店装修能够提升店铺的转化率和客户满意度。

（7）适应不同平台的要求

不同电商平台对网店装修有不同的要求和规范，专业的网店装修能够确保店铺符合平台要求，避免违规操作。

（8）增强客户黏性

① 优秀的网店装修能够提升客户满意度和忠诚度，增加回头客的数量。

② 通过个性化的设计和优质的服务，能够建立起与消费者之间的情感联系，形成稳定的客户群体。

（二）网店装修的主要内容

1.网店整体布局与风格设计

（1）布局规划

布局规划在淘宝网店装修中扮演着至关重要的角色，它指的是对整个网店页面结构、元素排列和交互流程的精心设计，旨在为用户提供一个清晰、直观、易用的购物环境。通过合理的页面布局，优化用户体验，提升转化率。一个优秀的布局规划能够让用户快速找到所需商品，了解商品信息，并顺利完成购买过程。布局规划的关键要素如下：

页面结构：页面结构是指网店的整体框架，包括顶部导航、中部主体内容、底部信息等部分。页面结构应清晰明了，便于用户浏览和定位。

元素排列：元素排列是指网店中各种元素（如商品图片、文字描述、按钮等）的摆放位置和顺序。元素排列应遵循用户习惯和视觉规律，确保重要信息能够突出显示，易于被用户注意到。

交互流程：交互流程是指用户在网店中完成购物过程的一系列操作步骤。布局规划应确保交互流程顺畅、简洁，减少用户的操作成本和时间成本。

（2）风格设计

风格设计在网店装修中是指根据店铺的定位、品牌形象以及目标用户的喜好，为网店创造一个独特且统一的视觉风格。这种风格设计不仅仅局限于色彩搭配和视觉元素的使用，还涉及页面布局、字体选择、图片处理等多个方面，旨在为用户营造一种沉浸式的购物体验，增强品牌的辨识度和记忆度。风格设计的重要性在于它能够直接反映出店铺的特色和品牌形象。一个独特的风格设计可以让用户在众多网店中迅速识别出你的店铺，并留下深刻的印象。同时，一个统一的视觉风格还能够提升店铺的整体美观度，增强用户的购物体验，从而提高用户的满意度和忠诚度。在风格设计的过程中，需要考虑到以下几个方面：

第一，色彩搭配：色彩是风格设计中最重要的元素之一。不同的色彩搭配能够传达出不同的情感和信息。因此，在选择色彩时，需要考虑到店铺的定位、品牌形象以及目标用户的喜好，选择与之相匹配的色彩组合。

第二，字体选择：字体是传达信息的重要载体。在风格设计中，需要选择一种与品牌形象相符的字体，以确保信息的准确传达。同时，字体的大小和排版也需要考虑到页面的整体布局和用户的阅读习惯。

微课3-6

网店配色技巧

第三，图片处理：图片是网店中展示商品的重要手段。在风格设计中，需要对图片进行精心的处理，以确保其质量和视觉效果符合店铺的定位和品牌形象。这包括图片的清晰度、色彩调整、裁剪等方面。

第四，页面布局：页面布局是风格设计的整体框架。在布局设计中，需要考虑到页面的结构、元素的排列以及交互流程等因素，以确保用户能够轻松地找到所需的信息并完成购物过程。

第五，品牌元素：在风格设计中，可以加入一些品牌元素来增强品牌的辨识度和记忆度。这些元素可以包括店铺的 Logo、标语、吉祥物等。

2.首页设计

（1）店招

微课3-7

店招设计
与制作

店招，是指在淘宝店铺首页顶部展示的横幅图片，也称为店铺招牌。它是店铺形象的重要展示元素，对于提升店铺品牌形象和吸引顾客具有重要作用。店招的设计应该与店铺的整体风格和定位相符合，同时突出店铺的特色和卖点，以吸引潜在顾客的注意力。店招根据不同的设计目的和展示内容，可以分为以下几种类型：

① 活动促销型：这种类型的店招以活动促销为主要内容，设计风格和色彩选择上都强调活动的热烈和吸引力。活动信息占据较大的篇幅，以便快速吸引顾客的注意力，如图3-24所示。

图3-24　活动促销型店招

② 品牌宣传型：这类店招注重品牌形象的展示，首要考虑的内容是店铺名、店铺Logo、店铺Slogan等。同时，它也会包含关注按钮、关注人数、收藏按钮、店铺资质等元素，以展示店铺的实力和信誉，如图3-25所示。

图3-25　品牌宣传型店招

③ 产品推广型：这类店招以推广特定产品为主要目的，设计上会突出促销产品、促销信息、优惠券、活动信息等。同时，它也会包含品牌宣传的内容以及搜索框、第二导航条等方便用户体验的元素，如图3-26所示。

图3-26　产品推广型店招

④ 随意设计型：这类店招设计较为随意，没有特定的设计目的和内容要求。它们可能更注重个性化和创意表达，但往往不会给人留下深刻的印象。

（2）导航

在淘宝网店设计中，导航是店铺页面上非常重要的一部分，它通常位于页面的顶部或侧边，用于展示店铺的商品分类、页面链接以及其他关键信息，帮助顾客快速找到所需商品或信息，提高购物体验和转化率。淘宝网店导航可以根据不同的设计目的和展示形式进行分类，常见的有以下几种类型：

顶部导航：顶部导航通常位于店铺页面的最上方，是顾客进入店铺后首先看到的部分。它包含了店铺的主要分类、搜索框、店铺公告等重要信息，是顾客快速了解店铺和查找商品的主要途径。顶部导航的设计应简洁明了、分类清晰，同时保持与店铺整体风格的协调。

侧边导航：侧边导航位于店铺页面的侧边栏，通常用于展示一些辅助性的链接或信息。它可以包含一些热门分类、推荐商品、新品上市等内容，帮助顾客发现更多感兴趣的商品。侧边导航的设计应注重用户体验，避免过于拥挤或杂乱，确保信息的清晰展示。

底部导航：底部导航位于店铺页面的最下方，通常包含店铺的联系方式、退换货政策、客服入口等必要信息。

它可以帮助顾客在需要时快速找到相关帮助和支持，增强顾客对店铺的信任感。底部导航的设计应简洁明了、易于识别，确保顾客能够轻松找到所需信息。

面包屑导航（Breadcrumb Navigation）：面包屑导航是一种层级结构的导航方式，它显示了用户当前所在页面在整个网站结构中的位置。在淘宝网店中，面包屑导航可以帮助顾客清晰地了解当前浏览的页面路径，方便他们返回上一级页面或跳转到其他相关页面。

微课3-8

海报设计
与制作

（3）海报

在淘宝网店设计中，海报是一种重要的视觉营销工具，通常用于展示店铺的促销活动、新品上市、热门商品等信息。海报设计得吸引人，可以迅速吸引顾客的注意力，引导他们进入店铺浏览商品，从而提高店铺的流量和转化率。海报可以根据不同的展示目的和内容分为多种类型，以下是一些常见的类型：

第一，活动促销海报：用于展示店铺的促销活动，如打折、满减、优惠券等。通常包含活动主题、优惠信息、活动时间等关键元素，以及吸引人的图片和色彩搭配，如图3-27所示。

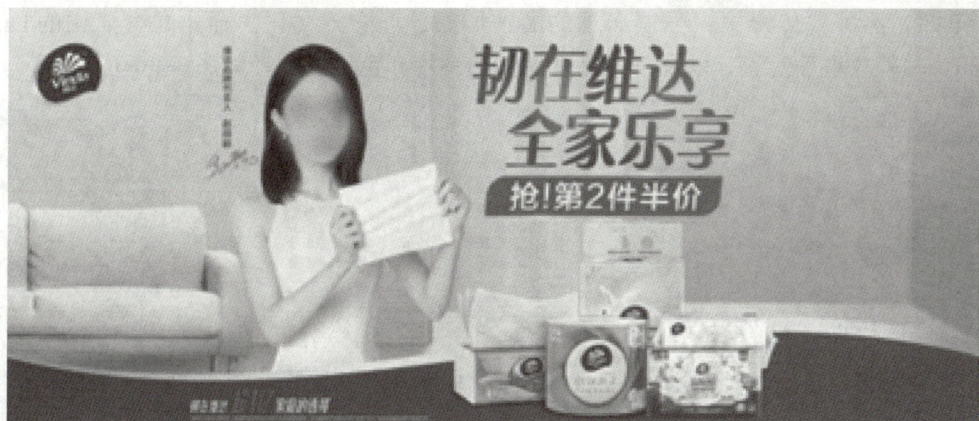

图3-27　活动促销海报

　　第二，新品上市海报：用于展示店铺新上架的商品或系列。通常包含新品的图片、名称、特点等信息，以及新品上市的优惠活动或促销信息，如图3-28所示。

图3-28　新品上市海报

　　第三，热门商品海报：用于展示店铺的热门商品或畅销商品。突出商品的特色、优势和好评，吸引顾客点击并购买，如图3-29所示。

图3-29　热门商品海报

第四，品牌宣传海报：强调店铺的品牌形象、理念或文化。通常包含店铺的 Logo、Slogan、品牌故事等元素，以及符合品牌调性的图片和色彩搭配，如图 3-30 所示。

图3-30　品牌宣传海报

第五，节日主题海报：针对特定节日或纪念日设计的海报。通常结合节日氛围和元素进行设计，如春节、情人节、"双 11"等，以营造节日氛围并吸引顾客的注意，如图 3-31 所示。

图3-31　节日主题海报

3.商品详情页设计

商品详情页是电子商务网站中展示商品详细信息的页面，也是买家在决定是否购买该商品前，了解商品相关参数、属性、品质、服务等的重要参考页面。它通常包含了商品的图片、价格、库存、描述、规格参数、用户评价、卖家服务等内容，旨在全面、详细、真实地展示商品，帮助买家更好地了解商品，从而做出购买决策。

商品详情页的重要性不言而喻，它不仅是买家了解商品的重要渠道，也是卖家展示商品、提升销量、塑造品牌形象的重要平台。因此，一个好的商品详情页应该具备以下特点：

（1）清晰的商品图片：通过高质量的图片展示商品的外观、细节、使用场景等，让买家能够直观地了解商品。

（2）详细的商品描述：对商品的材质、尺寸、功能、使用方法等进行详细描述，让买家能够全面了解商品的特点和优势。

（3）真实的用户评价：展示其他买家的购买评价和使用感受，帮助买家更好地了解商品的实际效果。

（4）明确的规格参数：列出商品的规格参数，如尺寸、重量、颜色等，让买家能够根据自己的需求选择合适的商品。

（5）便捷的购买流程：提供简洁明了的购买流程，包括选择数量、填写收货地址、选择支付方式等，让买家能够轻松完成购买流程。

（6）良好的售后服务：提供完善的售后服务政策，如退换货政策、保修期限等，让买家购买无忧。

（三）网店装修技巧

1.网店整体布局与风格设计

（1）整体布局设计思路

第一，店铺装修风格要符合自己的产品，找准自己宝贝的定位。

第二，Logo、VI完整。

第三，研究买家的习惯，页面布局排版要注重买家的购物体验。

第四，店铺宝贝分类要详细准确，方便客户搜索查找。

（2）整体布局设计原则

第一，用户导向：布局规划应始终以用户需求为出发点，确保页面设计和交互流程能够满足用户的购物需求。

第二，简洁明了：页面设计应简洁明了，避免过多的冗余元素和复杂的操作流程，确保用户能够迅速找到所需信息。

第三，重点突出：重要信息（如促销信息、主推商品等）应突出显示，以便用户快速识别。

第四，具有一致性：页面风格和布局应保持一致性，避免给用户带来混乱感。

（3）整体装修要素及要求

第一，色彩：①符合店铺定位；②符合店铺整体风格；③色彩与产品不相悖。店铺内容活动应做到色彩明快，凸显价格优势、产品优势。

第二，文字。文字不是越多越好，最好图文并茂；页面整体的字体协调，选择产品适用的字体。

第三，图片。其主要内容包括：①让顾客无障碍浏览店铺网页；②要让客户能在最短的时间内打开店铺网页；③对图片优化处理，图片容量太大会影响网速；④图片精美，排列整齐，不要画蛇添足；⑤突出店铺风格与主题，表达完整概念。

2.店招

店招设计技巧对吸引顾客、传达店铺信息和品牌形象至关重要。店招设计需要综合考虑多个因素，包括简洁明了、色彩搭配、字体选择、图像和图标、品牌一致性、适合性、独特性和经济性等。精心设计和制作可以打造出具有吸引力和辨识度的店招，为店铺的成功经营提供有力支持。

（1）店招规格

①PC端淘宝店招尺寸。

标准宽度：950px。这个宽度与淘宝店铺的页面宽度相匹配，确保店招能够完整显示。

高度：虽然标准高度为150px，但实际可用的高度只有120px。因为下面的30px高度通常被导航页面占据，所以在设计店招时需要注意这个限制。

全屏效果：对于专业和智能版本的旺铺，店招可以实现全屏的效果，宽度可以达到1 920px。但需要注意的是，如果显示器的尺寸小于21寸，那么店招将全屏显示；如果超过这个尺寸，则可能会在两边出现白色的边框。

②手机端淘宝店招尺寸。

宽度与高度：均为750px（即正方形），这是为了适应手机端设备的屏幕尺寸。

大小：在400k左右，确保在手机端加载时不会过于耗时。

格式：支持jpg、png等格式。

（2）店招构成要素

淘宝店铺店招的构成要素在设计和制作时需要综合考虑多个方面，以确保其能够有效地传达店铺信息并吸引顾客的注意力：

① 店铺名称和Logo。

② 品牌Slogan（广告语）。Slogan是对店铺特点、风格、形象的简短描述，能够强化顾客对品牌的印象。Slogan一般放置在Logo下方或店招的显眼位置。

③ 主推商品或活动信息。根据店铺的营销策略，店招上可以展示主推商品或活动信息，如新品上市、促销活动、限时折扣等。这些信息可以放置在店招的中央或下方位置，以便顾客一眼就能看到。

④ 关注或收藏按钮。为了增加店铺的粉丝数量和收藏量，店招上可以添加关注或收藏按钮。这些按钮一般放置在店招的右下角或下方位置，方便顾客进行点击操作。

⑤ 搜索框。它是提升顾客购物体验的重要工具。在店招上添加搜索框可以方便顾客快速搜索自己需要的商品或信息。搜索框一般放置在店招的右上角或下方位置。

⑥ 其他元素。根据店铺的实际情况和需求，店招上还可以添加其他元素，如联系方式、客服入口、店铺荣誉等。这些元素可以根据需要进行布局和设计。

（3）店招设计建议

①简洁明了。

重要性：店招需要迅速吸引顾客的注意力，并传达主要信息。

实施方法：使用简短的文字、醒目的图标或图像，避免复杂的设计或过多的细节。

示例：如"耐克"等品牌的店招，简单直接地展示了品牌名称和标志。

②色彩搭配。

重要性：色彩是设计中最具视觉冲击力的元素，能够迅速引起注意并传达品牌情感。

实施方法：选择与品牌形象相符的颜色，注重色彩的搭配和平衡，避免过于花哨或夸张的颜色。

技巧：考虑使用品牌的主色调或色彩组合，确保店招在视觉上的一致性和辨识度。

③字体选择。

重要性：字体是传达信息和品牌个性的关键元素。

实施方法：根据店铺的定位和风格，选择适合的字体。例如，高端品牌可能选择优雅、简洁的字体，而时尚品牌可能选择更具个性的字体。

注意事项：确保字体易于阅读，避免使用过于复杂或难以辨认的字体。

④图像和图标。

重要性：图像和图标能够直观地传达店铺的业务内容和特点。

实施方法：选择与店铺业务相关的图像和图标，如食品店尽可能使用食物图片，服装店尽可能使用服装模特或款式图。

技巧：图像和图标应具有高质量和清晰度，以确保在不同距离和角度下都能清晰可见。

⑤品牌一致性。

重要性：保持品牌一致性有助于提升顾客对品牌的认知度和信任感。

实施方法：确保店招在设计上与品牌形象保持一致，包括使用相同的标志、字体、色彩和风格。

示例：如星巴克、麦当劳等品牌的店招，无论在何处都保持着高度的一致性。

⑥适合性。

重要性：店招设计应准确体现商店的经营类别与经营特色。

实施方法：在设计前深入了解店铺的经营内容和目标顾客群体，确保店招能够准确传达这些信息。

示例：如烧烤店的店招可能使用火焰或烤肉图案，以突出其经营特色。

⑦独特性。

重要性：独特的店招设计有助于吸引顾客的注意并留下深刻印象。

实施方法：在设计中尝试新的元素、风格或组合方式，以创造独特的视觉效果。

注意事项：避免过度追求独特性而牺牲可读性和辨识度。

3.导航

在设计淘宝网店导航时，需要注意以下几个要点：

（1）简洁明了。导航的设计应简洁明了，避免过多的层级和复杂的结构，确保顾客能够快速找到所需信息。

（2）分类清晰。导航的分类应清晰明确，符合顾客的购物习惯和搜索习惯，方便他们快速定位到感兴趣的商品。

（3）易于识别。导航的字体、颜色、图标等元素应易于识别，确保顾客在浏览过程中能够轻松理解导航的含义。

（4）保持一致性。导航的设计应保持与店铺整体风格的一致性，确保顾客在浏览过程中能够感受到店铺的统一性和专业性。

通过合理的导航设计，可以提升淘宝网店的用户体验和转化率，帮助店铺吸引更多潜在顾客并实现销售目标。

4.海报

（1）海报规格

淘宝网店装修中的海报规格因不同的用途和展示位置而异。以下是一些常见的海报规格：

① 全屏海报。尺寸：宽度通常为 1 920px，高度为 500～700px。这种规格的海报能够充分利用店铺首页的空间，给顾客留下深刻的印象。

② 旺铺宝贝描述海报。尺寸：宽度有两种规格。一种是窄版（≤220px），另一种是宽版（≤950px）；高度则可以根据需要进行调整。这种海报常用于商品详情页，用于展示商品的特性和细节。

③ 普通店铺宝贝描述尺寸。大小：虽然没有严格限制，但考虑到显示器的显示尺寸，建议宽度控制在 1 000px 以下，以确保在不同设备上都能良好显示。

④ 宝贝分类海报。尺寸：宽度≤160px，高度可以根据需要自由设置。这种海报常用于店铺的分类页面，帮助顾客快速定位到自己想要的商品。

⑤ 旺铺促销区海报。尺寸：宽度≤735px，高度无限制。这种海报常用于店铺的促销活动页面，用于吸引顾客的注意力并促进销售。

⑥ 手机端海报。宽度：通常为 750px，以适应手机端设备的屏幕尺寸。高度则可以根据需要进行调整。

⑦ 其他特殊模块。对于某些特殊的展示模块，如全屏轮播图等，其尺寸可能需要根据具体的模块要求进行调整。例如，全屏轮播图的宽度通常为 1 920px，高度则不大于540px。

需要注意的是，以上规格仅供参考，具体尺寸可能会因淘宝平台的规定、店铺的装修需求以及商品的特点而有所不同。因此，在进行淘宝网店装修时，建议先了解淘宝平台的相关规定和要求，然后根据店铺的实际情况和需要进行设计。同时，也要注意海报的视觉效果和用户体验，确保海报能够吸引顾客的注意力并提升店铺的吸引力。

（2）海报构成要素

淘宝店铺海报的构成要素在设计时需要遵循一定的规则，以确保海报能够吸引顾客的注意力并有效地传达店铺信息。

产品展示：海报的中心或主要位置通常用于展示产品。这可以是单一产品的特写，也可以是多个产品的组合展示。产品图应清晰、高质量，并能突出产品的特点和优势。

背景设计：背景设计需要与产品风格、店铺品牌形象相协调。可以选择纯色背景、虚化图片背景、实拍背景或图片拼接背景等。背景颜色应与产品颜色相搭配，避免过于花哨或刺眼，以确保产品能够突出。

文案内容：文案是海报中传递信息的重要部分。文案应简洁明了，直接传达产品的卖点、优惠信息或店铺特色。字体选择应清晰易读，大小、颜色需与背景相协调。常见的文案内容包括产品名称、品牌名称、优惠信息（如"限时折扣""买一送一"等）、活动信息（如"新品上市""周年庆"等）以及店铺口号或标语等。

图像元素：图像元素可以用于增强海报的视觉效果和吸引力。这可以包括与产品相关的图标、装饰图案、背景纹理等。图像元素应与整体设计风格相协调，避免过于复杂或混乱。

品牌标识：如果店铺有自己的品牌标识（如 Logo），则应将其放置在海报的显眼位置，以强化品牌形象和认知度。品牌标识的设计应与整体设计风格相协调，并突出品牌特色和价值观。

其他元素：根据具体需求和设计风格，还可以添加其他元素如二维码、联系方式、店铺地址等。这些元素可以放置在海报的适当位置以方便顾客获取更多信息或进行购买操作。

（3）海报常见的构图版式

淘宝店铺海报常见的构图版式可以分为以下几种，每一种都有其独特的特点和适用场景：

①左文右图版式

特点：文案位于海报的左侧，产品图片或相关图像位于右侧。

布局：文案部分通常从上到下，字体上粗下细、上大下小，形成对比，突出主要信息。

优点：结构清晰，易于阅读，能迅速抓住顾客的注意力。

适用场景：适用于突出产品特点、展示产品细节的海报设计。

②左图右文版式

特点：与左文右图相反，左侧是产品图片或相关图像，右侧是文案部分。

布局：产品图片占据较大空间，文案部分简洁明了，突出产品卖点。

优点：能够直观展示产品，同时通过文案补充产品信息。

适用场景：适用于需要展示产品外观和特点的海报设计。

③两边图中间文字版式

特点：海报的两侧放置产品图片或相关图像，中间是文案部分。

布局：常用于多模特海报，一边近景，一边远景，产生对比和呼应。文案部分位于中间，字体大小、颜色对比突出。

优点：可以展示多个产品或场景，增加海报的丰富度。

适用场景：适用于需要展示多款产品或不同场景的海报设计。

④对称式构图

特点：海报的左右两侧在内容、色彩、布局等方面基本对称。

布局：通常采用绝对对称或相对对称，以避免过于严谨，增加动感和观赏度。

优点：稳定、庄重、理性，给人一种平衡感。

适用场景：适用于需要展示品牌形象、传递品牌理念的海报设计。

⑤斜切式构图

特点：画面中的元素按照斜线方向进行排列或布局。

布局：文案或产品图片以斜线方式呈现，增加动感和时尚感。但需要注意文字倾斜角度不要过大，以免阅读困难。

优点：时尚、动感活跃，能够吸引顾客的注意力。

适用场景：适用于需要突出产品特点、营造时尚氛围的海报设计。

（4）海报设计建议

在设计淘宝网店海报时，确实需要注意多个要点，以确保海报能够有效地传达信息，吸引顾客的注意力，并与店铺的整体形象相协调。

①突出主题

主题是海报的灵魂，它应该清晰、直接地反映出海报想要表达的核心内容。无论是推广新产品、展示优惠活动还是介绍店铺特色，都需要在海报上明确体现出来。大胆的标题、醒目的颜色和布局可以让主题更加突出。

②吸引人的图片

图片是海报最直观的展现形式，因此选择高质量、有吸引力的图片至关重要。图片应该与海报主题紧密相关，能够迅速抓住顾客的眼球。同时，注意图片的清晰度和色彩搭配，确保在不同设备和屏幕下都能呈现出最佳效果。

③简洁明了的文字

文字是海报上传递信息的重要工具。避免使用过多的文字，以免让顾客感到压抑或混乱。文字应该简洁明了，直接传达出海报想要表达的信息。同时，注意字体的选择和排版方式，确保文字易于阅读和理解。

④明确的优惠信息

如果海报是为了展示促销活动，那么优惠信息应该是海报上最突出的部分。使用醒目的字体、颜色和布局，让顾客一眼就能看到优惠内容。同时，确保优惠信息的准确性和真实性，避免引起顾客的误解或不满。

⑤符合店铺整体风格

海报作为店铺形象的延伸，应该与店铺的整体风格保持一致。这包括颜色、字体、排版、图片风格等方面。统一的风格设计可以让顾客在浏览过程中感受到店铺的专业性和一致性，提升对店铺的信任度和好感度。

⑥引导顾客行动

在海报上加入明确的引导语或行动按钮，可以鼓励顾客进行下一步操作。例如，"立即购买""了解更多"等按钮，可以让顾客更容易地进入店铺或了解产品信息。同时，这些引导语和按钮应该与海报的整体风格相协调，避免突兀或破坏整体美感。

通过精心设计的海报，淘宝网店可以更加有效地吸引顾客的注意力，提升店铺的吸引力和竞争力。同时，与店铺整体风格保持一致的海报设计，还可以增强顾客对店铺的信任度和好感度，促进店铺的长期发展。

5. 商品详情页

商品详情页设计是网上商店中至关重要的环节，它直接影响着顾客的购买决策和购物体验。下面将从设计原则、设计技巧以及实际案例三个方面来详细介绍商品详情页的设计。

（1）详情页设计原则

清晰的产品展示：通过高质量的图片和视频展示商品，确保用户能够清晰地看到产品的细节。可以提供多角度的图片和360°旋转视图，让用户更好地了解产品。

简洁的布局：页面布局应简洁明了，避免过多的干扰元素。将关键信息（如价格、库存、购买按钮）放在显眼的位置，方便用户快速找到。

详细的产品描述：提供详细的产品信息，包括尺寸、材料、颜色、功能等。使用清晰的字体和合适的字号，确保信息易于阅读。

用户评价和评分：展示用户评价和评分，增加产品的可信度。可以设置筛选功能，让用户查看特定类型的评价（如购买后的评价）。

响应式设计：确保商品详情页在不同设备（如手机、平板和电脑）上都能正常显示，提供良好的用户体验。

快速的页面加载速度：优化页面加载速度，避免因加载缓慢导致的用户流失。

易于导航：提供清晰的导航元素，如面包屑导航，帮助用户在网站内轻松导航。

信任元素：展示品牌信息、安全支付标志、客户服务联系方式等，增加用户对网站和产品的信任。

SEO优化：优化页面的标题、描述和关键词，提高搜索引擎的排名，吸引更多潜在客户。

（2）设计技巧

页面布局简洁清晰：详情页的布局应该简洁明了，信息层次分明，避免信息过于拥挤或混乱。商品主图、商品信息、价格、购买按钮等要排版合理，方便用户快速获取所需信息。

页面配色协调统一：配色在设计中起到很重要的作用，要选择符合品牌风格和商品特点的颜色搭配，避免过于花哨或颜色过于单一，要保证页面整体的视觉效果。

字体清晰易读：字体大小要适中，不要过大或过小，要保证不同信息的字体大小和字体颜色有明显的区分，确保用户可以快速获取所需信息。

注重页面的图片展示：商品详情页的图片是吸引用户眼球的重要元素，要选择高清晰度的图片，展示商品的特色和细节，可以多角度展示，让用户更直观地了解商品。

设计合理的购买按钮：购买按钮要设计得明显、突出，让用户一眼就能看到，按钮的文字要直接明了，如"立即购买""加入购物车"等，方便用户进行购买操作。

在实际设计中，可以参考一些成功的商品详情页案例。例如，手表网店的商品详情页设计可以采用简约大气的设计风格，通过蓝色渐变色的背景与白色和浅灰色的搭配，产生简约、大气的视觉效果。同时，采用错落有致的图像放置方法，让页面版式显得灵活多变，富有设计感。

▶▶ 任务实施

微课3-9

一、首页布局设计

步骤1：在淘宝网首页登录"淘宝卖家中心"，进入店铺后台，单击店铺→店铺装修→PC店铺装修，首先对"首页"进行装修，点击"装修页面"，如图3-32所示。

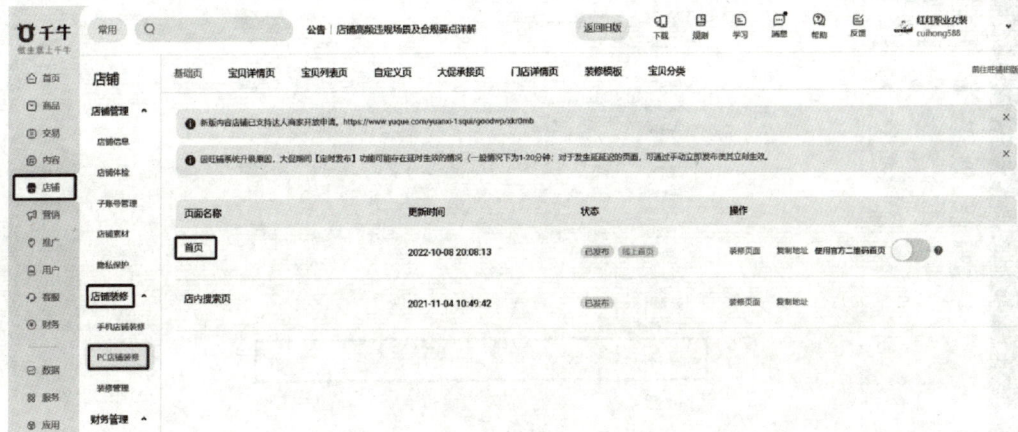

店铺装修
后台操作

图3-32　淘宝网"店铺装修"页面

步骤2：进入首页装修页面，分为布局管理和页面编辑两个部分。首先进入布局管理，出现店铺首页的结构展示，如图3-33所示。店铺首页布局由店铺页头、中间内容、店铺页尾三大部分组成。其中，店铺页头包含"店铺招牌""导航"两部分内容；中间内容体包含宝贝推荐、宝贝分类、产品展示等各个部分；店铺页尾由"自定义内容区"组成。

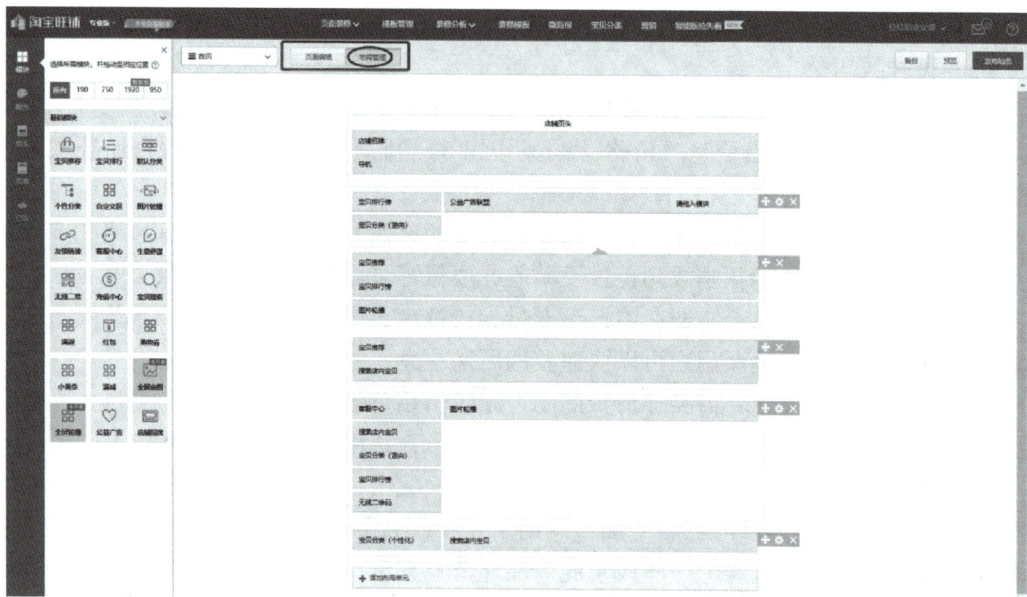

图3-33　淘宝店铺首页的结构展示

注意：以上布局可以根据店主的需要自由设置，除"导航"外，其他部分都可以删除或重新增加模块。

步骤3：单击"添加布局单元"，在图3-34所示的页面中，可以重新选择该模块的布局，如图3-35所示。

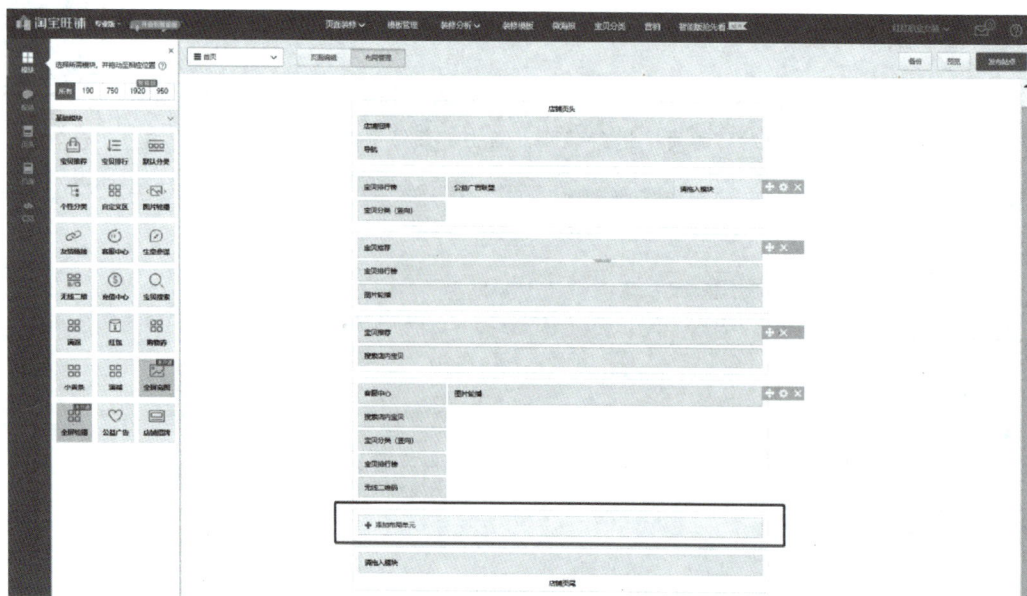

图3-34　"添加布局单元"页面

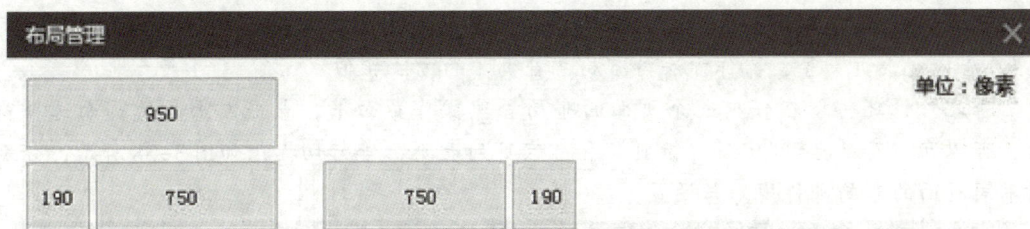

图3-35　"布局管理"页面

步骤4：店铺装修布局管理的左侧模块，通过切换尺寸，包括190、750、950、1920，选择不同尺寸的模块，鼠标按住一个模块不放，可以将功能模块拖拽到相应位置上，如图3-36所示。

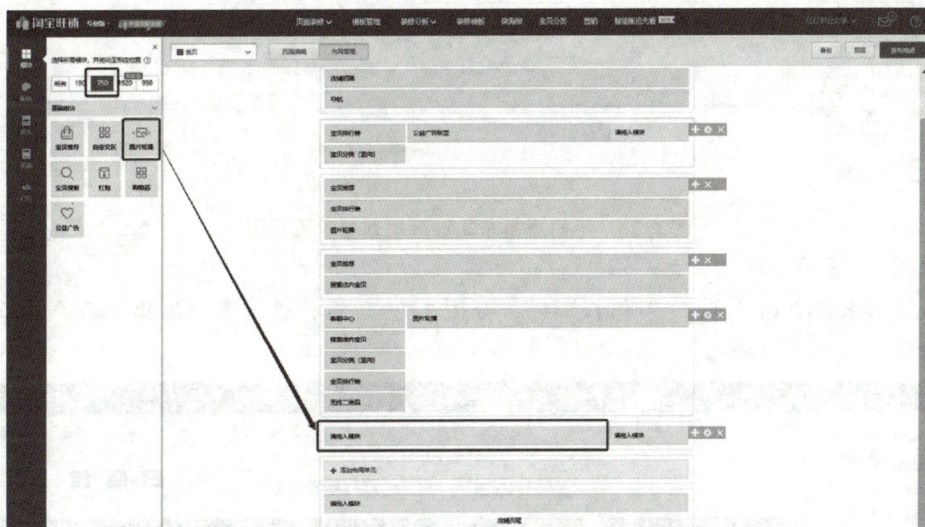

图3-36　设置区域页面

注意：模块可以根据需要自由添加、删除。

步骤5：布局其他页面

登录图3-37所示的淘宝网后台的店铺装修页面，在上面切换"宝贝详情页"和"宝贝列表页"，之后点击对应的"装修页面"，单击顶部的"布局管理"，即可进入相应页面的布局管理了。在此窗口中可以添加或删除模块，操作方法与布局首页的方法相似。

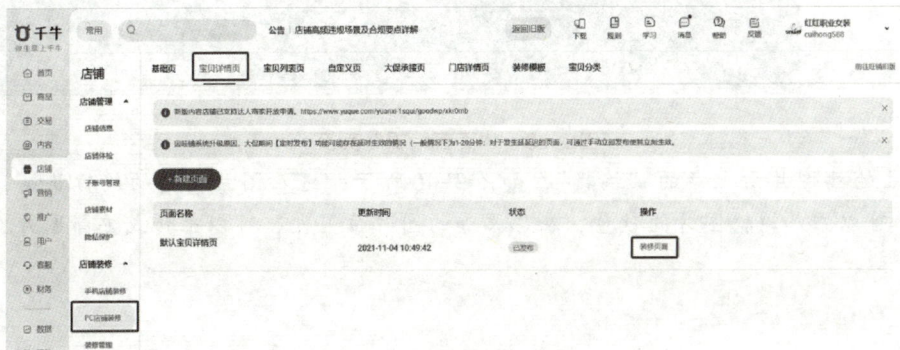

图3-37　"宝贝详情页"页面

注意：除了可以布局"首页""宝贝详情页"的页面布局外，还可以布局"宝贝列表页""店内搜索页"等，操作方法与布局"首页"的方法相似。

除此外，还可以在任何一个页面的布局管理操作界面下，点击左上角的页面选择窗口，可以在"基础页""宝贝详情页"和"宝贝列表页"进行切换，如图3-38所示，分别对不同页面的布局进行规划与设置。

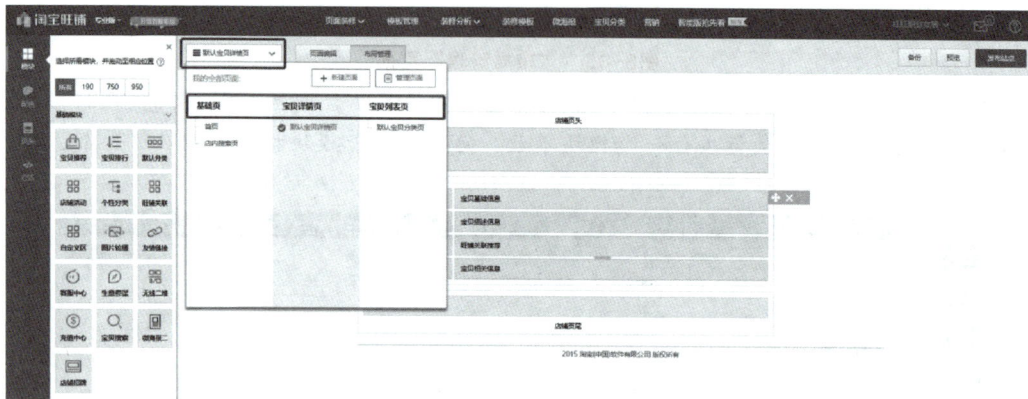

图3-38　不同页面布局进行规划与设置页面

步骤6：页面编辑。

在页面装修页面，点击"页面编辑"，如图3-39所示，进入页面编辑页面，选择所要编辑的位置，如海报轮播。

图3-39　"页面编辑"页面

点击轮播图片右上角的"编辑"，如图3-40所示，进入图片轮播的编辑状态，点击"添加"可以添加轮播图片的数量，在已添加的图片位置处，可以上传或更新图片，如图3-41所示。

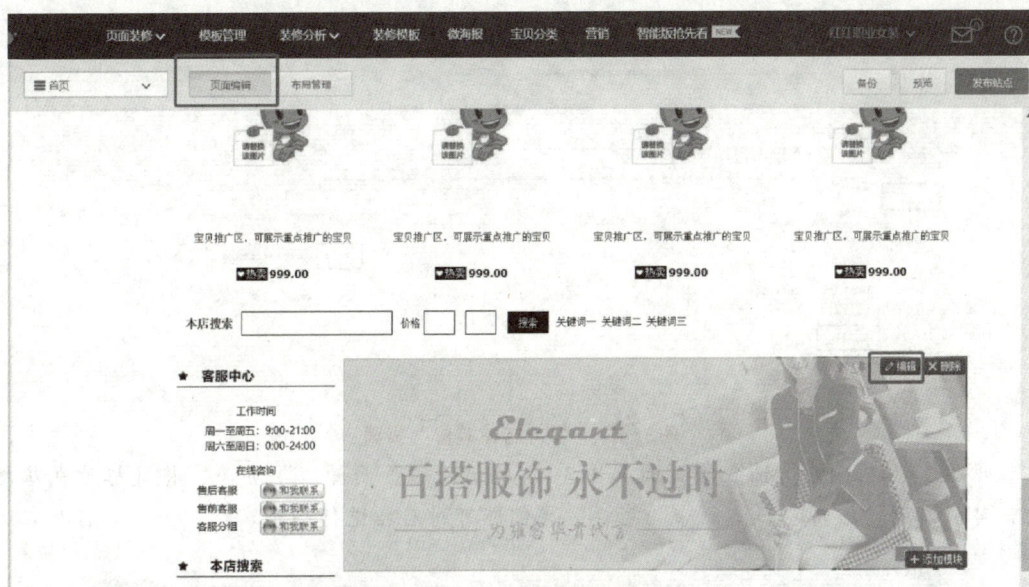

图3-40　图片轮播编辑页面

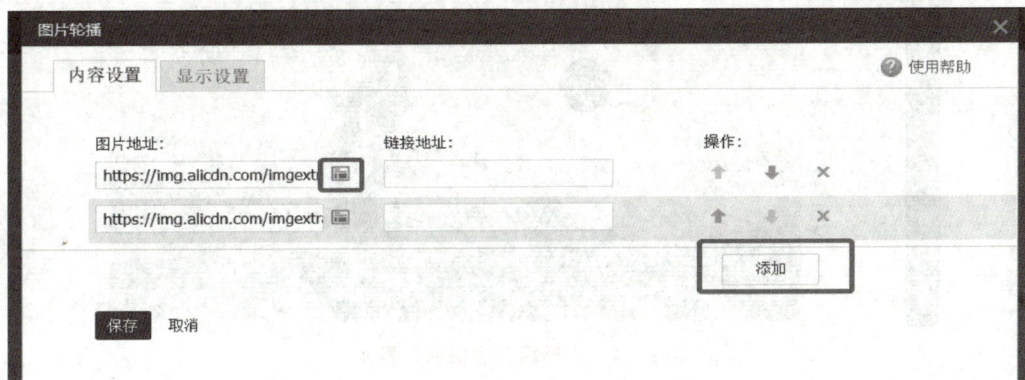

图3-41　添加图片轮播页面

步骤7：点击图片轮播中的"显示设置"，可以对图片进行设置，如图3-42所示。

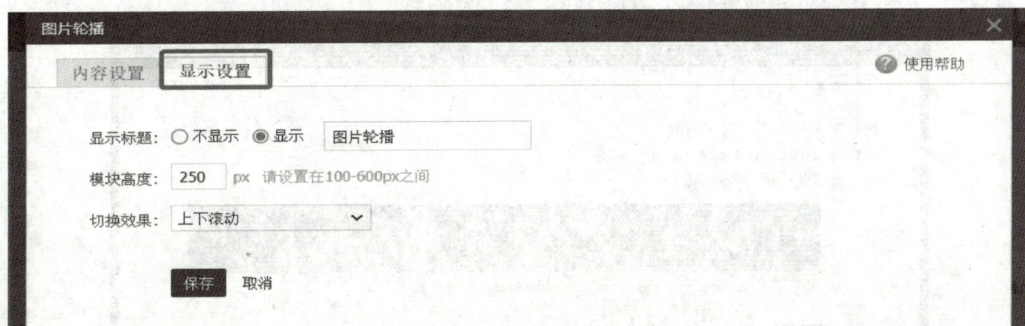

图3-42　显示设置页面

二、设计店招

步骤1：在淘宝网首页登录淘宝账号，进入"卖家中心"店铺管理后台，在店铺-店铺装修-PC店铺装修模块，点需装修页面，如图3-43所示。

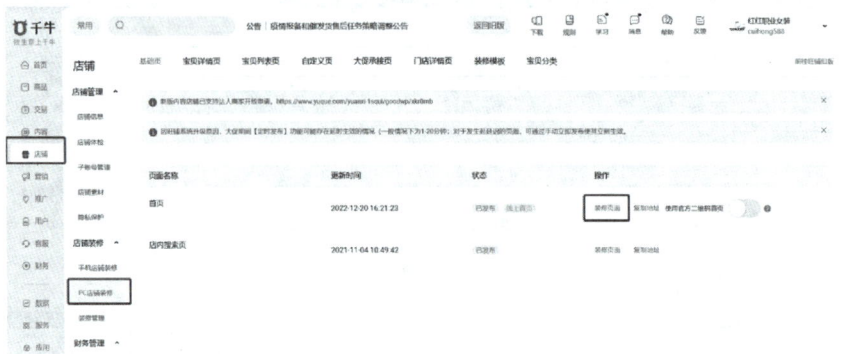

图3-43　"PC店铺装修"页面

步骤2：弹出PC店铺装修页面如图3-44所示的"页面管理"页面，将鼠标放在店招处，可以看到"编辑"和"删除"字样，我们即可对店招进行编辑。

图3-44　店铺后台店招编辑界面

步骤3：可以选择"招牌类型"中的"默认招牌"，再单击"选择文件"按钮，从本地电脑或图片空间中选择背景图片作为店招背景口，也可以选择"招牌类型"中的"自定义招牌"，在编辑窗口中自由编辑如图3-45、3-46所示。

图3-45　"默认招牌"下的"背景图"设置

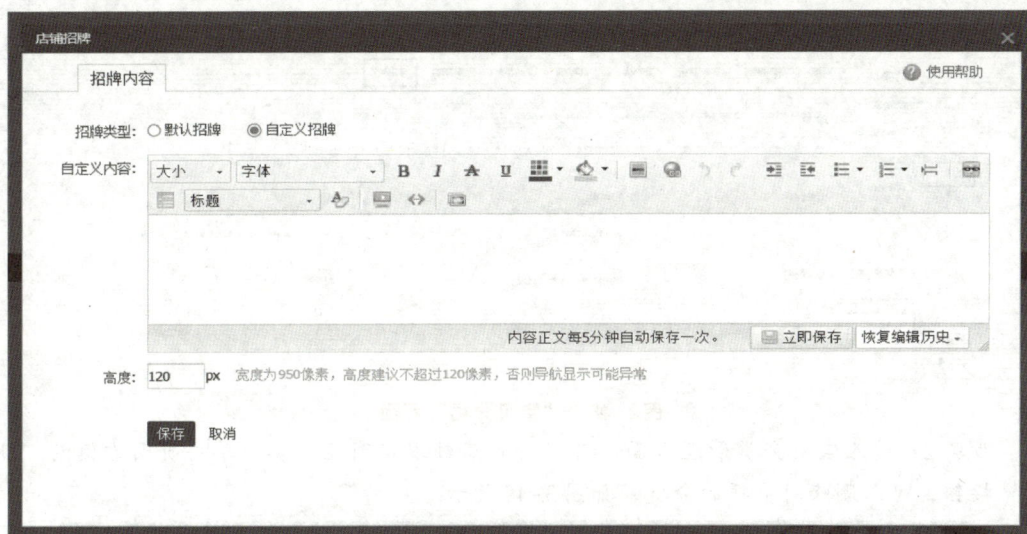

图3-46 "自定义招牌"下的自由编辑设置

店铺首页不仅要有好的店招，还需要有好的类目导航，让顾客能够很容易地找到自己感兴趣的类别产品。"宝贝分类"是一个重要的导购菜单，如图3-47所示。

图3-47 宝贝分类窗口前台效果

步骤1：在淘宝网首页登录淘宝账号，进入"卖家中心"店铺管理后台，在店铺-店铺装修-PC店铺装修模块，点击"宝贝分类"，如图3-48所示。

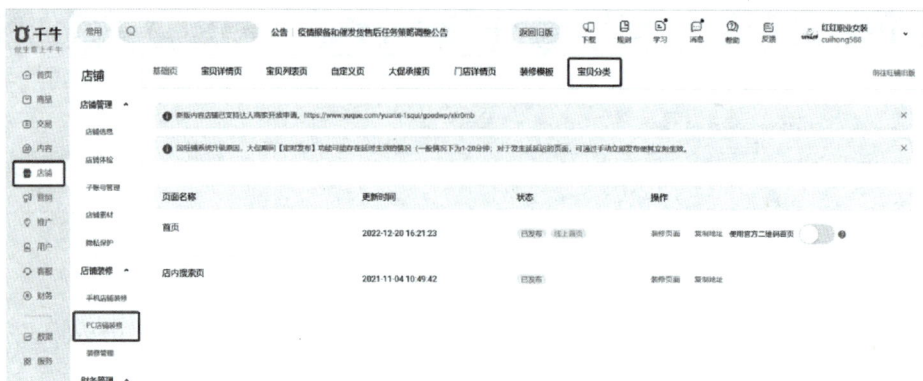

图3-48 "宝贝分类"页面

步骤2：进入宝贝分类管理页面，可以看到店铺现在商品分类。单击页面右侧的"删除"按钮，可以删除对应项的分类，如图3-49所示。

图3-49 添加宝贝分类窗口

步骤3：当需要查看多级分类时，可以单击如图3-50所示的页面中一级分类"女装"左侧的"小三角"，即可查看属于该类别下一级的宝贝分类。

图3-50 宝贝分类多级分类页面

步骤4：如需添加一级分类或子分类，可单击"添加手工分类"按钮或"添加子分类"按钮，会出现一个新分类窗口，在此窗口中可输入需要添加的分类名称，如图3-51所示。

图3-51 添加手工分类

注意：每个分类也可以调整顺序。图3-52所示页面右侧的箭头中，第一个箭头表示置顶，第二个箭头表示向上移一位，第三个箭头表示向下移一位，第四个箭头表示置于底部位置。

图3-52　分类调整顺序页面

步骤5：如果要针对每个分类设置一张图片，可以单击"添加图片"按钮，然后选择插入"网络图片"或"插入图片空间图片"，插入图片后单击"确定"按钮，如图3-53所示。

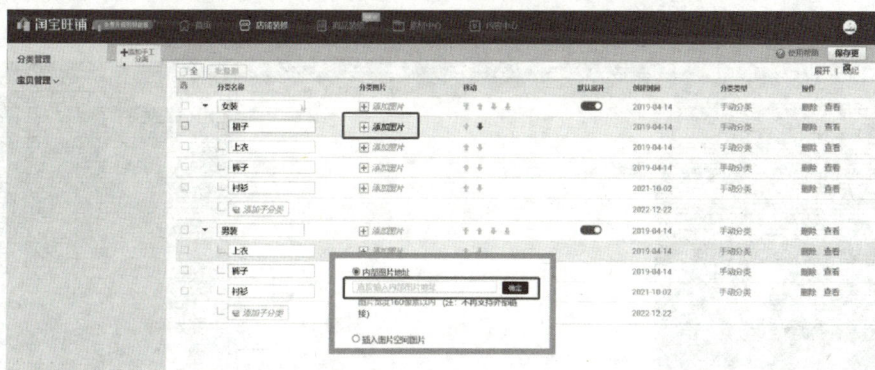

图3-53　插入宝贝分类图片

3.设置导航

店铺导航是一个网店引导消费者进入各种产品页面的路径引导图，好的导航能让顾客在第一时间找到自己想要的产品。

步骤1：首先进入店铺管理后台，在"页面编辑"页面中，将鼠标放在如图3-54所示的位置上，单击出现的"编辑"按钮。

图3-54　导航窗口编辑页面

步骤2：弹出如图3-55所示的页面，单击"添加"按钮。

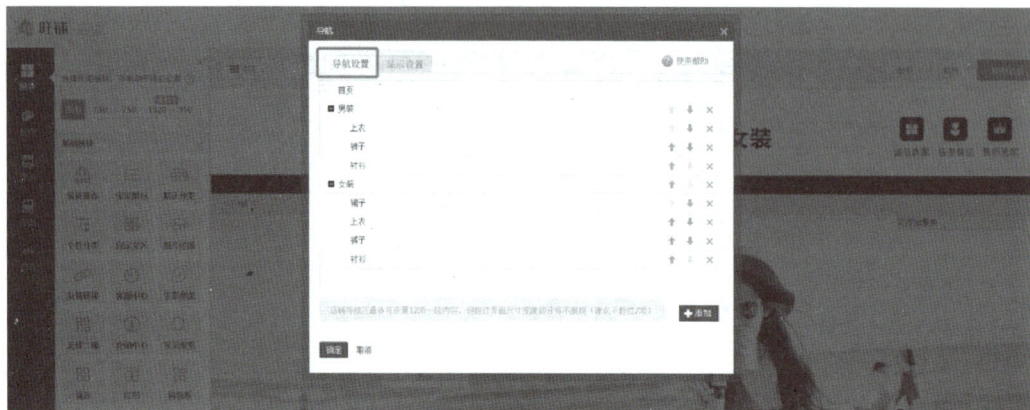

图3-55 导航设置页面

步骤3：在弹出的页面中单击"宝贝分类"选项卡，勾选需要加入导航的宝贝分类，再单击"确定"按钮，即可添加"宝贝分类"至导航菜单，如图3-56所示。

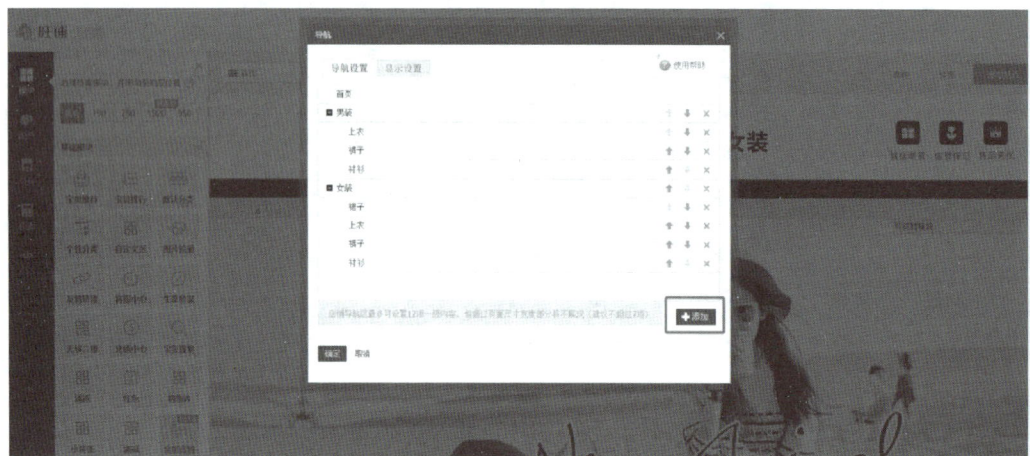

图3-56 添加宝贝分类至导航菜单

步骤4：单击"页面"选项卡，可以勾选添加"基础页面"或"自定义页面"，也可以单击页面右上角的"添加自定义页面"文字链接设置自定义页面，最后单击"确定"按钮，即可添加页面至导航菜单，如图3-57所示。

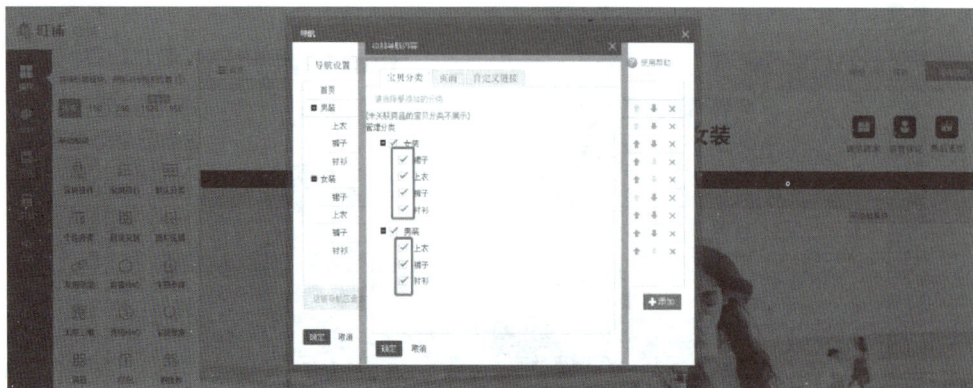

图3-57 添加页面导航菜单

步骤5：单击"自定义链接"选项卡可以添加淘宝网内部店铺链接或活动地址链接等。首先输入"链接名称"，再输入"链接地址"，再输入"链接地址"，最后单击"保存"按钮，如图3-58所示。

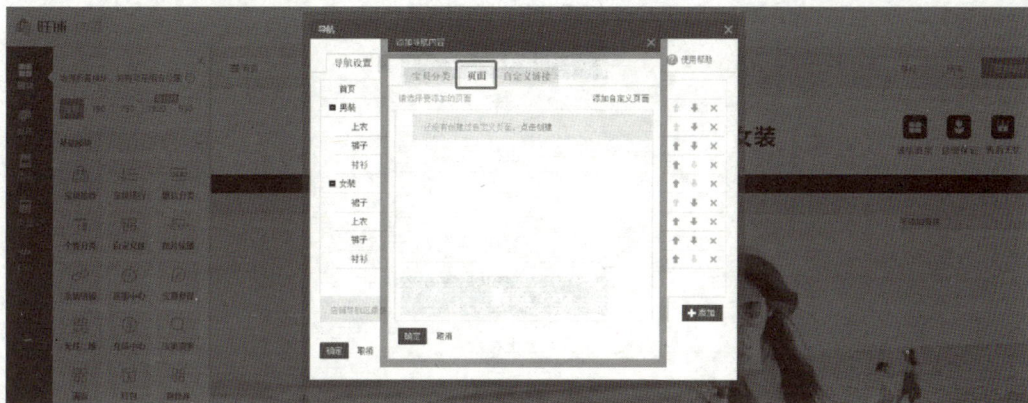

图3-58 添加自定义链接至导航菜单

步骤6：设置好的内容可以在导航的编辑窗口右侧删除或调整顺序，编辑完成后单击"保存"按钮，如图3-59所示。

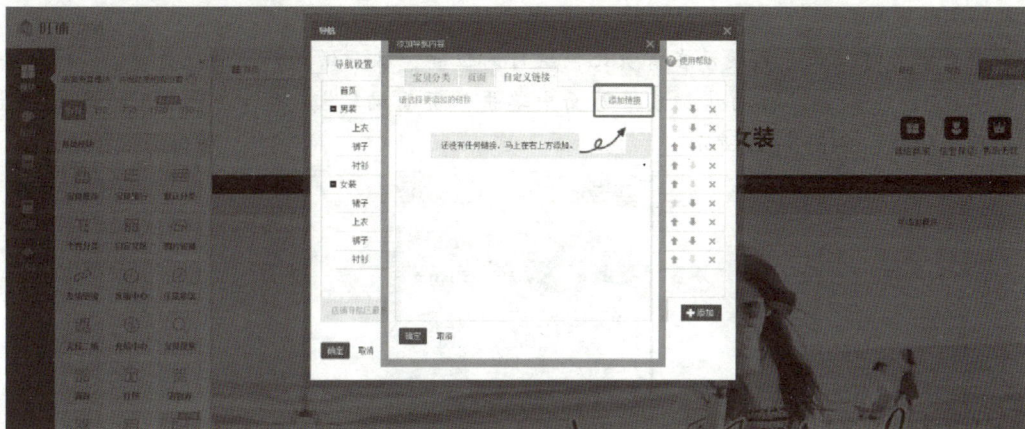

图3-59 导航删除或调整顺序

步骤7：最后，导航的前台效果如图3-60所示。

图3-60　导航的前台效果

4.设置宝贝推荐

宝贝推荐可以让产品展示在首页比较醒目的位置，从而增加产品的点击量。

步骤1：在淘宝后台的店铺装修页面中单击"页面编辑"，然后在导航下方添加"宝贝推荐"模块，如图3-61所示。

图3-61　添加"宝贝推荐"页面

步骤2：在"宝贝推荐"模块右上角单击"编辑"按钮，进入宝贝推荐设置界面，可设置希望推荐宝贝的"宝贝分类""关键字""价格范围""宝贝数量"等多个条件，也可以只设置一个条件，如图3-62所示。

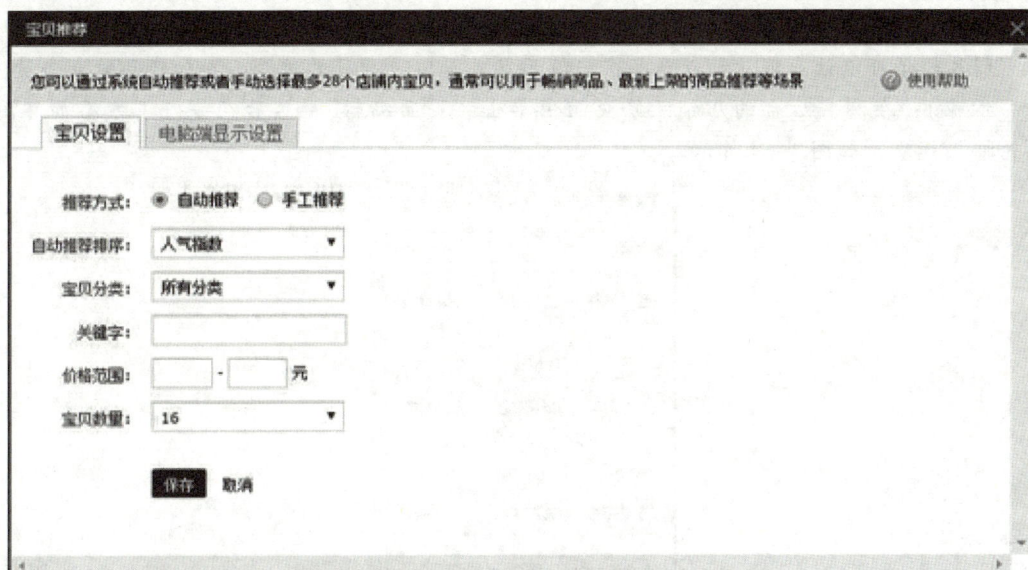

图3-62　"宝贝设置"页面

步骤3：单击"显示设置"选项卡，可以对宝贝推荐里宝贝的展现方式进行设置，选择完成后单击"保存"按钮即可，如图3-63所示。

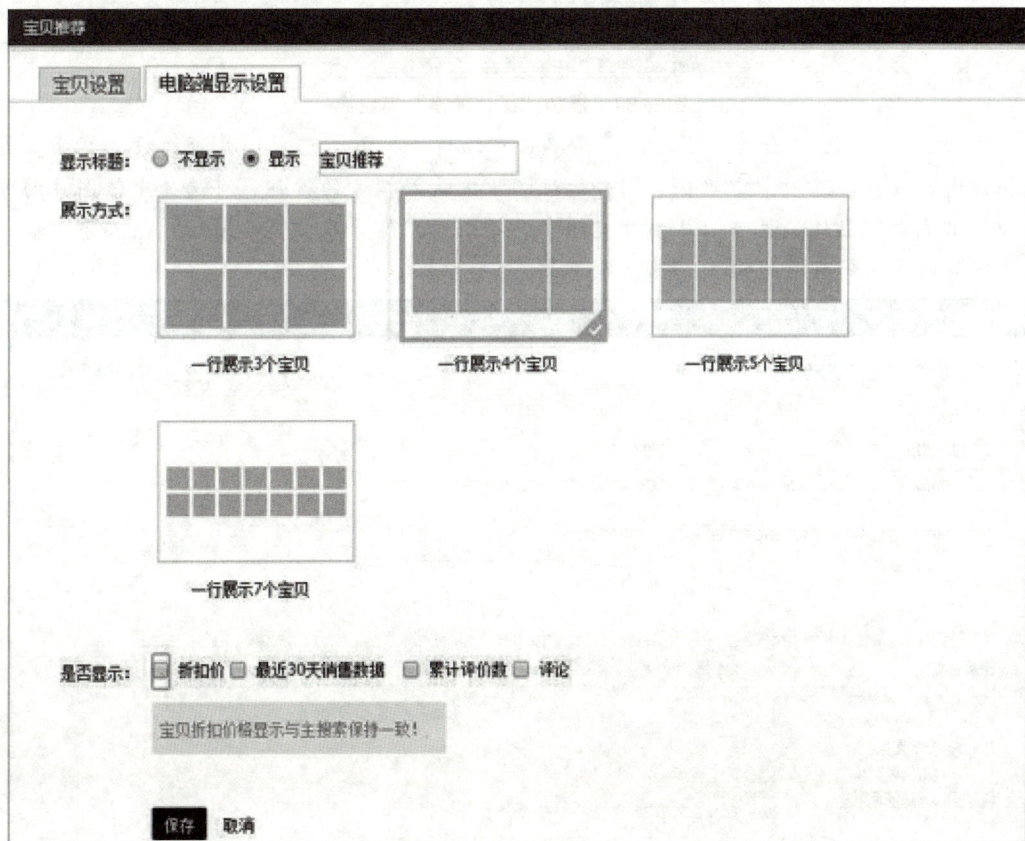

图3-63　"显示设置"页面

步骤4：设置完成后，可以通过"预览"浏览宝贝推荐的前台呈现效果。

5.设置图片轮播

图片轮播可以让店铺活动或产品广告展示在首页比较醒目的位置，增加产品的点击量。

步骤1：在淘宝后台的店铺装修页面中单击"页面编辑"，然后在导航下方添加"图片轮播"模块，如图3-64所示。

图3-64 添加"图片轮播"模块

步骤2：在"图片轮播"模块右上角单击"编辑"按钮，进入图片轮播设置界面。首先在"内容设置"选项卡中单击"图片地址"下方输入框旁的按钮，可选择上传图片的方式为从本地电脑上传，也可以从图片空间中选择上传。然后在"链接地址"输入框中输入单击图片所进入的网页地址，如图3-65所示。

图3-65 图片轮播的"内容设置"

注意：图片轮播模块必须至少要有两张图片才能轮播出来，所以，至少要设置两张图片的"图片地址"和"链接地址"。

步骤3：单击"显示设置"选项卡可以设置三项内容：一是"显示标题"；二是"模块高度"；三是"切换效果"。设置完成后，单击"保存"按钮，如图3-66所示。

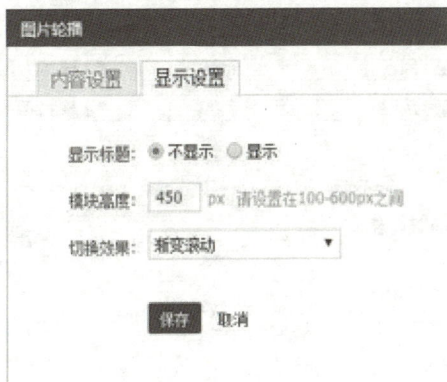

图3-66 "显示设置"页面

注意：

（1）图片轮播：具体尺寸与店铺布局有关。

（2）图片高度可根据卖家需要自行设定，但要和图片轮播模块高度一致。

（3）图片轮播通栏宽度为950像素。

（4）两栏布局：左侧栏为190像素，右侧栏为750像素。

步骤4：设置完成后，图片轮播的前台呈现效果如图3-67所示。

图3-67 图片轮播的前台呈现效果

6.设置旺旺

阿里旺旺是阿里巴巴集团开发的实时聊天工具，主要用于买家与卖家之间的交流沟通。当客户有问题需要咨询时，卖家的客户服务人员应该第一时间通过阿里旺旺进行响应并回复。

步骤1：登录个人淘宝账户管理后台，进入店铺装修页面，在左侧布局中单击添加"客服中心"模块。

步骤2：单击"客服中心"模块右上角的"编辑"按钮，进入"客服中心"的设置界面。在"内容设置"选项卡中，可以设置"工作时间"，输入"联系方式"等，如图3-68所示。

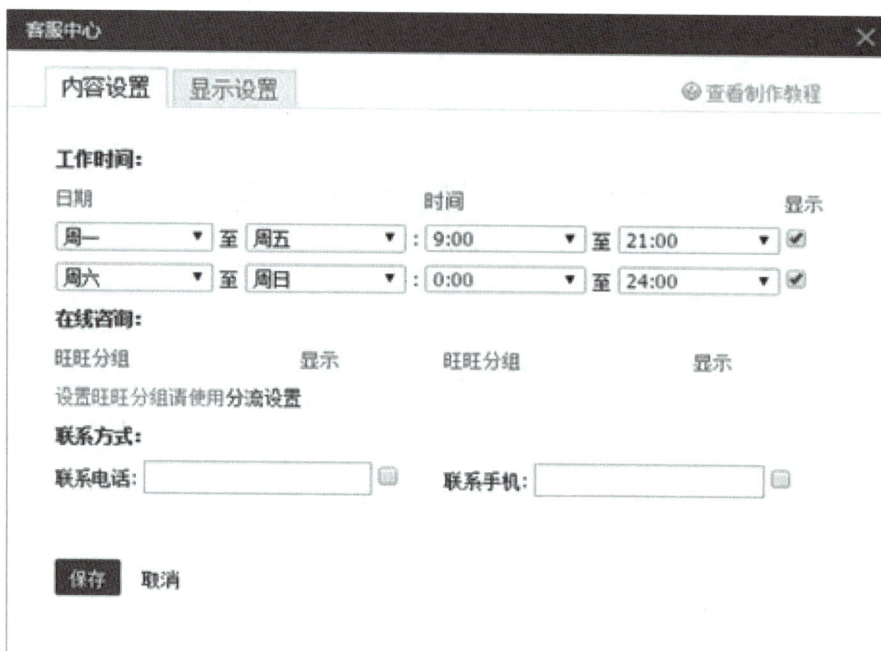

图3-68　客服中心的"内容设置"页面

步骤3：单击"显示设置"选项卡，可以设置是否显示标题栏以及标题显示的内容，如图3-69所示。

图3-69　客服中心的"显示设置"页面

步骤4：设置完成后，客服中心的前台呈现效果如图3-70所示。

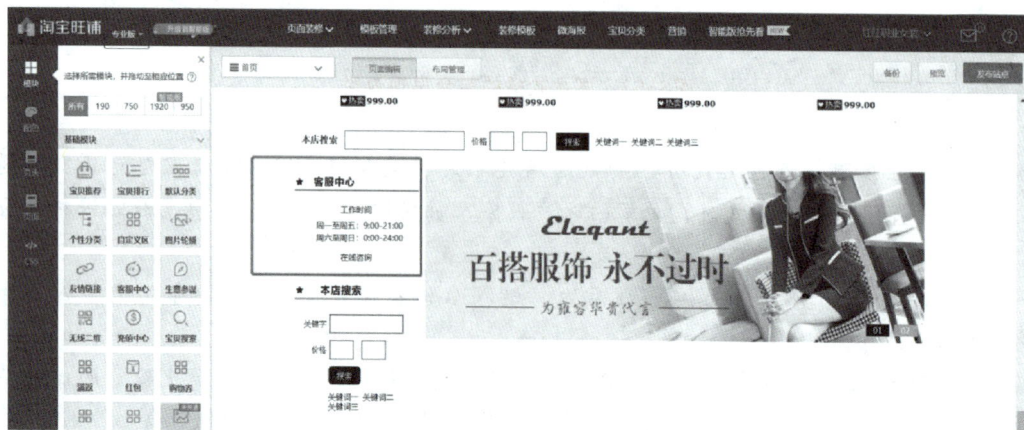

图3-70　客户中心前台显示效果

7.设置自定义内容区

淘宝提供的免费模块中还有一个自定义内容区，给广大新手卖家提供了一个方便的功能。这个自定义内容区可以作为店铺公告使用，也可以作为店铺的促销栏使用，还可以作为主打宝贝区域。

步骤1：在"页尾区域"添加"自定义内容区"模块后，在"页面编辑"页面中，单击自定义内容区模块右上角的编辑按钮，出现自定义内容区设置窗口，这个窗口类似Word操作界面。也可以转换到代码视图，粘贴网页代码，如图3-71所示。

图3-71 自定义内容区设置窗口

步骤2：单击"插入图片空间图片"图标，在下方选择上传的新图片，如图3-72所示。

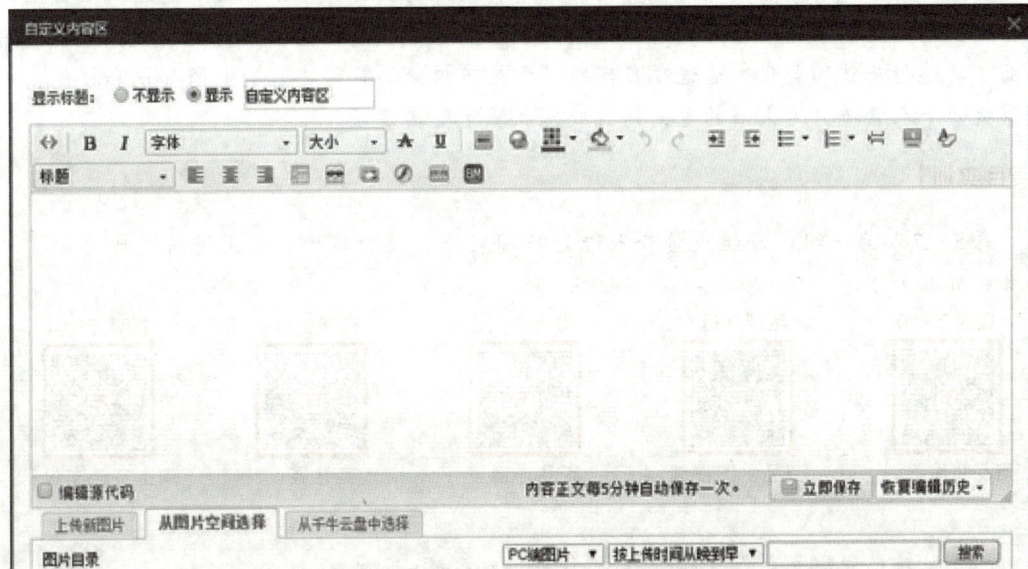

图3-72 插入图片

步骤3：设置完成后，预览可以查看自定义内容区的前台呈现效果。

【启智育人】

全国职业院校技能大赛电子商务技能赛项

全国职业院校技能大赛电子商务技能赛项是一项重要的国家级职业技能竞赛,旨在全面考察参赛选手在电子商务领域的各项能力。

赛项设置:电子商务技能赛项通常包括多个模块,如网店运营推广、视觉营销、直播营销等,涵盖了从商品上架、店铺装修、营销推广到客户服务等电子商务运营的各个环节。

竞赛内容:该赛项主要考核选手的数据分析能力、视觉营销能力、营销策划能力、网络营销能力、直播营销能力、网店运营能力、供应链管理能力和团队合作能力等多方面的能力。参赛选手需要综合运用所学知识,完成包括网店开设、商品拍摄与处理、营销活动策划与执行、客户服务等在内的多项任务。

竞赛形式:电子商务技能赛项一般为团体赛,需要参赛选手组成团队,相互协作完成竞赛任务。在比赛中,选手们需要模拟真实的电子商务运营环境,通过实际操作和团队合作,完成网店建设、营销推广、客户服务等一系列任务。

竞赛影响:全国职业院校技能大赛电子商务技能赛项已经成为电子商务领域的重要赛事之一,具有较高的知名度和影响力。通过该赛项,不仅可以展示电子商务行业的最新发展和技术成果,还可以为电子商务相关专业的学生提供一个展示才华和交流学习的平台。

【项目总结】

本项目全面介绍了网店开设与装修的实用知识和技能,涵盖了从店铺注册、店铺基本设置、店铺首页布局、店招与海报、商品详情页设计与制作等多个方面。通过本项目的学习,学生不仅能够掌握网店开设的基本流程,还能深入理解视觉营销的重要性,学会利用专业工具进行店铺的美化。通过项目实践,学生不仅能够获得丰富的电商知识和技能,更能够提升个人素质,为未来的电商创业或就业奠定坚实基础。

【项目实训】

每5~7人为一组,每组成员分别进行店铺装修,最后将操作结果进行对比评价,具体考核标准如下。

微课 3-10 商品主图设计　　微课 3-11 商品主图视频制作技巧　　微课 3-12 商品详情页视觉设计　　微课 3-13 淘宝钻展设计　　微课 3-14 淘宝直通车设计

(1)根据网店经营的商品特点对网店的装修风格进行设计。

(2)分组汇报与展示网店装修成果。

(3)请各小组继续完善并完成店铺装修的设计方案,之后将满意的设计方案上传到自己的店铺。

项目四　网店运营与推广

【项目导入】

　　项目团队成功开设网店之后，接下来，更多的事就是每天进行周而复始的运营与推广工作了。其中，网店运营是要完成网店日常的运作与管理工作，这是网店运转的基础工作。网店推广是为了让更多的买家知道自己的网店，通过采用多种免费和付费的推广工具与方法，提高店铺的销量，由此可以看出，网店能否正常经营并存活下去，网店运营与推广是非常重要的工作。请你作为网店运营人员，为企业完成日常运营与推广工作。

【学习目标】

知识目标

（1）能描述商品管理的内容与注意事项。

（2）能描述交易管理的内容与注意事项。

（3）能描述物流管理的内容与注意事项。

能力目标

（1）能够完成商品分类设置、商品上传与发布。

（2）能够完成订单管理、评价管理等交易管理的各项工作。

（3）能够完成物流模板设置、发货与退货地址设置等物流管理工作。

素养目标

（1）能够高效地与客户、供应商进行沟通，善于与团队成员分工协作并适应跨部门协调与配合。

（2）提高学习与适应能力，持续关注行业政策与技术动态。

（3）适应电商行业的工作强度，具备一定的抗压能力。

任务1　网店运营

▶ 任务解析

　　项目团队将网店已经建立起来，现在需要对网店进行运营，也就是日常管理，维持网店的运行。本任务要完成网店的日常管理等一系列任务，根据工作内容的不同，网店日常运营管理工作主要包括商品管理、交易管理、物流管理等工作。

> **知识要点**

一、设计商品标题

1.商品标题构成的信息

商品标题是描述商品的名称，在淘宝网店运营中，商品标题的构成信息对于提高商品的曝光率和点击量至关重要。商品标题通常由三个部分组成：一是商品名称，是让买家一眼就知道是什么商品；二是商品类别、属性、特点等，让买家可以根据自己所需商品的风格、类型进行选择；三是促进销售、突出热点的词，如2023年，春、秋、新款等，这些词的网店日常运营管理工作搜索量较大，可以蹭下热度。一个优秀的商品标题可以为商品带来自然搜索流量。

2.商品标题构成的格式

设计商品标题时，首先要考虑标题字数问题。因为各电子商务平台的网店都会对商品标题的字数有一定的限制，以淘宝网店为例，商品标题最多只能由60个字符组成，需要说明的是一个数字、英文字母或空格为1个字符，一个汉字为2个字符。那么如何利用有限的字符来展示更多商品的信息，并为商品获取更多的自然流量呢？

商品标题设计时通常遵循一定的基本格式。下面我们一起来了解一下：

常规商品标题有以下几种组合方式，分别是：

第一种：品牌、型号+商品名称。

第二种：品牌、型号+促销、特征、形容词+商品名称。

第三种：店铺名称+品牌、型号+商品名称。

第四种：店铺名称+促销、特征、形容词+商品名称。

第五种：地域特征+品牌+商品名称。

无论以上哪种组合，商品名称都是必不可少的组成部分，在此基础上再增加其他关键词，可以使商品在搜索时得到更多被选中的机会。至于哪个组合是最佳的，要根据市场、竞争者和目标消费群体的搜索习惯来确定。

二、优化商品标题

1.商品标题优化的作用

商品标题优化就是要优化商品标题中的每一个关键词，对商品标题进行符合规则的优化，使之能够在众多同类商品中排名靠前，增加曝光量，提高点击率，激发买家的购买欲望，以提高转化率的过程。

2.商品标题优化的要求

商品标题优化的基本要求主要有两点：

（1）商品标题的字数要求。以淘宝网为例，商品标题的字数必须限制在30个字以内，既不能超出这个界限，也不能极大地浪费设置，尽量满30个字。

（2）商品标题的信息要求。商品标题一般要求包含以下几个部分的信息：商品的品牌、系列、名称、款式、材质、功能、工艺、款式、风格、等级，这些用途商品属性越完善越好。在这个基础上再进行优化。

三、订单管理体系

网店发布商品之后，如果有买家购买网店的商品，则网店产生订单，即产生了交易活动，此时就要在"交易管理"模块中进行相关处理。

交易管理主要包括两个部分，分别是已卖出的宝贝和评价管理，其中对"已卖出的宝贝"的管理就是通常所说的"订单管理"，所以在网店交易管理部分分为订单管理和评价管理两部分来学习。

电商系统涉及"三流"，分别是信息流、资金流、物流，而订单系统作为中枢将三者有机地集合起来。电商所有模块中，订单模块是核心中的核心，电商所有模块都是直接或者间接为订单模块服务的。

（一）订单内容

1.用户信息

用户信息包括用户账号、用户等级、用户的收货地址、收货人、收货人电话等，用户账户需要绑定手机号码，但是用户绑定的手机号码不一定是收货信息上的电话。用户可以添加多个收货信息，用户等级信息可以用来和促销系统进行匹配，获取商品折扣，同时用户等级还可以获取积分的奖励等。

2.订单基础信息

订单基础信息是订单流转的核心，包括订单类型、父/子订单、订单编号、订单状态、订单流转的时间等。

（1）订单类型包括实体商品订单和虚拟订单商品等，这个根据商城商品和服务类型进行区分。

（2）同时订单都需要做父/子订单处理，之前在初创公司一直只有一个订单，没有做父/子订单处理后期需要进行拆单的时候就比较麻烦，尤其是多商户商场，和不同仓库商品的时候，父/子订单就是为后期做拆单准备的。

（3）订单编号不多说了，需要强调的一点是父/子订单都需要有订单编号，需要完善的时候可以对订单编号的每个字段进行统一定义和诠释。

（4）订单状态记录订单每次流转过程，后面会对订单状态进行单独的说明。

（5）订单流转时间需要记录下单时间、支付时间、发货时间、结束时间/关闭时间等。

3.商品信息

商品信息是指从商品库中获取商品的SKU信息、图片、名称、属性规格、商品单价、商户信息等，从用户下单行为记录的用户下单数量、商品合计价格等。

4.优惠信息

优惠信息是指记录用户参与的优惠活动，包括优惠促销活动，比如满减、满赠等，为什么把优惠信息单独拿出来而不放在支付信息里面呢？因为优惠信息只是记录用户使用的条目，而支付信息需要加入数据进行计算，所以作为区分。

5.支付信息

（1）支付流水单号：这个流水单号是在唤起网关支付后支付通道返回给电商业务平台的支付流水号，财务通过订单号和流水单号与支付通道进行对账使用。

（2）支付方式用户使用的支付方式：比如微信支付、支付宝支付、钱包支付、快捷支付等。支付方式有时候可能有两种——余额支付+第三方支付。

（3）商品总金额：每个商品加总后的金额；运费，物流产生的费用；优惠总金额，包括促销活动的优惠金额、优惠券优惠金额、虚拟积分或者虚拟币抵扣的金额、会员折扣的金额等之和；实付金额，用户实际需要付款的金额。

用户实付金额=商品总金额+运费−优惠总金额

6.物流信息

物流信息包括配送方式、物流公司、物流单号、物流状态。物流状态可以通过第三方接口来获取和向用户展示物流每个状态节点。

（二）订单状态

1.待付款

用户提交订单后，订单进行预下单。目前主流电商网站都会唤起支付，便于用户快速完成支付，需要注意的是待付款状态下可以对库存进行锁定，锁定库存需要配置支付超时时间，超时后将自动取消订单，订单变更关闭状态。

2.已付款/待发货

用户完成订单支付，订单系统需要记录支付时间，支付流水单号便于对账，订单下放到 WMS 系统，仓库进行调拨、配货、分拣、出库等操作。

3.待收货/已发货

仓储将商品出库后，订单进入物流环节，订单系统需要同步物流信息，便于用户实时知悉物品物流状态。

4.已完成

用户确认收货后，订单交易完成。后续支付侧进行结算。如果订单存在问题，则进入售后状态。

5.已取消

付款之前取消订单。包括超时未付款或用户商户取消订单都会产生这种订单状态。

6.售后中

用户在付款后申请退款，或商家发货后用户申请退换货。

售后也同样存在各种状态，当发起售后申请后生成售后订单，售后订单状态为待审核，等待商家审核，商家审核通过后订单状态变更为待退货，等待用户将商品寄回，商家收货后订单状态更新为待退款状态，退款到用户原账户后订单状态更新为售后成功。

四、评价管理规范

为了督促卖家诚信交易，保障买家利益，各电商平台均开发了相应的信用评价体系。现以淘宝平台为例，介绍信用评价体系运行过程。

买卖双方可基于真实的交易在交易成功后指定时间内发布与交易商品或服务相关的信息，开展相互评价。淘宝网的评价包括店铺评分和信用评价。

（一）店铺评分

1.店铺 DSR

店铺评分（即）由买家对卖家评出，如对商品或服务的质量、服务态度、物流等方面的评分指标。那么以上淘宝的评价体系是怎样形成的呢？

每项店铺评分均为动态指标，系此前连续6个月内所有评分的平均值。

每个自然月，相同买、卖家之间交易，卖家店铺评分仅计取前3次。店铺评分一旦做出，就无法修改。

2.店铺评分逻辑

（1）店铺动态评分指标

买家对卖家的店铺评分的指标有：宝贝与描述相符、卖家的服务态度、物流的服务质量。

（2）店铺动态评分分值

1分——非常不满；2分——不满意；3分——一般；4分——满意；5分——非常满意。

店铺动态评分分值如图4-1所示。

图4-1 店铺动态评分分值

作为买家我们在哪里可以看到卖家的信用等级呢？我们在淘宝网查找到商品时，在商品右侧可以看到卖家"信誉"，点击"进入店铺"，如图4-2所示。

图4-2 "进入店铺"评分页面

进入店铺后，查看店铺首页，点击如图4-3所示的"皇冠"图标或"店铺动态评分"，便可以查看到卖家的详细信用评价和店铺动态评分信息。

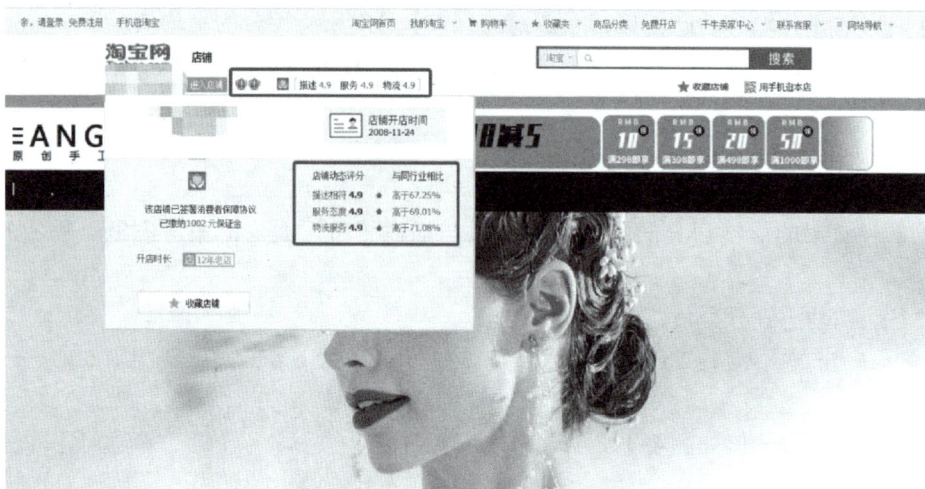

图4-3　卖家信用评分页面

（二）信用评价

信用评价由买卖双方互评，包括信用积分和评论内容。

1.信用积分

（1）卖家信用积分逻辑

在信用评价中，买家若给予卖家好评，则卖家信用积分加1分；若给予差评，则减1分；若给予中评或15天内双方均未评价，则信用积分不变。若卖家给予好评而买家未在15天内给其评价，则卖家信用积分加1分。相同买、卖家任意14天内就同一商品多笔交易产生的多个好评，卖家只加1分；多个差评，卖家只减1分。每个自然月，相同买、卖家之间交易，卖家增加的信用积分不超过6分。

（2）买家信用积分逻辑

买家购买商品，每完成一笔"交易成功"的交易，买家信用积分加1分；若卖家给予买家差评，则减1分。相同买、卖家任意14天内就同一商品的多笔交易只加1分，多个差评只减1分；每个自然月内相同买、卖家之间交易，买家增加或扣减的信用积分不超过6分。同时，淘宝网可视买家的违规情形及违规次数，对买家的信用积分进行一定扣减。买家信用积分每月1日更新。

2.评价内容

（1）买家购物评价的内容

每个买家每在淘宝网上成功购物一次，可对"交易成功"的淘宝订单对卖家的商品及服务进行一次评价，评价的内容包括两部分，分别是店铺信用评价和店铺动态评分。评价过程如图4-4～图4-9所示。

图4-4　淘宝网订单页面

淘宝网

| 宝贝 ▾ | | | 搜索 |

您的位置：首页 › 我的淘宝 › 确认收货

1.确认订单信息　　　　2.付款到支付宝　　　　3.确认收货

我已收到货，同意支付宝付款

订单信息

宝贝	状态	单价(元)	数量	优惠	商品总价(元)	运费(元)
丹姿水密码精华乳液 保湿补水液润控油女护肤护肤品正品	已发货	29.90	1	-	29.90	快递: 0.00

实付款: 29.90 元

订单编号：　1492520906970052050
支付宝交易号：　20210105220111700142322 6706
卖家昵称：　随便设置143 🔲 和我联系
收货信息：　黑龙江省 哈尔滨市 香坊区 进乡街道松乐街79号 海韵天悦小区 5-4-102，　崔红（送到家，别放丰巢），13945178819，000000
成交时间：　2021-01-05 22:18:32

图4-5　淘宝网"确认收货"页面

淘宝网

| 宝贝 ▾ | | | 搜索 |

1. 确认订单信息　　　　2. 付款到支付宝　　　　3. 确认收货　　　　4. 评价

✓ **交易成功！宝贝等您评价**

买家小伙伴们都很关注你的点评，帮助他们购买哦【立即评价】

卖家有新宝贝发布，看看新宝贝>>
亲，交易成功后，如果商品出现问题，您可以继续使用 🔲 皇牌卡，享受相应的售后服务哦。

图4-6　淘宝网"等待评价"页面

评价宝贝

| | | 评价须知 ▾ |

丹姿水密码精华乳液 保

　●　🔲 卖家
　　　+1分

一款好的乳液，带

🔲 晒照片 📱 手机晒图　第5张　　　　○ 公开 ● 匿名

评价须知（2009-2-15开始实行）：

请您根据本次交易，给予真实、客观、仔细地评价。您的评价将是其他会员的参考，也将影响卖家的信用。

累积信用计分规则：中评不计分，但会影响卖家的好评率，请慎重给予。每个自然月中，相同买家和卖家之间的信用评价计分不超过6分。评价后30天内，您有一次机会删除给对方的中评或差评，或者修改成好评。

动态店铺评分计分规则：店铺评分是匿名的。每个自然月中，相同买家和卖家之间的店铺评分计分次数不超过3次。店铺评分成功后无法修改。

店铺动态评分

宝贝与描述相符 ☆☆☆☆☆
卖家的服务态度 ☆☆☆☆☆
物流服务的质量 ☆☆☆☆☆

发表评论

图4-7　淘宝网"评价须知"页面

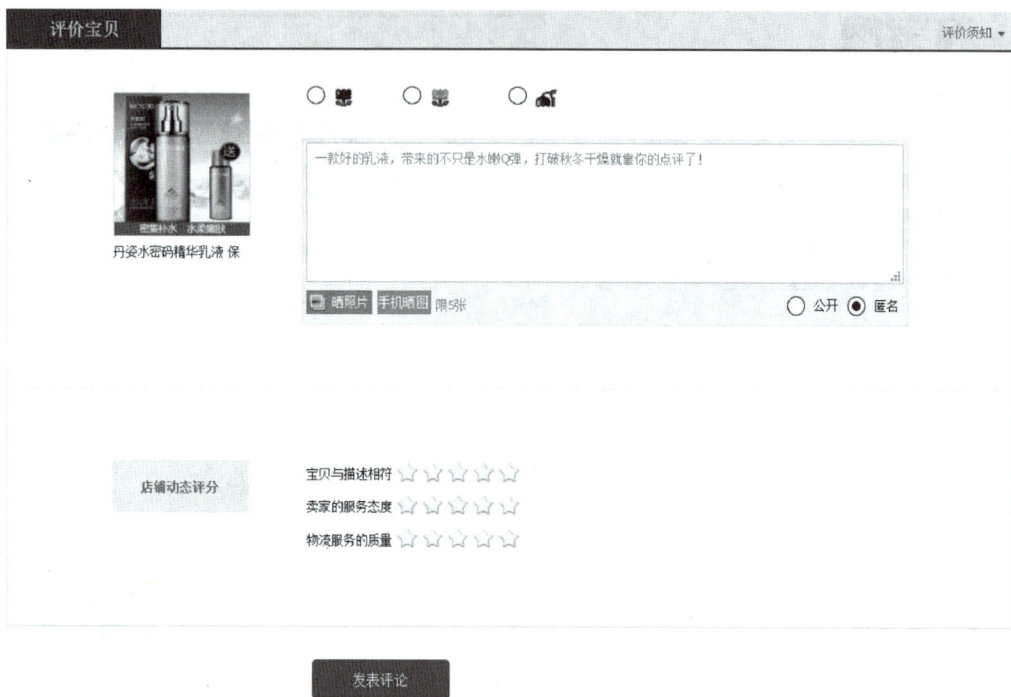

图4-8   淘宝网"填写评价"页面

店铺评分成功！信用评价成功1个！评价内容在买卖双方互评完成后才会在商品页面展示！

图4-9   淘宝网"完成评价提示"页面

买家对卖家进行评价时，一定要根据每次交易的情况，给予卖家真实、客观、仔细的评价。

3.买家评价计分规则

那么买家的评价是如何影响卖家的信用等级和动态评分的呢？

作为卖家角色收到买家给的信用评价，店铺的信用积分就会持续累积。其信用度分为4个层次20个级别。250分以内的积分用红心来表示，251～10 000分用蓝色钻石来表示，10 001～500 000分评价积分用蓝色皇冠表示，50万分以上的信用等级用金色皇冠表示，如图4-10所示。

五、发货管理规范

在网店运营的工作任务中，完成了商品管理、交易管理两方面的内容，即完成网店的商品发布、订单管理等工作内容，这时已完成了网店运营工作的前半部分，后半部分的物流管理也是网店运营工作中的重要环节。接下来，运营团队将在淘宝网完成发货处理和物流工具的使用等物流管理工作。

买家付款后，卖家须根据买家的需求和自身的服务能力在淘宝网规定的时效内，采用适当的发货方式履行发货服务。

4~10 分	♥
11~40 分	♥♥
41~90 分	♥♥♥
91~150 分	♥♥♥♥
151~250 分	♥♥♥♥♥
251~500 分	♦
501~1 000 分	♦♦
1 001~2 000 分	♦♦♦
2 001~5 000 分	♦♦♦♦
5 001~10 000 分	♦♦♦♦♦
10 0001~20 000 分	♛
20 001~50 000 分	♛♛
50 0001~100 000 分	♛♛♛
100 001~200 000 分	♛♛♛♛
200 001~500 000 分	♛♛♛♛♛
500 001~1 000 000 分	♕
1 000 0001~2 000 000 分	♕♕
2 000 001~5 000 000 分	♕♕♕
5 000 0001~10 000 000 分	♕♕♕♕
10 000 0001 分以上	♕♕♕♕♕

图4-10　淘宝网评价积分等级

1.发货时效

卖家须按照以下要求进行发货：

（1）卖家须在买家付款后48小时内发货或设置的发货时间内发货。

（2）淘宝网官方发起的活动、特定节假日、疫情影响等情形，发货时间以淘宝网的公告通知为准。

（3）卖家与买家通过协商工具协商成功的，卖家须在协商成功的时间内发货。

一般类目商品可以设置48小时内的发货时间，部分类目商品可通过全款预售或分阶段预售工具设置48小时以上的发货时间。

2.发货方式

卖家可以选择在线下单、自己联系物流、官方寄件、无须物流方式进行发货，其中采用无须物流发货方式时，淘宝网会根据类目特性选择性开放。

六、物流服务方式

下面分别介绍几种物流服务的适用情况。

在线下单：是指通过淘宝平台，直接联系与淘宝合作的快递公司，进行下单，比较方便、省心。它适合现货商品，卖家可多选择几个物流公司合作，因为有的买家有自己指定的物流，必须发哪一家快递，所以选择多家物流可以更加方便自己发货。

自己联系物流：适合两种情况。一种是自己联系离自己网店仓库最近的物流快递网点，上门取件发货，方便沟通与取件。另一种是针对代销商品，需要与代理货源的厂家联系进行下单，由厂家为买家进行发货，向其取得快递单号，此时只能选择自己联系物流选项，将厂家提供的快递单号填到发货订单号栏框中，之后点击发货即可。

官方寄件：是指阿里巴巴旗下菜鸟裹裹商家的"官方寄件"。选择官方寄件后，平台保障当日上门揽收，同时卖家无须填写电子面单号，更加方便快捷。

无须物流：通常有两种情况可以选择无须物流发货。一种是指买卖双方在同城离得很近，可以采用自提或上门送货等方式进行物流配送，完成发货；还有一种情况是当所销商品为虚拟电子产品时，可以利用网络进行传输，完成发货。

▶ 任务实施

网上开店如此诱人的前景吸引了众多创业者加入了网上开店的大军。网店注册成功之后，完成了网店的基本设置后，要想"开张"，首先需要把所销售的商品进行"上架"，也就是发布商品，优化所发布商品的标题，以上相关工作称为商品管理。淘宝网某运营助理接到运营主管分配的工作任务：最近准备上新一批新品，请完成发布商品的工作。

商品管理在淘宝网被称为"宝贝管理"，主要就是要完成发布商品与管理的工作。每个网店想要在网上销售商品，首先要把自己的商品上传到网店中，让买家可以看到商品信息。

商品发布涉及的操作环节比较多，以淘宝网店为例，具体操作流程与工作内容如下：

微课4-1

步骤1：商品发布与管理

在正式发布商品前，做好商品发布前的准备工作。需要事先准备所要发布商品的各项基础资料，主要包括商品的基本信息和销售信息，以及商品图片和主图视频等素材，准备好之后便可以进入宝贝发布阶段。制作商品信息清单，见表4-1。

商品发布
与管理

表4-1　　　　　　　　　　　　　　　商品信息清单

序号	商品名称	基本信息	销售信息	图片视频
1				
2				
3				
4				
5				
6				

步骤2：登录进入发布宝贝页面

点击进入"卖家中心"，点击左侧"宝贝管理"，进入宝贝发布系统，如图4-11、图4-12所示。

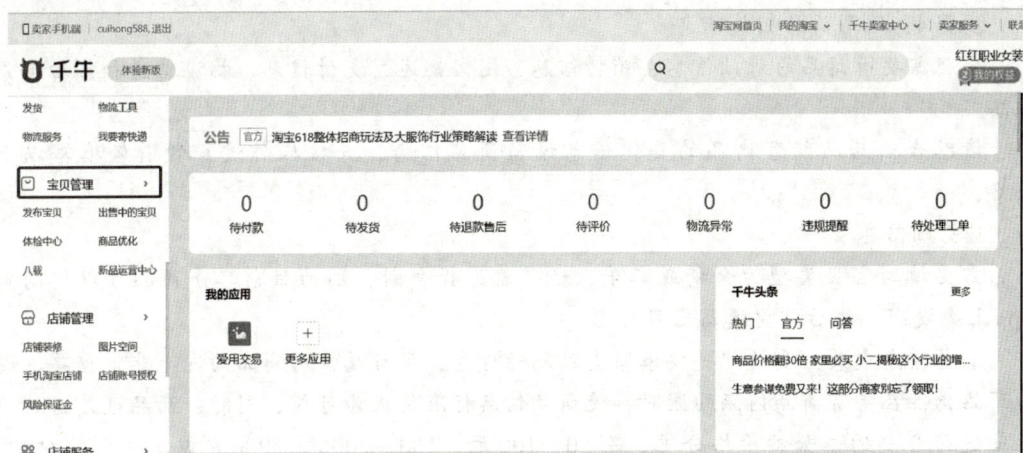

图4-11　淘宝网"宝贝管理"页面

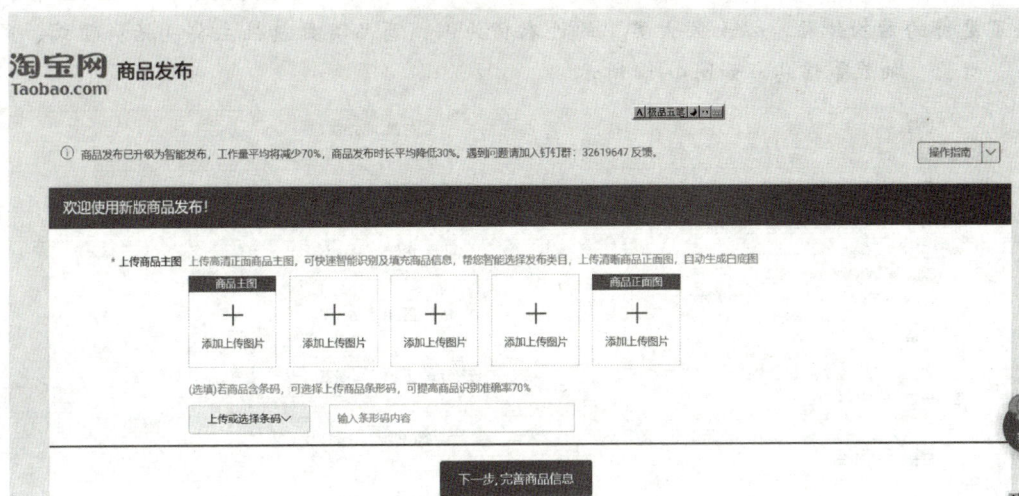

图4-12　淘宝网"商品发布"页面

步骤3：选择确定商品类目

卖家要根据商品类型选择宝贝类目，如图4-13所示。

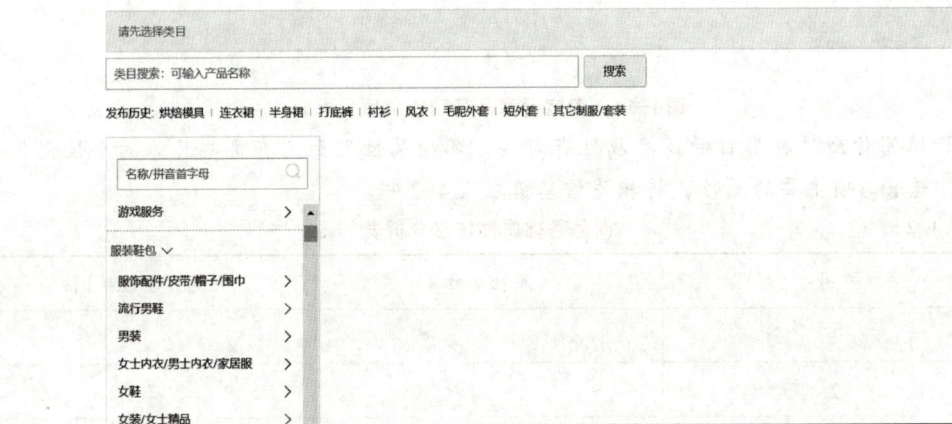

图4-13　淘宝网"确认商品类目"页面

步骤4：填写商品相关信息

分别需要填商品的基础信息、销售信息、图文描述、支付信息、物流信息和售后服务信息。

请结合网店所经营商品的具体信息填写商品信息，并按操作流程的引领填写以下表格：

1. 基础信息

需要填写宝贝类型为全新或二手，通常都选择全新，因为目前二手商品可以到闲鱼App上去发布。之后需要填写宝贝标题。

基本信息中最主要的就是要填写类目属性信息，类目属性对商品的发布非常重要，因为商品属性在丰富商品内涵的同时，使商品信息标准化成为可能，同时，商品也是通过属性来进行分类的。如按价格分类，有50～100元、100～200元、200元以上等；按材质、按用户群分类等，不同的商品所涉及的属性各不相同，此外详细填写商品属性也为买家提供了更好的购物体验。以女装大类中的连衣裙为例，商品类目属性主要包括：款式、风格、裙长、袖长等信息。如图4-14所示。

图4-14　淘宝网商品基础信息填写页面

请填写你所选择类目的商品属性有哪些，各项属性里面又有哪些具体的个性化属性，请从中选出6项主要的属性，将相关信息填在表4-2中。

表4-2　　　　　　　　　　　　　**商品基础属性信息分析表**

序号	属性名称	具体属性举例
1		
2		
3		

续表

序号	属性名称	具体属性举例
4		
5		
6		

　　商品属性信息一定要如实填写，填写错误，容易给买家带来选购困扰，并容易引起交易纠纷。因此决不能因为某些类目热度较高，就为蹭热度而错放类目。

　　2.销售信息

　　不同的商品所涉及的销售信息各不相同，以服装类商品为例，其所设置的销售信息主要包括颜色分类和尺码等，如图4-15所示。

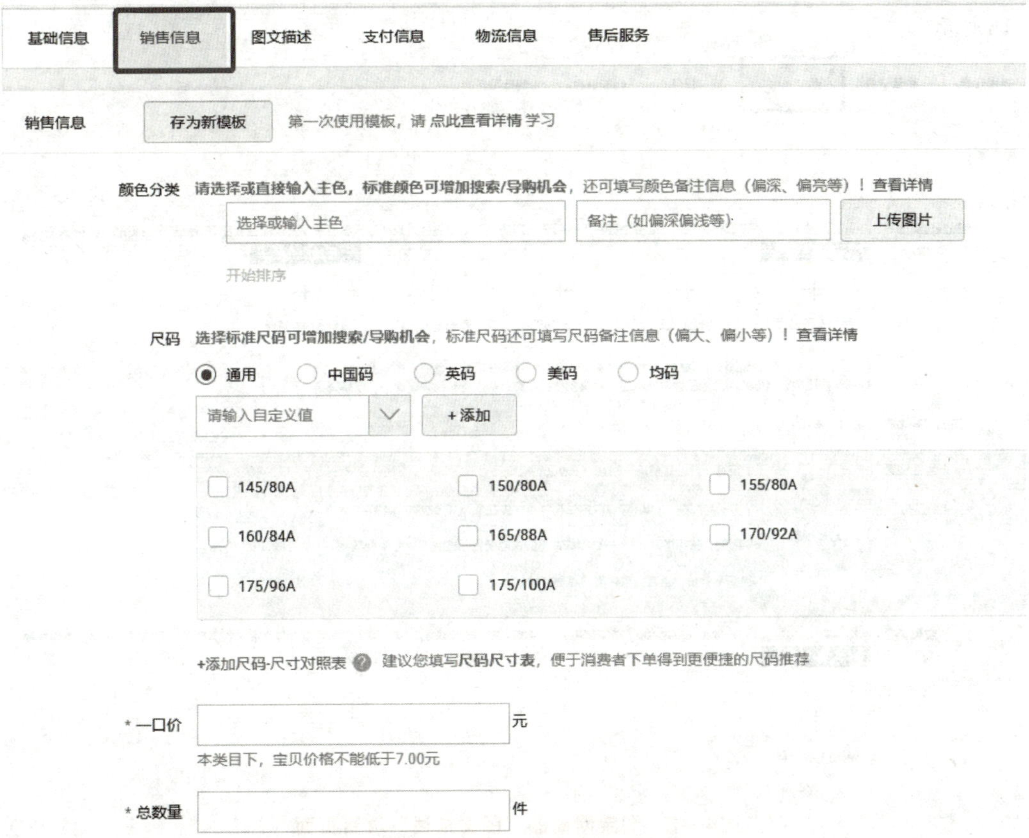

图4-15　淘宝网商品"销售信息"填写页面

将相关销售信息填在表4-3中。

表4-3　　　　　　　　　　　　　　商品销售信息分析表

序号	销售信息项目	具体销售信息举例
1		
2		

续表

序号	销售信息项目	具体销售信息举例
3		
4		
5		
6		

3.图文描述

图文描述部分需要上传商品图片，包括1张主图、4张辅图，其他有关商品图片的要求参照网店装修任务中有关商品主图设计、商品主图视频设计、商品详情页设计等要求，这里不再赘述。将事先制作好的图片与视频进行上传。商品"图文描述"填写页面如图4-16所示。

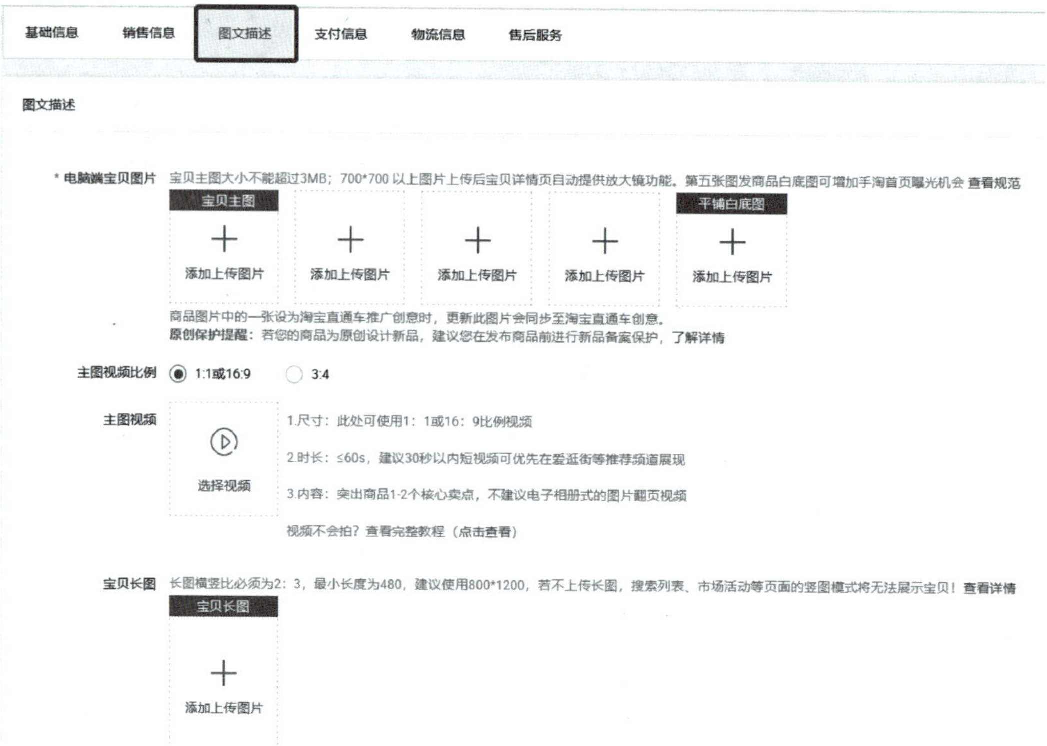

图4-16　淘宝网商品"图文描述"填写页面

4.支付信息

设置支付信息时，付款方式需要选择一口价模式或预售模式，其中一口价模式即平时我们最多使用的普通交易模式。设置库存计数方式时，可以选择"买家拍下减库存"和"买家付款减库存"，如图4-17所示。

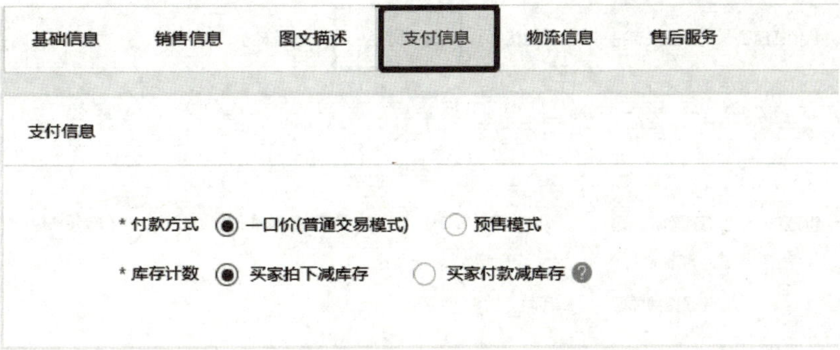

图4-17　淘宝网商品"支付信息"填写页面

　　如果选择了预售模式，又包括一口价、全款预售和高级预售模式，如图4-18、图4-19所示。

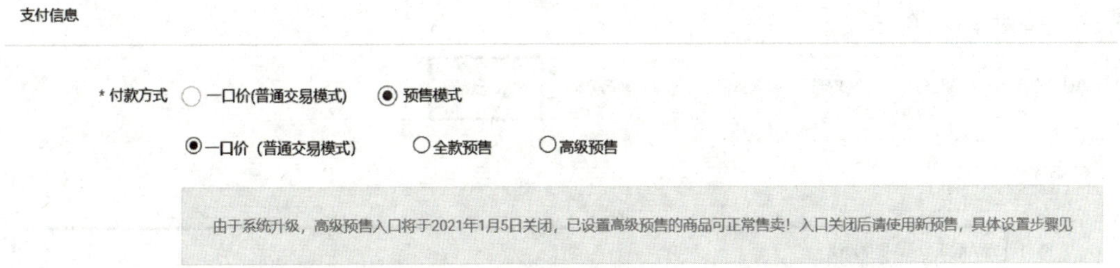

图4-18　淘宝网商品"预售模式"填写页面之一

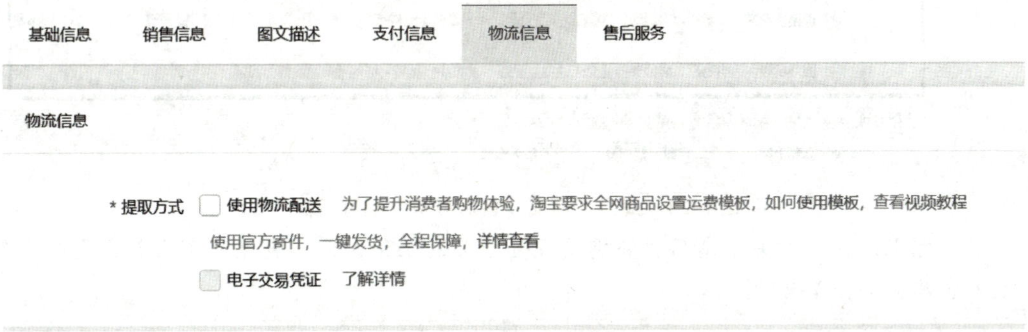

图4-19　淘宝网商品"预售模式"填写页面之二

　　其中全款预售：指买家在规定的时间支付全款后，卖家在系统显示的时间内完成发货的预售交易。

　　全款预售：发货时间最长设置不能超过支付时间的90天，其中水产肉类/新鲜蔬果/熟食类目的最长设置不超过支付时间的30天。买家订单拍下起72小时不付款，系统自动关闭订单。

5.物流信息

　　设置物流信息时主要需要设置商品配送的方式是使用物流配送还是电子交易凭证传递。这里除电子信息商品外，有实物形态的商品通常都需要选择使用物流配送，如图4-20所示。

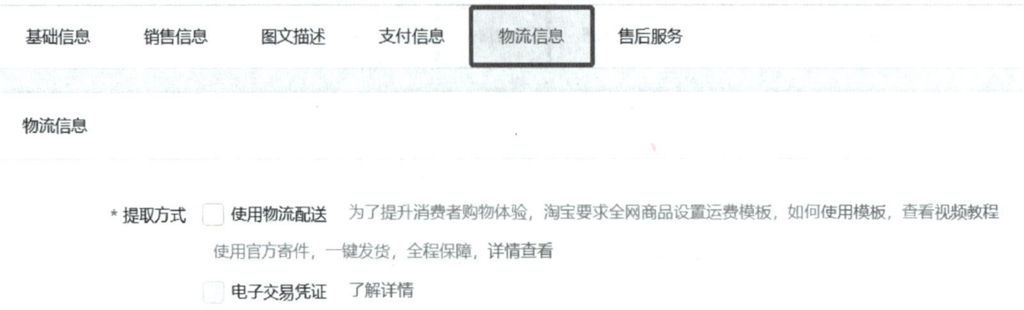

| 基础信息 | 销售信息 | 图文描述 | 支付信息 | 物流信息 | 售后服务 |

物流信息

* 提取方式　☐ 使用物流配送　为了提升消费者购物体验，淘宝要求全网商品设置运费模板，如何使用模板，查看视频教程
　　　　　　　　使用官方寄件，一键发货，全程保障，详情查看

　　　　　　☐ 电子交易凭证　了解详情

图4-20　淘宝网商品"物流信息"填写页面

6.售后服务

售后服务的设置主要包括：是否可以为买家提供发票、保修服务、退换货承诺和服务承诺，如图4-21所示。

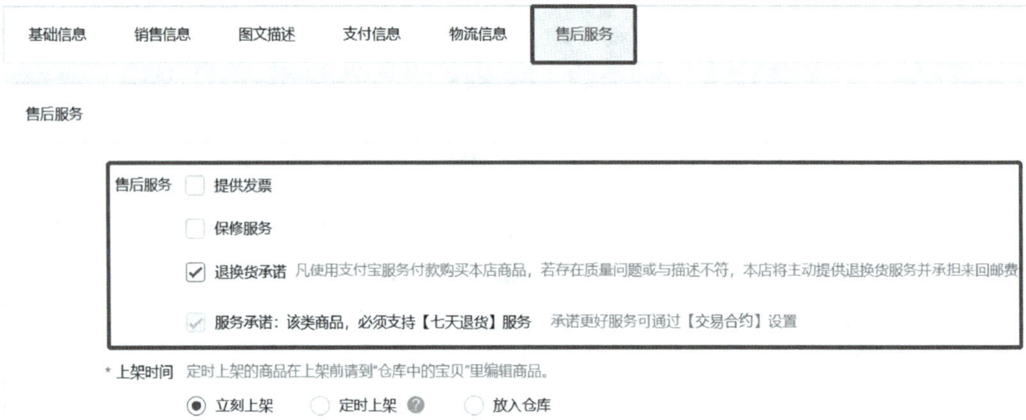

| 基础信息 | 销售信息 | 图文描述 | 支付信息 | 物流信息 | 售后服务 |

售后服务

售后服务　☐ 提供发票

　　　　　☐ 保修服务

　　　　　☑ 退换货承诺　凡使用支付宝服务付款购买本店商品，若存在质量问题或与描述不符，本店将主动提供退换货服务并承担来回邮费

　　　　　☑ 服务承诺：该类商品，必须支持【七天退货】服务　承诺更好服务可通过【交易合约】设置

* 上架时间　定时上架的商品在上架前请到"仓库"中的宝贝"里编辑商品。
　　　　　　◉ 立刻上架　　○ 定时上架 ❓　　○ 放入仓库

图4-21　淘宝网商品"售后服务"填写页面

在填完上述商品相关信息后，还需要设置商品的上架时间，包括立刻上架、定时上架和放入仓库，如图4-22所示。

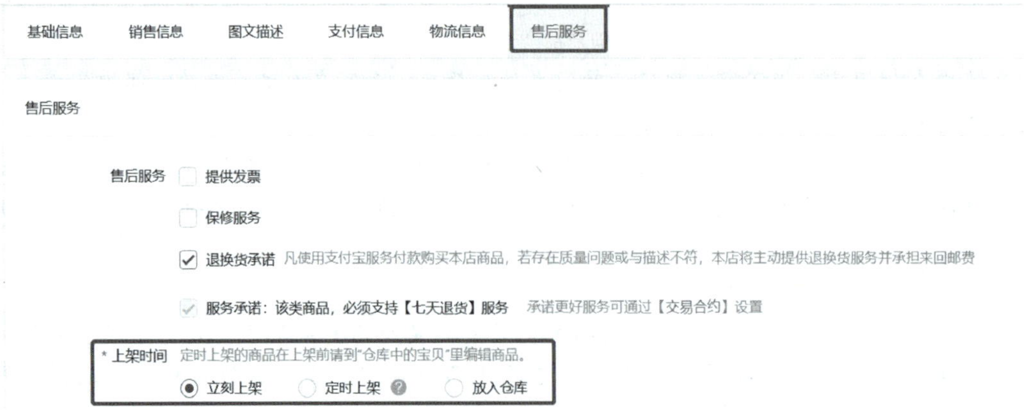

| 基础信息 | 销售信息 | 图文描述 | 支付信息 | 物流信息 | 售后服务 |

售后服务

售后服务　☐ 提供发票

　　　　　☐ 保修服务

　　　　　☑ 退换货承诺　凡使用支付宝服务付款购买本店商品，若存在质量问题或与描述不符，本店将主动提供退换货服务并承担来回邮费

　　　　　☑ 服务承诺：该类商品，必须支持【七天退货】服务　承诺更好服务可通过【交易合约】设置

* 上架时间　定时上架的商品在上架前请到"仓库"中的宝贝"里编辑商品。
　　　　　　◉ 立刻上架　　○ 定时上架 ❓　　○ 放入仓库

图4-22　淘宝网商品"上架时间"填写页面

立刻上架：是指商品将立刻发布。

定时上架：是指设定商品的正式开始销售时间。商品在开始销售前，为在线不可售的发布状态。若存在问题，平台将按规则进行管控。

放入仓库：是指将编辑好的商品信息暂时放入仓库，等待商品货源准备充足或到达销售时机时再从仓库转为上架。这一功能可以让我们根据自己的工作时间安排，提前将大量需要发布的商品信息完成发布的主要工作，之后需要正式上架时，集中提交上架即可。

步骤5：商品管理

商品发布后，商品的很多信息并不是一成不变的，根据店铺管理的需要，我们需要对已发布的商品，或仓库中的商品进行相应的设置与管理。主要包括：

1.上架商品

前面我们讲的商品发布是可以选择立刻上架和放入仓库中的，那么在仓库中的宝贝，卖家只有选择将其上架，消费者才会看到。这时点击"宝贝管理"中的"仓库中的宝贝"，如图4-23所示。

图4-23　淘宝网"仓库中的宝贝"页面

在右侧页面就会出现宝贝列表，接下来只需选中需要上架的宝贝，单击该宝贝右侧的"立即上架"按钮，即可上架商品，如图4-24所示。

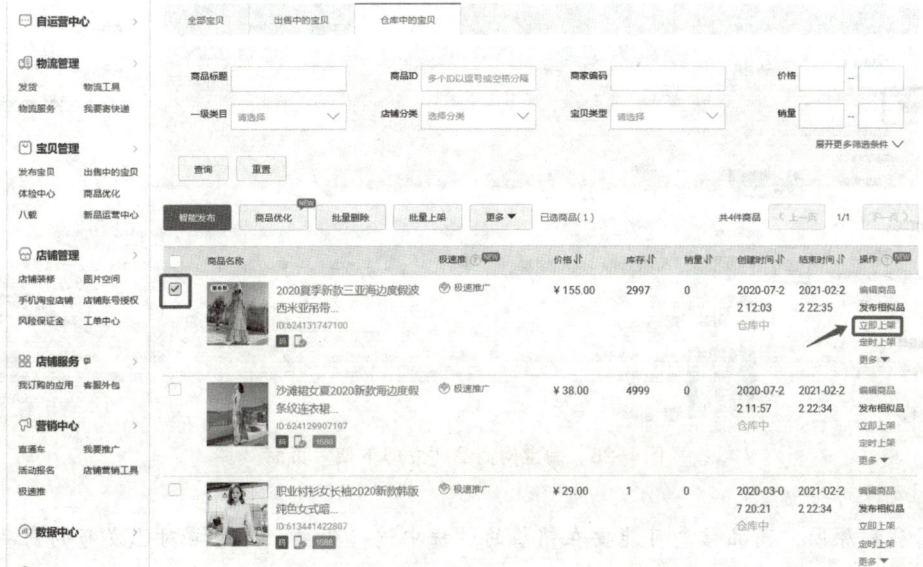

图4-24　淘宝网商品"立即上架"页面

如果要同时上架多个商品，只要选中相应宝贝的复选框，单击宝贝列表上方的"批量上架"按钮即可，如图4-25所示。

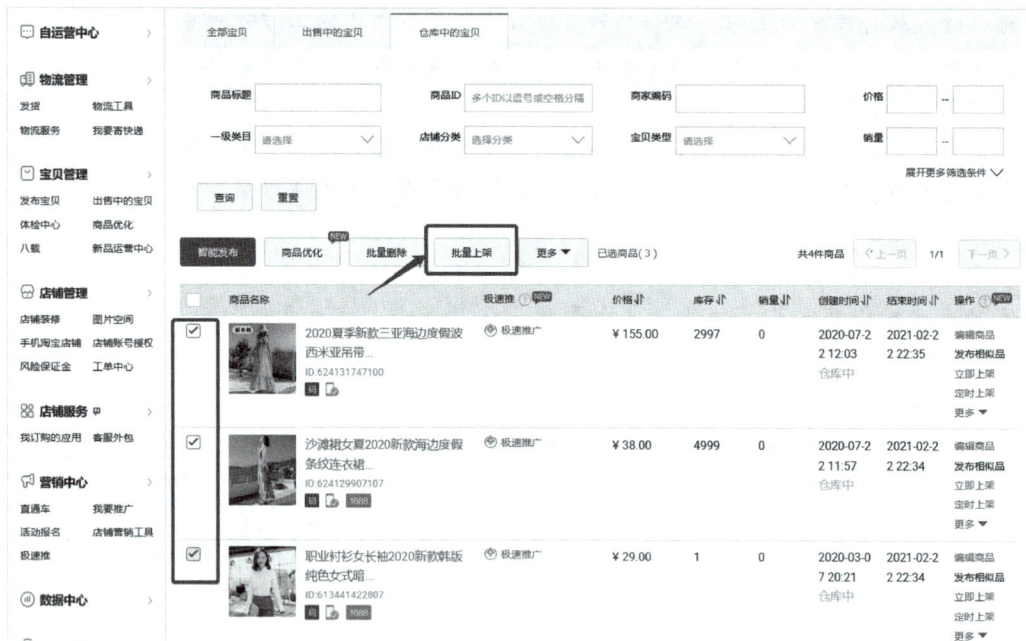

图4-25   淘宝网商品"批量上架"页面

2.下架商品

由于某种原因，例如换季、没有库存等，商家就会将出售中的宝贝下架。操作流程为：单击宝贝管理中的出售中的宝贝按钮，在右侧页中出现的宝贝列表中，选中要下架的宝贝，单击下架按钮即可，如图4-26所示。

图4-26   淘宝网商品"立即下架"页面

3.编辑商品

因多种原因，商品信息可能要在销售的过程中进行变更，此时要对已发布的商品信息进行修改。操作流程为：单击"宝贝管理"中的"全部宝贝"按钮，选中要修改的商品，点击右侧"编辑商品"按钮，页面就会跳转到与发布商品一样的页面，这样卖家就可以在这个页面对宝贝的其他相关信息进行修改了。如图4-27所示。

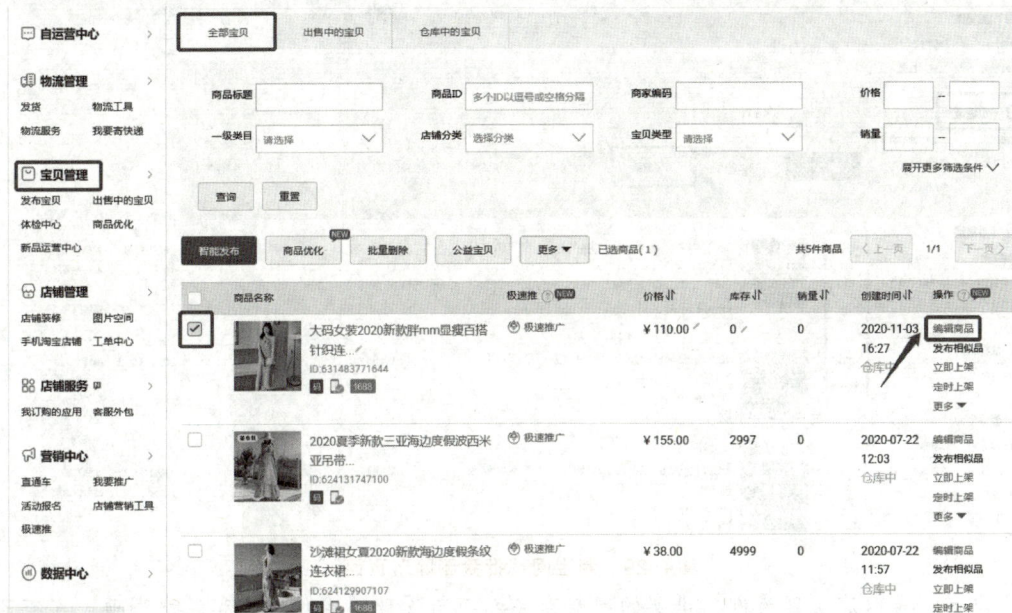

图4-27　淘宝网商品"编辑商品"页面

如果卖家只想对某款宝贝的标题、价格和库存这三项信息进行修改，只需点击这款商品这三项信息旁边的"小笔"图案，即可直接进行修改，如图4-28所示。

图4-28　淘宝网修改商品上架信息页面

4.删除商品

对于某些不再销售的商品，卖家可以选择将其删除。操作流程为：单击宝贝管理中的全部宝贝按钮，在右侧出现的宝贝列表中选择要删除的宝贝，单击批量删除按钮，即可删除这件商品了，如图4-29所示。

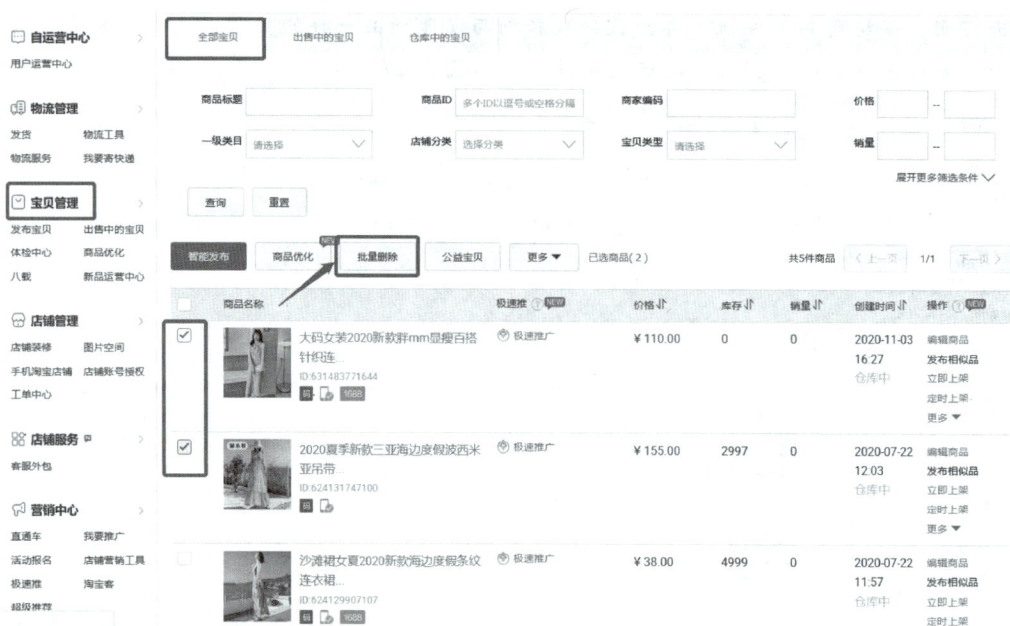

图4-29　淘宝网"批量删除"页面

以上就是以淘宝网为例，讲解的网店商品发布与管理的操作流程和注意事项。发布商品是网上开店必不可少的环节，也是接下来进行网店交易管理、商品推广和客户服务等环节的前提，是网店日常运营管理中工作量较大的工作，希望大家能够熟练掌握。

微课4-2

步骤6：商品标题设计与优化

商品标题优化主要就是要优化关键词，如何组合这些关键词以提高搜索量。概括起来我们可以用以下4种选择关键词的方法，具体方法及操作流程如下：

第一种方法：选择在搜索框中的推荐词。在淘宝搜索框中输入关键词，会出现下拉框，这部分关键词一般都是比较热门的，流量相对较高，同时可以帮助消费者缩小选择范围，如图4-30所示。

商品标题
设计与优化

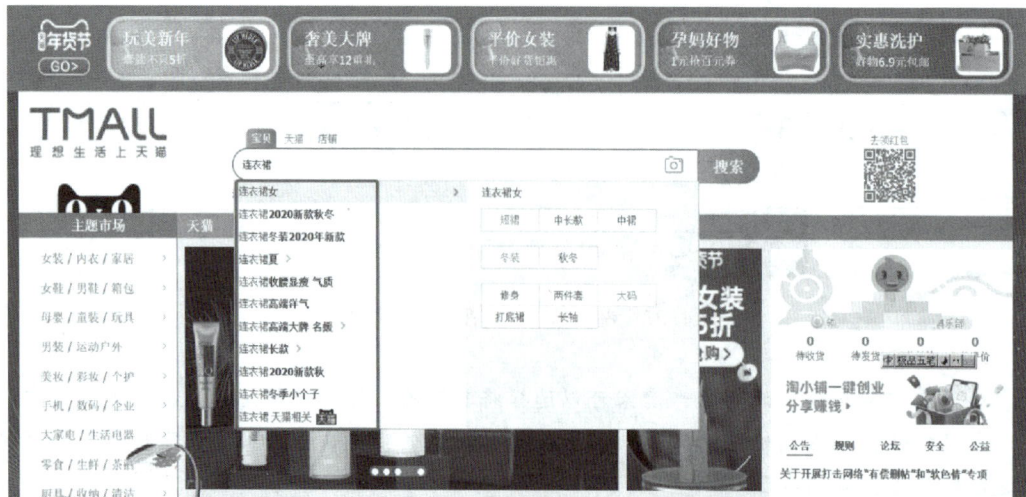

图4-30　淘宝网搜索框中下拉框

第二种方法：选择搜索结果页属性分类的提示词。在搜索结果页的中间框中，可以看到"您是不是想找"几个字，这里给出了相关扩展的关键词，可以让我们间接观察到目前哪项细分是大趋势，当前应该主推哪一类宝贝。卖家可以从下面推荐的关键词中选取与商品属性相关的词，适当借鉴其中的词，通过提炼，变为自己宝贝标题的关键词，如图4-31所示。

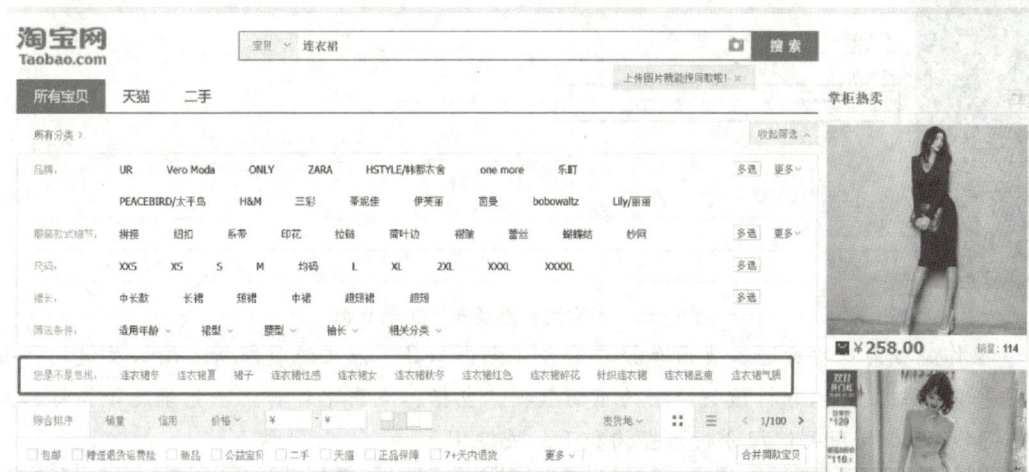

图4-31　淘宝网搜索结果页属性分类提示词

第三种方法：利用生意参谋选词助手选词。生意参谋选词助手是生意参谋平台中专题工具之一，从PC和无线两个终端分别提供了给商铺引流的店外搜索关键词，反映用户需求的店内搜索关键词，根据所选关键词相关行业类目搜索关键词，同时，提供了这些关键词的搜索热度、引导效果等，如图4-32所示。

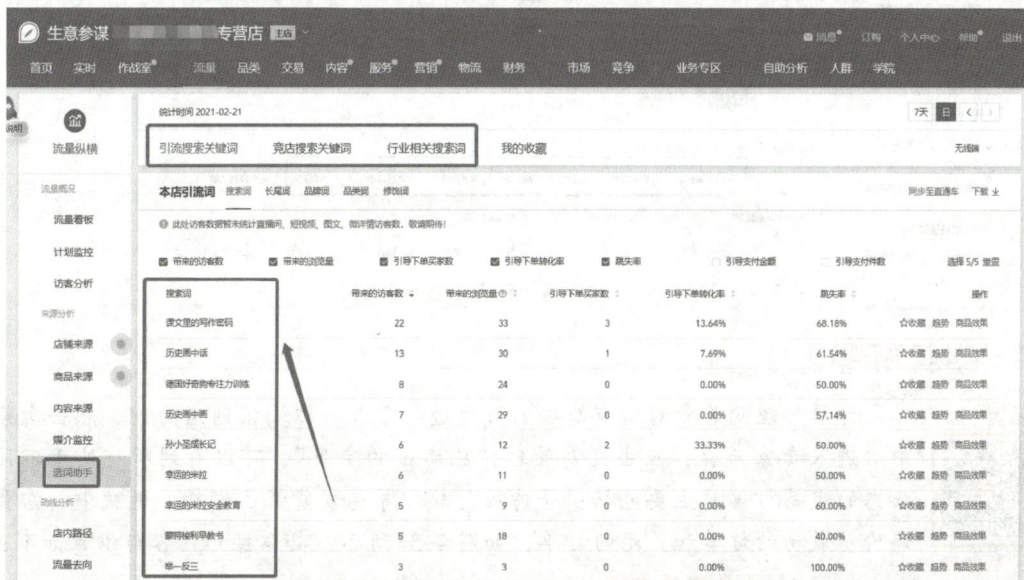

图4-32　淘宝网"生意参谋"关键词页面

第四种方法：利用直通车提取关键词。利用直通车的自带工具"流量解析"来提取关键词，是目前关键词的选择方法中较为简便的一种方法，如图4-33所示。

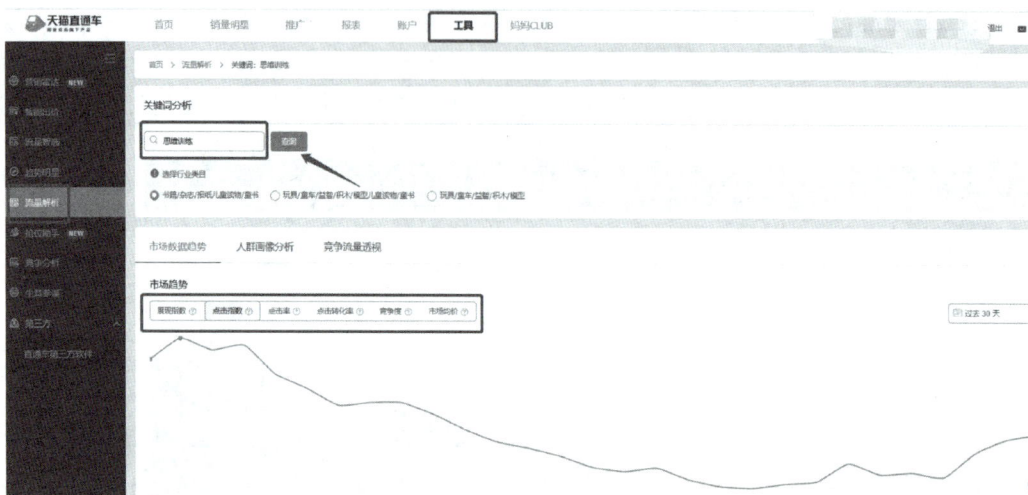

图4-33　淘宝网"直通车"工具页面

操作流程为：打开进入直通车推广后台，点击工具，点击流量解析，输入关键词，并单击查询按钮，可以分析该关键词的市场数据，包括：点击率、转化、竞争度等指标，如图3-34所示，利用关键词分析，查询和下载关键词。

图4-34　淘宝网"已卖出宝贝"页面

二、订单管理

订单管理就是要对所有店铺的订单进行管理。以淘宝网店为例，点击卖家中心进入卖家后台，点击交易管理"已卖出的宝贝"，可以看到所有处于不同状态的交易订单，主要包括：等待买付款、等待发货、已发货、退款中、需要评价、成功的订单和关闭的订单，如图4-33所示。具体操作内容与步骤如下：

微课4-3

订单管理

（一）订单管理的内容

订单所处的状态不同，要进行的管理内容也不同。

1.等待买家付款的订单

对等待买家付款的订单，主要做以下两件事情：

（1）提醒买家尽快付款。告知买家如不能在24小时内付款，订单将会关闭，如果是赶上优惠活动的话，还要告知买家如不能按时付款，将错过活动，不会再享受优惠。

（2）修改订单价格等信息。如果没有付款的订单，是买家想向卖家索要折扣或赠送运费险等优惠时，我们对买家的订单进行改价或赠送赠品，并在修改后，提醒买家付款。

2.等待发货的订单

对等待发货的订单，主要做以下两件事情：

（1）核对买家发货地址及电话等信息。如果买家回复无误或不回复时，就可以正常发货。

（2）修改买家发货地址及电话等信息。如果有买家反馈发货地址错误时，需要联系买家更改发货地址后才能发货，但需要注意的是，一定要在淘宝聊天专用工具"旺旺"上与买家沟通，以免日后发生纠纷。

3.已发货的订单

对已发货的订单，主要做以下两项工作：

（1）注意订单物流配送信息。观察物流公司的工作效率与服务质量。

（2）做好与买家和物流公司的沟通工作。如有买家在发货后联系地址填错等情况，需要及时与物流公司取得联系，帮助协调，更改寄件地址等。这里需要强调的是，所有与买家的沟通还是要在"旺旺"上进行，以免发生纠纷。

4.退款中的订单

按照电子商务平台的交易规则，买家在保证商品不影响二次销售的情况下有权选择退换货，对这部分订单，卖家主要做以下工作：

（1）同意退换货。查看买家的退换货理由，对于合理的理由，给予受理。

（2）协商取消退换货。对于可以通过协商解决的，可以与买家协商，挽留说服买家取消退换货。可以采取的挽留方式有差额退款挽留、赠品挽留、补发挽留、优惠券挽留等。其中差额退款挽留，通常就是因为网店过失，错发少发商品，或商品破损等，可以通过店铺承担部分损失，给买家部分退款的方式，让买家取消退换货，这样既可以让买家心理平衡，也可以让店铺承担更大的损失。

5.成功或关闭的订单

成功的订单是指买家已经确定收货，完成交易全过程的订单。

关闭的订单是指买家超时未付款，或已付款未发货就申请退款等情况的订单。

针对以上两部分订单，通常无须什么处理，只做日后统计或做数据分析之用。

（二）卖家评价管理

评价管理是指针对卖家角度所能做的如何对买家的评价进行管理以及对买家进行评价，如图4-35所示。

卖家在淘宝网首页点击"千牛卖家中心"进入卖家中心后台，点击"交易管理"中的"评价管理"，在页面右侧可看到店铺当前的动态评分和累计信用积分，如图4-36所示。卖家进入自己的评价管理之后，可以查看买家评价，如图4-37所示。完成以下工作：

微课4-4

评价管理

图4-35 淘宝网"评价管理"页面

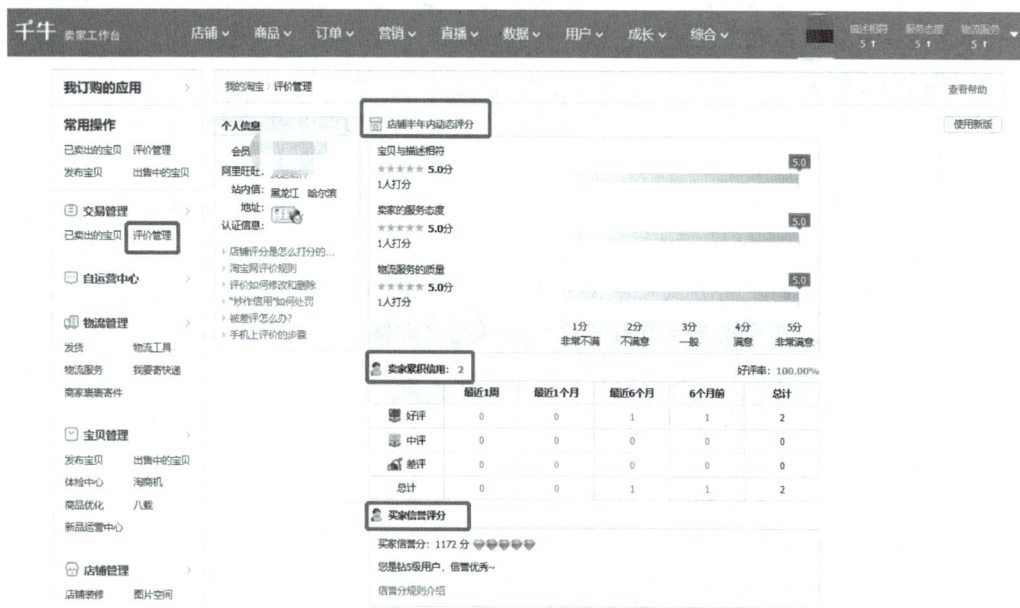

图4-36 淘宝网动态评分和累计信用积分页面

1.评价买家

前面提到淘宝的评价规则中，有这样一条，买家若给予中评或15天内双方均未评价，则信用积分不变。

如果遇到15天未给评价的买家，卖家也没给买家评价的话，卖家则无法获得信用积分。但评价规则里面有这样一条，就是若卖家给予买家好评而买家未在15天内给其评价，则卖家信用积分加1分，所以卖家应及时对那些未评价的买家做出相应评价。

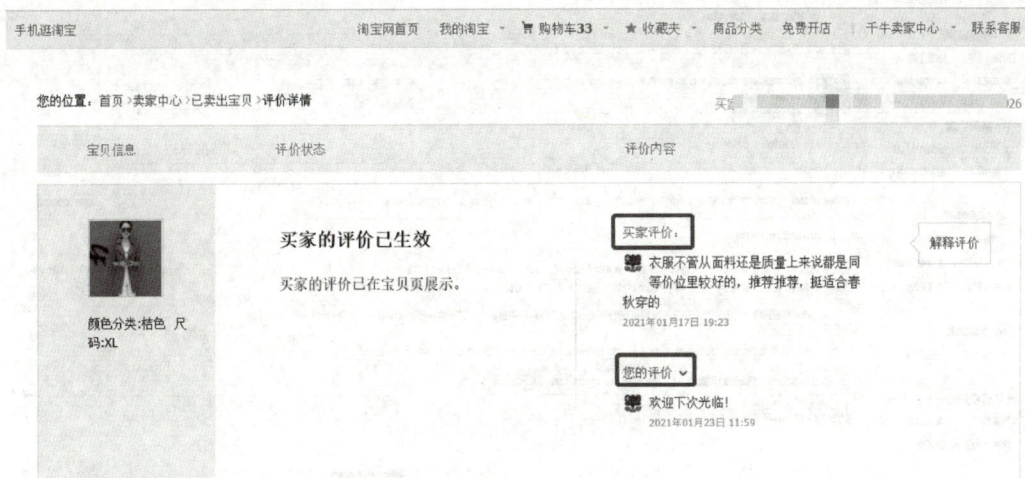

图4-37　淘宝网"买家评价"页面

2.处理中差评

（1）对买家的中差评进行解释

卖家要及时发现买家给予的中差评，并做出适当的解释，这样可以解除买家的误会或取得买家的谅解，便于买家将中差评修改为好评，或删除差评等。这样将会极大消除中差评对后续买家购买商品的不良影响，提高店铺销量。

（2）指导买家修改中差评

对于愿意修改中差评的买家，在这里要对买家给予指导，指导买家点击【我的淘宝】→【我的评价】→【给他人的评价】，进行操作，也可将此链接发给买家，买家即可看到做出的评价，进行删除或修改。

三、物流管理

微课4-5

（一）完成商品发货处理

进入卖家中心，点击物流管理，点击发货，可以看到待发货的订单，点击发货，如图4-38所示。之后可以看到发货的步骤共分为三步，如图4-39所示。

发货管理

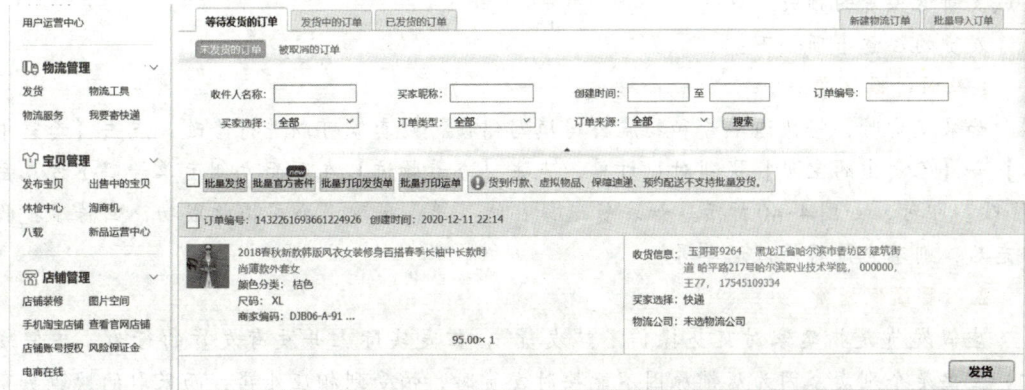

图4-38　淘宝网"等待发货的订单"页面

图4-39　淘宝网发货的三个步骤

第一步：确认收货信息及交易详情。关于买家的收货信息，通常我们在前面订单管理环节已经进行了核对，只有初步核对了的待处理订单，才可以进入发货环节，但如果在这个环节，还有买家需要修改发货地址的话，我们可以点击"修改收货信息"，进行修改。在确定了收货信息后，还要查看买家的备注信息，例如买家不接收哪些物流公司或是派送时间有什么要求等会通过备注进行备注，对买家的特殊要求，我们要尽力满足，如不能满足或有不清楚的，需要与买家联系，否则如不能按买家备注信息要求进行发货的话，将容易引起纠纷或投诉，给交易后续的环节带来不便。

第二步：确定发货与退货信息。卖家有以下情况时需要经常选择并修改自己的发货及退货地址。一种情况是，如果卖家有多个仓库，就涉及要根据不同商品所在的仓库，在这里选择对应的发货与退货地址。另一种情况是，如果店铺采用代销的方式进行销售，其不同代销商品的退货地址是不相同的，此时，卖家一定要根据所代销商品需要退回的退货地址填写该订单的退货地址。基于以上原因，卖家在发货前一定要认真核对收货及退货信息，如果疏忽了这一环节，当有买家退换货时，将把商品发错退货地址，这样就会给店铺造成重新退换货的损失。

发货的注意事项如下：

1.及时修改运单

如果发货时，将快递单号和物流公司填写错误，则卖家可以进行修改，点击【卖家中心】→【已卖出的宝贝】找到对应订单，点击【查看物流】在页面左侧运单号码下方点击【修改】即可，如图4-40所示。如发货选择在线下单，若配送公司揽收成功，回传了揽收状态后，则不允许再修改运单号。

2.不要虚假发货

虚假发货是指卖家对交易操作了"发货"，但是实际上并没有发货的行为。虚假发货，主要是个别卖家因为店铺原因不能按时发货时，怕受到相应处罚，而采取的欺骗买家的做法。而诚信的经营者应该与买家取得联系，获得谅解，不能虚假发货，同时如果卖家超过约定的发货时间或买家申请退款时尚未发货的，卖家应在征得买家同意后再发货。

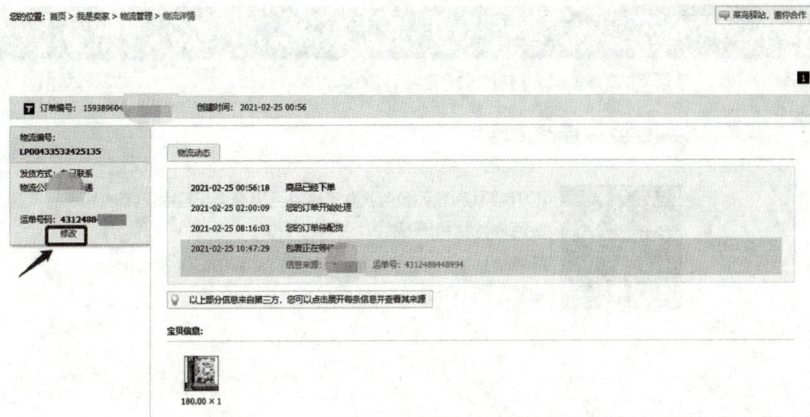

图4-40 淘宝网"物流管理"修改页面

第三步：选择物流服务。卖家需选择相应的发货方式进行发货。卖家可以根据店铺的实际情况选择发货方式，如图4-41至图4-45所示。其包括在线下单、自己联系物流、官方寄件和无须物流。

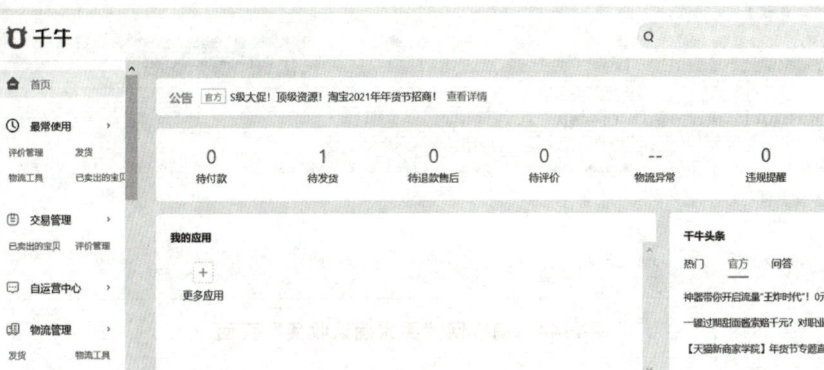

图4-41 淘宝网"物流管理"待发货页面

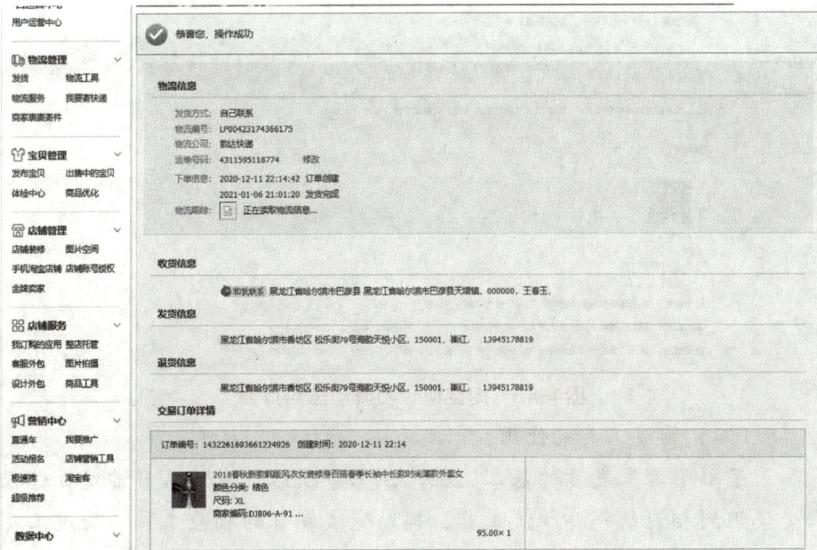

图4-42 淘宝网"物流信息"操作页面

图4-43　淘宝网"已发货"页面

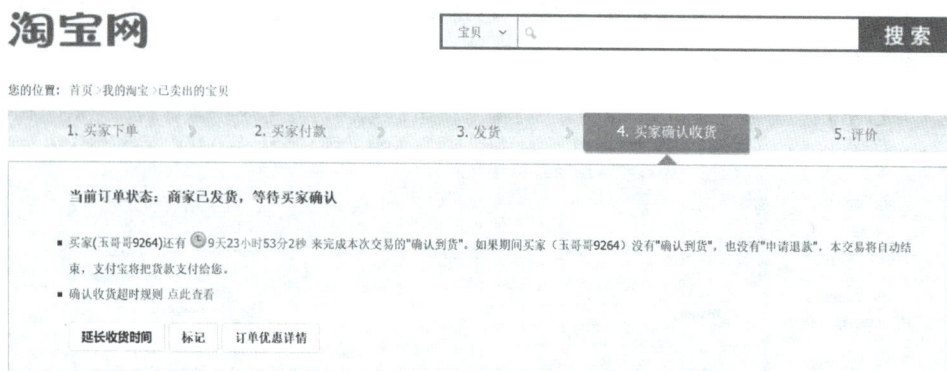

图4-44　淘宝网"买家确认收货"页面

图4-45　淘宝网"物流动态"页面

微课4-6

物流工具

（二）物流工具的使用

　　了解了卖家发货的基本流程与注意事项后，在网店日常发货过程中，经常会使用到相应的一些物流工具，辅助完成发货的相应工作。物流工具的使用方法与操作步骤如下：

　　点击卖家中心→物流管理→物流工具，可以看到物流工具中包括：服务商设置、运费模板设置、物流跟踪信息、地址库、运单模板设置和裹裹寄件设置，如图4-46所示。

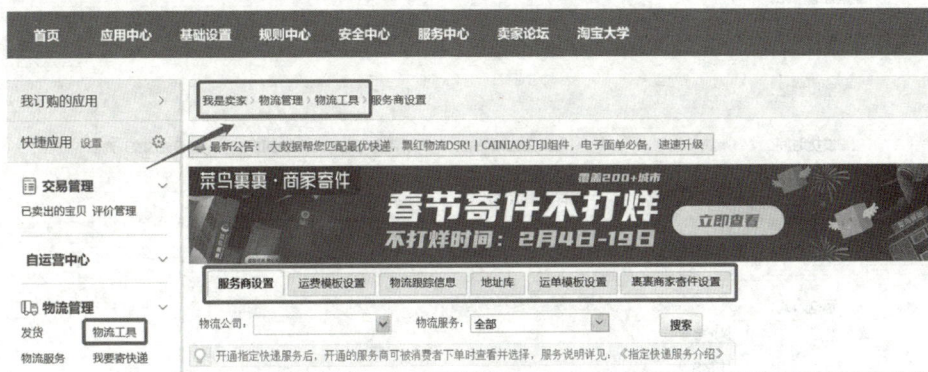

图4-46　淘宝网"物流工具"页面

1.运费模板设置

每个网店中有多种不同的商品，对不同类型的商品可以进行不同的运费模板设置，所以网店通常会有多个运费模板。下面我们看下如何设置运费模板。点击【卖家中心】→【物流管理】→【物流工具】→【运费模板设置】。点击新增运费模板（如图4-47所示），进行设置（如图4-48所示）。

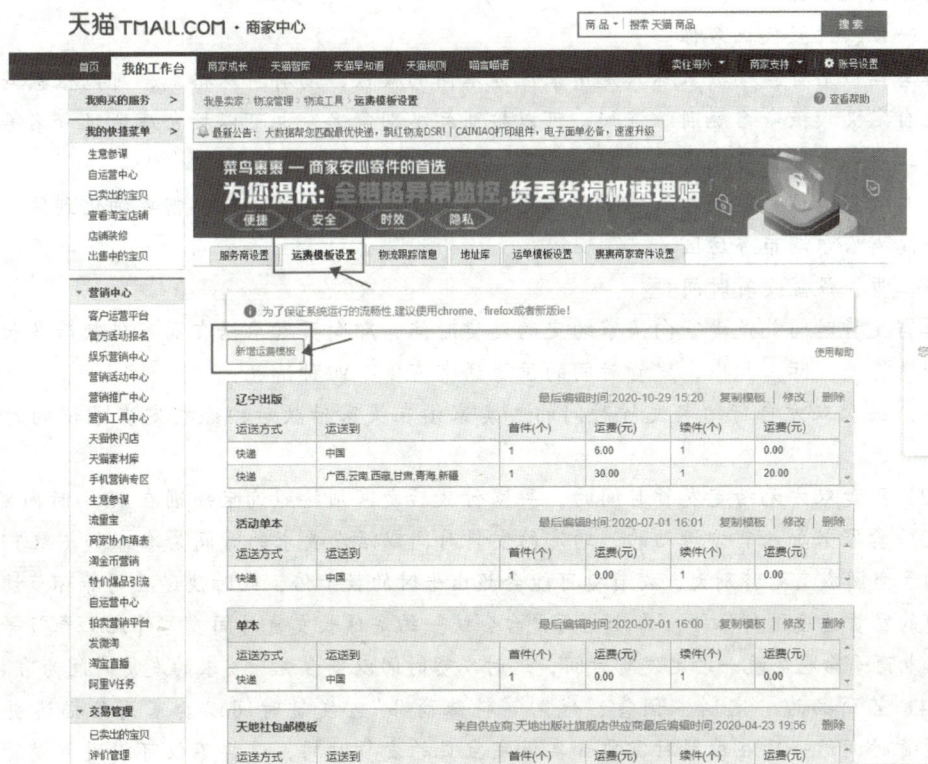

图4-47　淘宝网"新增运费模板"页面

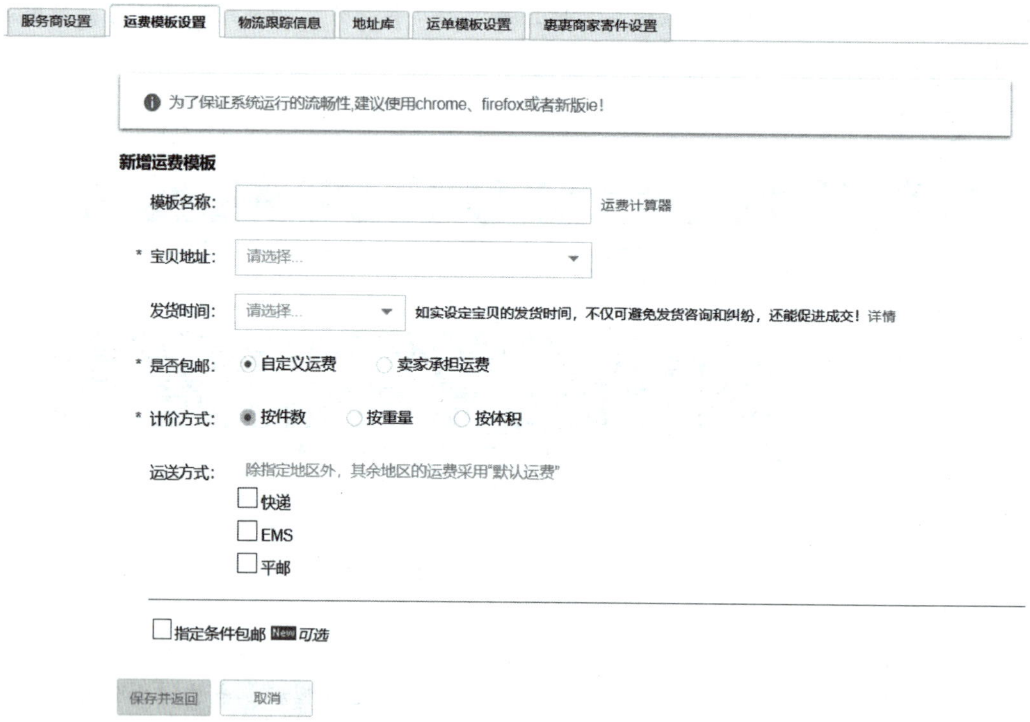

| 服务商设置 | 运费模板设置 | 物流跟踪信息 | 地址库 | 运单模板设置 | 裹裹商家寄件设置 |

> ⓘ 为了保证系统运行的流畅性,建议使用chrome、firefox或者新版ie!

新增运费模板

模板名称：　[　　　　　　　　　]　运费计算器

* 宝贝地址：　[　请选择...　　　　▾]

发货时间：　[　请选择...　　▾]　如实设定宝贝的发货时间,不仅可避免发货咨询和纠纷,还能促进成交! 详情

* 是否包邮：　◉ 自定义运费　　○ 卖家承担运费

* 计价方式：　◉ 按件数　　○ 按重量　　○ 按体积

运送方式：　除指定地区外,其余地区的运费采用"默认运费"
　　　　　　☐ 快递
　　　　　　☐ EMS
　　　　　　☐ 平邮

☐ 指定条件包邮 New 可选

[保存并返回]　[取消]

图4-48　淘宝网"运费模板设置"页面

具体设置步骤如下：

第一步：设置模板名称。

填写模板名称，模板名称只是用来区分不同的模板，没有特殊格式，可以根据网店实际情况自定义模板命名规则。例如，可以按商品类别命名，也可以按仓库地址命名等。

第二步：设置宝贝地址。

填写宝贝地址。这个是必填项，需要填写发货商品所在的地址，需要细化到区，如中国黑龙江省哈尔滨市香坊区。

第三步：设置发货时间。

填写发货时间就是卖家向买家约定的发货时间，即向买家承诺在买家付款后多长时间内保证发货。实际工作中，发货时间的设置通常有以下四种情况：

（1）买卖双方自行约定发货时间的，卖家须在买家付款后按照约定在承诺的时间内发货。

（2）买卖双方无约定发货时间的，买家付款后卖家须按照淘宝规则在48小时内发货。

（3）卖家若加入官方活动的，约定的发货时间以活动要求的时间为准；如"双11"期间，由于全网成交量特别大，发货量可能会超出平时的数十倍，此时快递公司等环节均无法按之前的发货速度进行派件，为此电商平台会统一约定延长发货时间。另外比如春节等特殊时期，电商平台也会统一约定发货时间，这时发货时间以平台统一要求的发货时间为准。

（4）若商品为"定制、预售、代购等特殊商品"，发货时间以卖家商品描述页面为准。发货时间这一项在填写时需要如实设定宝贝的发货时间，这样不仅可以避免发货咨询和纠纷，还能促进成交。

这里需要说明的是，针对同卖家不同商品的承诺时间，若存在时间差异，使用购物车合并购买时，发货时间以哪个为准呢？

（1）针对同卖家不同商品的承诺时间，若存在时间差异，使用购物车合并购买时，该订单的发货时间以最长承诺时间为准。如购物车订单中有商品 A 和 B，其中商品 A 的发货时间为 12 小时，商品 B 的发货时间为 48 小时，则该购物车订单的发货时间为 48 小时。

（2）若购物车订单中有一件商品未设置发货时间，则默认整个购物车订单不享有发货时间服务，订单按照全网默认 48 小时发货规则发货。

第四步：设置是否包邮。

设置是否包邮有两个选择项：一个是卖家承担运费，就是平时我们所说的包邮，如果卖家愿意包邮，就选择由卖家承担运费；如果卖家不包邮，就可以选择自定义运费。

第五步：设置计价方式。

选择计价方式有三个选项：分别是按件数、按重量和按体积，这个需要根据商品的类型来确定。通常都选择的是按重量，但如遇到体积特别大，但重量很轻的商品，则需要选择按体积。

第六步：设置运送方式。

选择运送方式有三个选项：一个是快递，这个是最常使用的；一个是 EMS，这个价格比较贵；最后一个是平邮，这个速度比较慢。如图 4-49 所示。

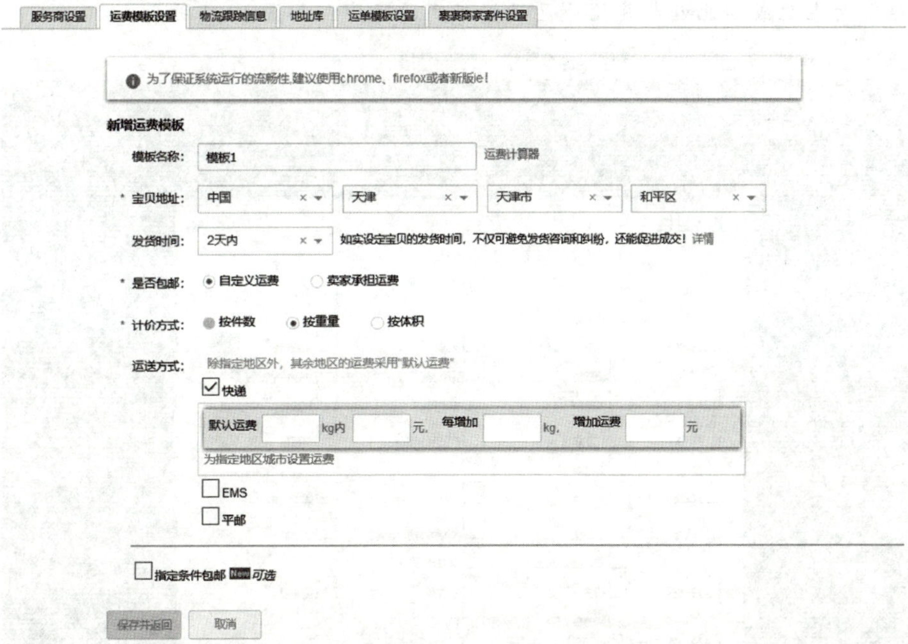

图4-49　淘宝网"运送方式"设置页面

当选择了一种运送方式，如快递后，则需要设置具体的运费标准。可以设置默认运费，如果只设置到这一步的话，表示所有地区都采用同样的运费标准。而在实际工作中我们通常需要为指定地区城市设置运费，这是由于买家的收货地点与我们的发货地点远近不同，需要实际支付的运费也不相同，这时，我们可以为指定地区城市设置运费。如图 4-50 所示，点击为指定地区城市设置运费，进入编辑页面。

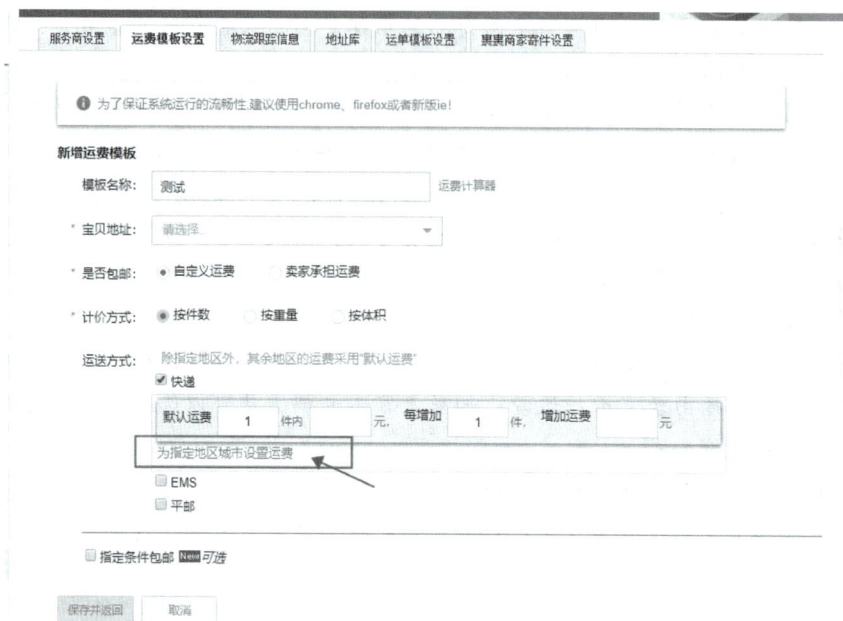

图4-50　淘宝网"为指定地区城市设置运费"设置页面

出现"选择区域"框后，我们可以选择不同的发货地点，进行部分地区的设置。此时我们可分别对东北或西北以及其他地区设置不同的运费，如图4-51所示。

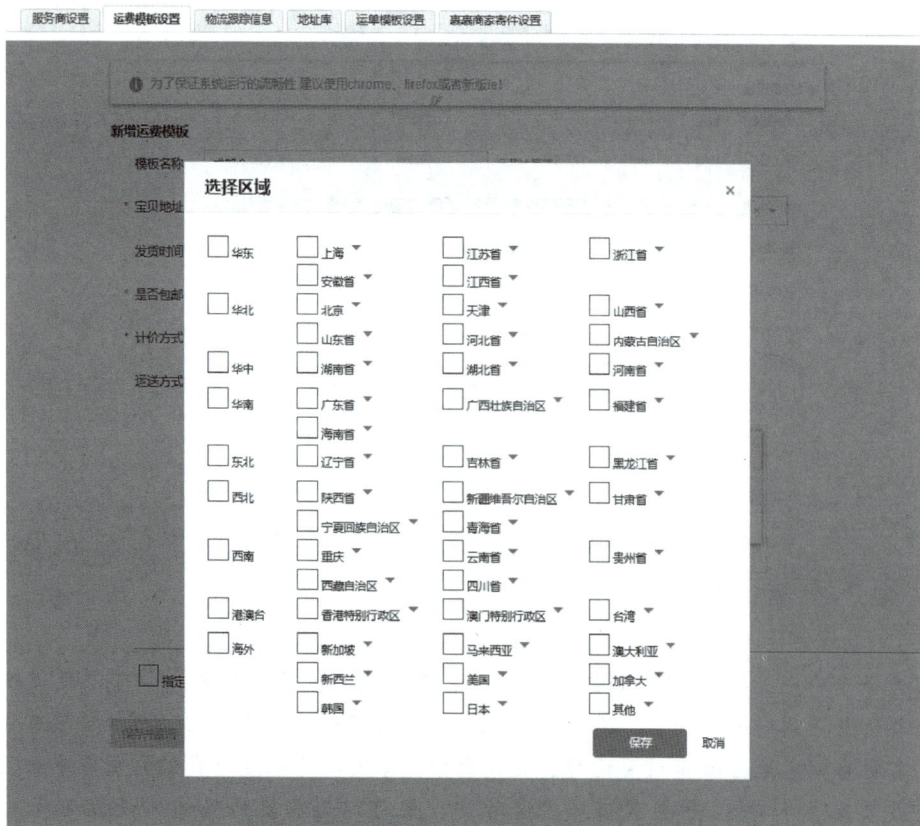

图4-51　淘宝网"选择区域"设置页面

此时除以上指定的地区外，其余地区的运费采用"默认运费"，如图4-52所示。

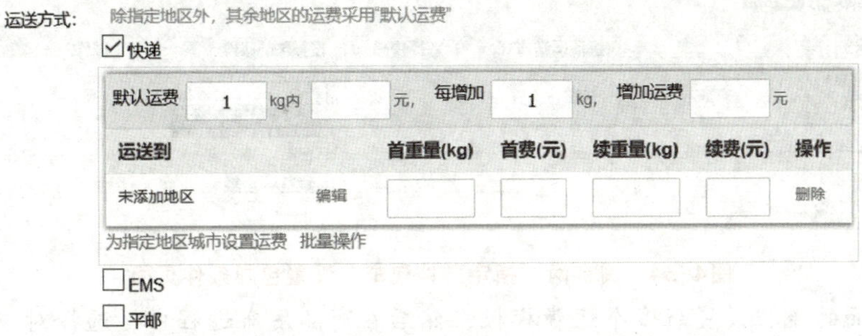

图4-52 淘宝网"运送方式"设置页面

在设置配送方式时，我们还可以设置"指定条件包邮"。

这种情况主要用于在正常不包邮的配送方式下，卖家有时会对满足特殊条件的订单愿意承担包邮，如图4-53所示。

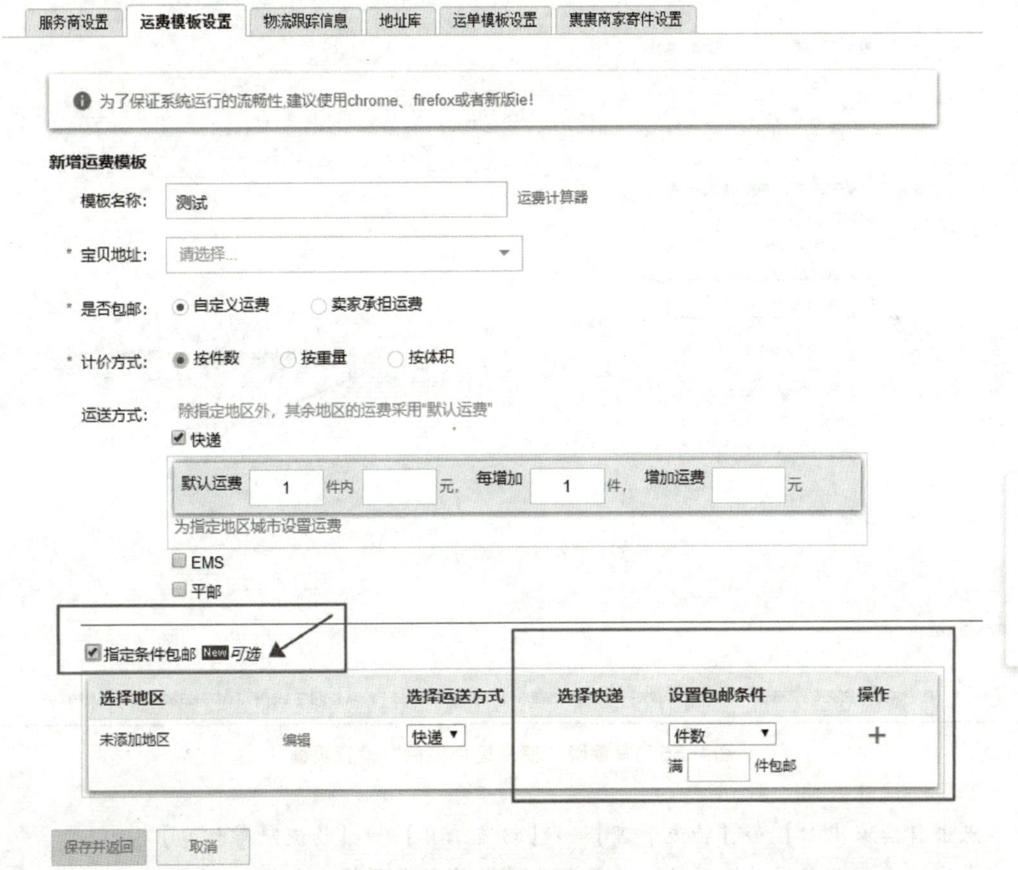

图4-53 淘宝网"指定条件包邮"设置页面

另外，可以设置订单满足一定的条件时提供包邮服务，如图4-54所示。其中可选择的指定条件包括重量、金额、重量+金额，如商品重量在多少千克内包邮，订单金额满100元包邮等。这时在物流模板设置的最下方，点击指定条件包邮，之后根据实际需要进行设置。

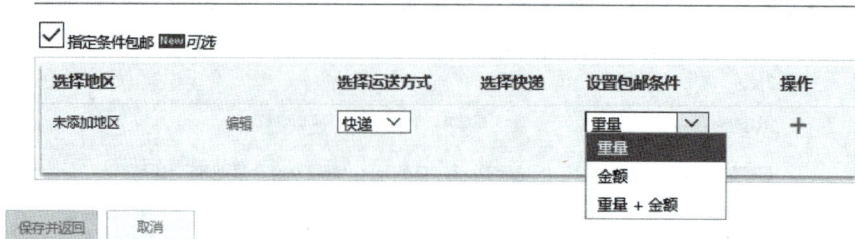

图4-54 淘宝网"指定条件包邮"设置包邮条件页面

按照上面的流程设置好多个运费模板，然后在商品发布过程中，选择对应的运费模板即可，如图4-55所示。

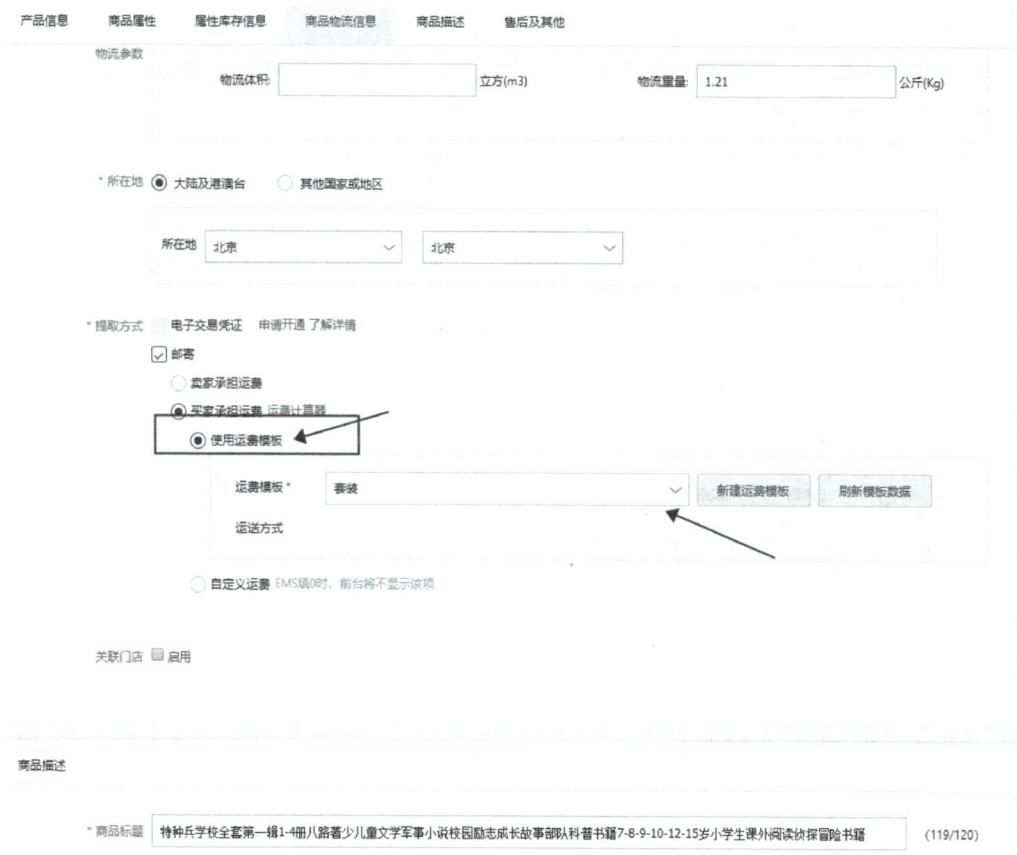

图4-55 淘宝网"使用运费模板"设置页面

2.物流信息查询

点击【卖家中心】→【物流管理】→【物流工具】→【物流跟踪信息】。

在这里我们可以通过输入物流单号，查看物流信息详情，如图4-56所示。

3.地址库的设置

点击【卖家中心】→【物流管理】→【物流工具】→【地址库】。

在这里卖家可以编辑/添加/删除店铺的发货和退货的地址，如图4-57所示。

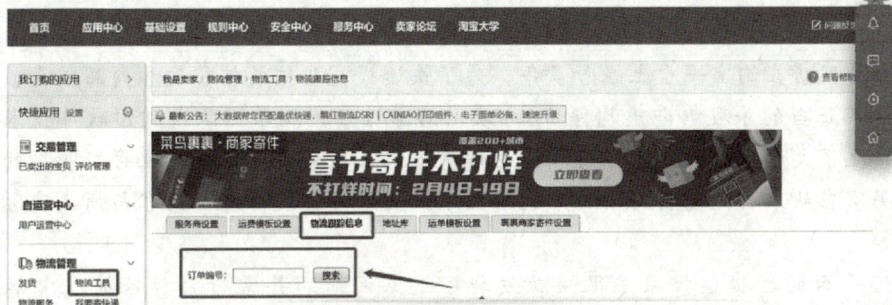

图4-56　淘宝网"物流单号输入"设置页面

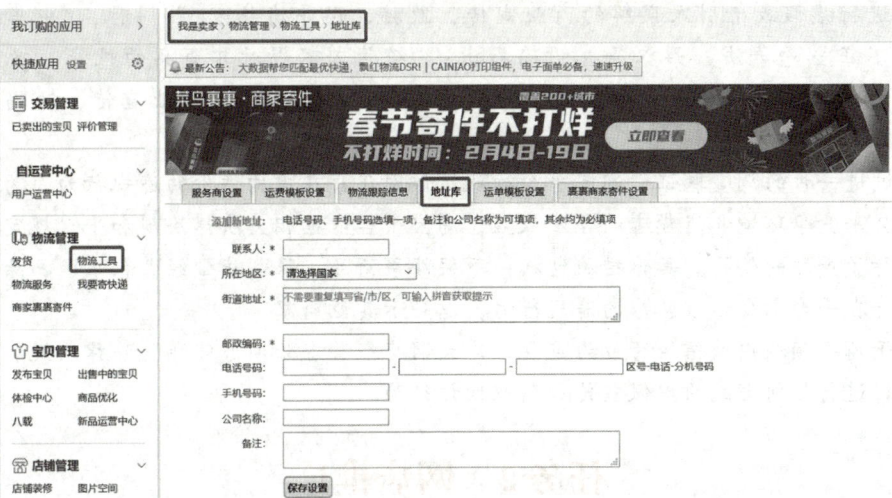

图4-57　淘宝网"地址库"设置页面

4.运单模板设置

点击【卖家中心】→【物流管理】→【物流工具】→【运单模板设置】。

在这里卖家可以编辑设置所选快递公司的运单打印模板，主要包括打印尺寸和打印项目，如图4-58所示。

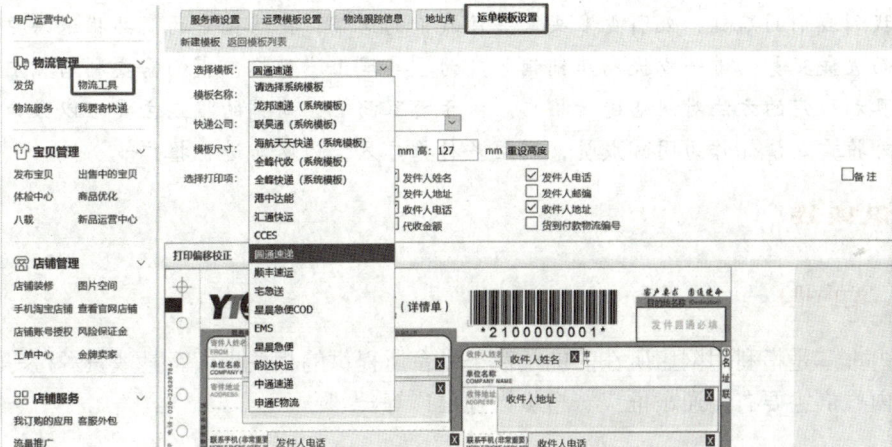

图4-58　淘宝网"运单模板设置"页面

【启智育人】

网店虚构评价被查处

某服饰网店在淘宝平台上经营多年，为了快速提高店铺的信誉度和商品销量，店主采取了一种不正当的手段（即虚构评价）。该网店通过雇用刷单团队或利用软件技术，在短时间内产生了大量虚假的正面评价。这些评价内容往往夸大其词，甚至存在明显的虚构痕迹，如买家在从未收到货物的情况下就给出了五星好评，或者评价内容与商品实际性能严重不符等。

淘宝平台的数据监控系统很快就发现了这家网店的异常行为。根据《中华人民共和国电子商务法》第十七条的规定："电子商务经营者不得以虚构交易、编造用户评价等方式进行虚假或者引人误解的商业宣传，欺骗、误导消费者。"同时，《中华人民共和国反不正当竞争法》第八条也明确指出："经营者不得对其商品的性能、功能、质量、销售状况、用户评价、曾获荣誉等作虚假或者引人误解的商业宣传，欺骗、误导消费者。"

经过进一步的调查取证，淘宝平台确认了该网店存在虚构评价的违规行为。为了维护平台的公平竞争环境和消费者的合法权益，淘宝平台依据相关法律法规和平台规定，对该网店进行了严厉的处罚。具体措施包括：下架涉事商品、限制店铺经营权限、扣除店铺信用分，并在平台上公示该网店的违规行为，以警示其他商家。

电子商务领域内诚信经营最为重要，广大网店经营者必须遵守相关法律法规和平台规定，不得进行任何形式的虚假宣传和商业欺诈行为。

任务 2　网店推广

任务解析

项目团队在电子商务平台上开设了网店，并完成了网店的商品管理、交易管理和物流管理等日常运营工作之后，接下来要做的工作就是对网店进行推广。网店推广就是让更多的买家找到我们的店铺，吸引更多买家关注我们的店铺，把店铺中的商品推送给更多的买家，从而促成交易，进一步提高店铺销量。为了实现上述目标，我们需要利用相应的网店推广工具和一定的方法对网店进行推广。对于卖家而言，店铺的推广主要可以分为站内推广和站外推广。请你作为团队成员，利用多种推广方式为网店进行推广。

知识链接

一、站内推广

站内推广是指利用网店所在的电子商务平台所提供的相关推广工具或资源位等进行推广。站内推广主要有直通车推广、超级推荐推广等。

（一）直通车推广原理

直通车是淘宝/天猫平台为卖家量身定制的，按点击付费的网店营销推广工具，可以为卖家实现宝贝的精准推广。该工具是在买家搜索相关关键词时，为其展现匹配宝贝的一种推广方式，它能够将宝贝精准地展现给有需求的消费者，为卖家带来大量精准流量。

微课 4-7

直通车推广

（二）直通车推广位置

下面我们来看看淘宝平台上，当买家以某个关键词进行搜索时，其所查到的商品，哪些是通过自然排名展现在我们眼前的，而哪些又是通过使用了"直通车"进行推广，从而展现在我们眼前的呢？

微课 4-8

超级推荐
推广

我们在淘宝PC端或移动端的搜索栏中，输入"五常大米"，来看一看搜索的结果：

1.PC端

首先看一下PC端的搜索效果，淘宝PC端搜索关键词后，其展示位置主要分为三大部分：

一是：关键词搜索结果页主搜区，有1～3位展示位，带有"掌柜热卖"标识的商品就是通过直通车推广优先匹配展现给我们的商品。

二是：主搜区右侧有16个竖着展示位。

三是：主搜区底部有5个横着的展示位。

总结一下，搜索页面可一页一页向后翻，以上三处展示位也会随着翻页，依次继续展现通过直通车推广的卖家的商品，以此类推；除此之外的其他位置展现的就是通过自然排名展现给我们的商品。

2.移动端

接下来看一下移动端的搜索效果。在移动端搜索结果页，带"HOT"标识的，即为直通车的展现位置。其展现位置分布规律为：搜索结果页每隔5或10个宝贝有1个带"HOT"标的展示位。其中的"1"就表示的是直通车的展示位置。依次按照1+5+1+5+1+10+1+10+…的规律进行展示，也就是说无线端的直通车展位和自然流量商品展示混合排布，每隔5~10个自然搜索的宝贝有1个直通车的展示位。

（三）直通车展现逻辑

利用直通车进行推广时，我们要知道直通车是一种按点击付费的推广工具，那么我们设置了推广关键词和出价后，淘宝/天猫平台将按照什么样的排名顺序，为卖家进行展示并如何扣费呢？

展现逻辑：直通车是根据关键词质量分和出价获取的综合得分，并根据综合得分确定宝贝的排名。

综合得分=出价×质量分

（四）直通车扣费原理

扣费原理：直通车按点击扣费，扣费金额不高于设置的最终出价。其具体扣费金额为：

单次点击扣费=下一名出价×下一名质量得分/质量分+0.01元

这里提到的质量分是衡量"关键词"与"推广宝贝"和"淘宝用户搜索意向"三者之间相关性的综合指标，为1~10分制，影响质量分的因素包含创意质量、商品与创意的相关性及买家体验三方面。说到相关性，我们在设置直通车关键词时，一定要保证与自己商品的相关性，不可以为了蹭热度，而盗用其他与商品自身属性无关的其他品牌词或属性词，这种行为涉及搜索作弊，属于侵权行为。

（五）直通车推广优势

直通车具有流量精准、展现免费、费用可控的优势。

（1）流量精准：直通车有超过百亿的展示流量，可以有充分的曝光及成交机会。同时，直通车推广通过关键词锁定有相关购物需求的买家，并通过人群、时间、地域使投放更精准，获取优质流量。

（2）展现免费：直通车推广展现免费，按点击收费，不点击，不收费。

（3）费用可控：直通车推广可以设置相应的计划日限额，让推广费用精准可控。

二、站外推广

站外推广是指在电子商务平台之外的网站或平台等上面进行推广。在站外推广中，我们要学习短视频推广、微信推广和淘宝客推广等。

（一）淘宝客推广

1.淘宝客概述

微课4-9
淘宝客推广

什么是淘宝客呢？淘宝客有两个含义：

（1）淘宝客是指淘宝/天猫平台为卖家提供的一种按成交计费的网店推广模式，属于效果类推广营销广告。我们在淘宝/天猫的卖家中心我要推广中可以看到淘宝客是并列于直通车和超级推荐的一款推广方式。

（2）淘宝客是指通过利用淘宝/天猫提供的推广平台淘宝联盟完成推广任务赚取收益的一类人。简单说，此时所说的淘宝客就是指通过互联网帮助淘宝/天猫卖家推广商品并按照成交效果获取佣金的人或集体，可以是个人、网站、团体或公司。

以上两个淘宝客之间是什么关系呢？

2.淘宝客推广中的四个角色

在淘宝客推广模式的生态圈中有四个参与角色，如图4-59所示，分别是：推广平台也就是淘宝联盟、卖家、淘宝客以及买家等四个角色。其中：

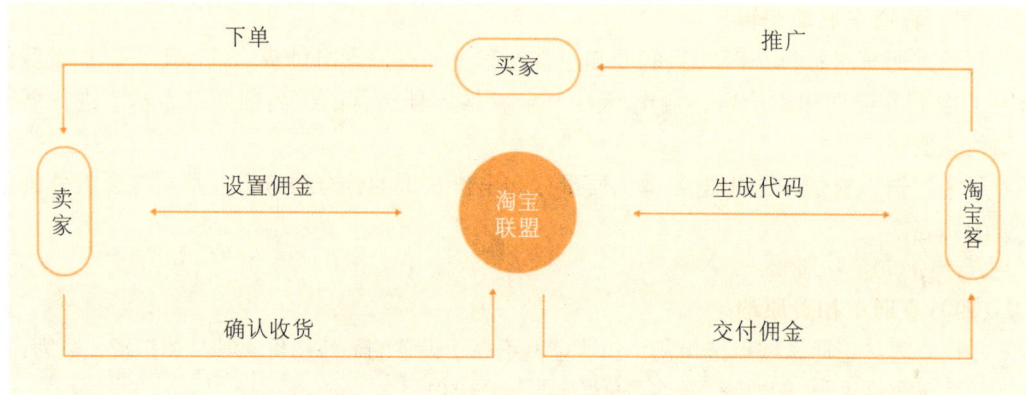

图4-59　"淘宝客"推广模式生态圈

（1）推广平台：是淘宝的淘宝联盟，可以帮助卖家推广产品；帮助淘宝客赚取利润，并从每笔推广的交易中抽取相应的服务费用。

（2）卖家：是佣金的支出者，他们提供自己需要推广的商品发布到淘宝联盟，并设置每卖出一个产品愿意支付的佣金。

（3）淘宝客：是佣金的赚取者，他们在淘宝联盟中找到卖家发布的产品，并且通过多种方式推广出去。

（4）买家：通过卖家的推广链接购买了商品的买家。

3.淘宝客推广流程

淘宝客推广具体运行过程如下：

淘宝客从淘宝客推广专区获取商品代码，将推广商品的信息在个人网站、社交媒体等处进行推广，任何买家通过淘宝客的推广链接，进入淘宝卖家店铺完成购买后，淘宝客就能够赚到由卖家支付的佣金，其中一部分需要作为推广平台的服务费。淘宝客推广流程如图4-60所示。

图4-60　淘宝客推广流程

4.淘宝客推广的特点

淘宝客推广的优点是：投资少、风险小、佣金设置灵活、推广渠道广泛，不用事先充值，成交再付佣金

淘宝客推广的不足是：曝光率没有直通车和超级推荐那么高。

任务实施

一、直通车推广

进入卖家中心，点击营销中心，点击我要推广，选择"淘宝/天猫直通车"，进入淘宝直通车后台。点击新建一个推广计划，之后便可以按照以下步骤，进行直通车推广，如图4-61所示。

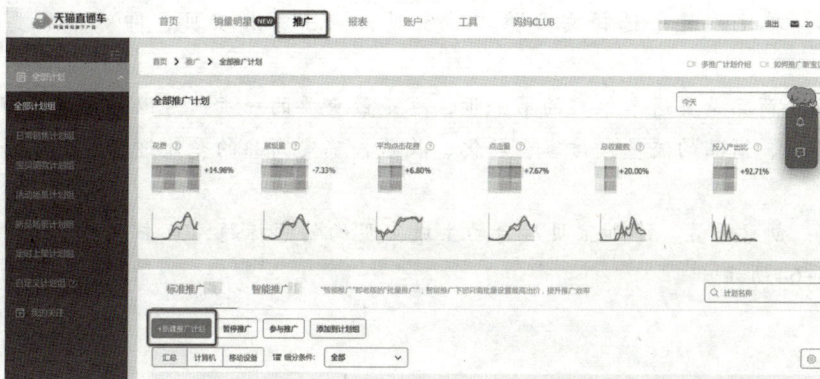

图4-61　"直通车"推广页面

步骤1：选择相应的推广方式。推广方式分为智能推广和标准推广，如图4-62所示。

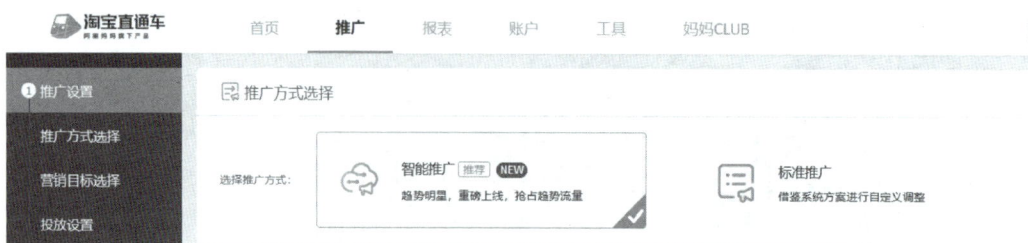

图4-62 "直通车"推广选择页面

智能推广：就是直通车提供智能托管的功能，只需要进行简单的计划设置，即可开始推广，系统根据选择的宝贝智能匹配高品质流量。

标准推广：是需要我们根据不同的营销诉求，在直通车通过自主选择关键词、精选人群并设计创意进行投放，同时系统也会提供推荐的方案，实现投放效率的优化。

步骤2：选择相应的营销目标。营销目标即推广的目的，如图4-63所示。

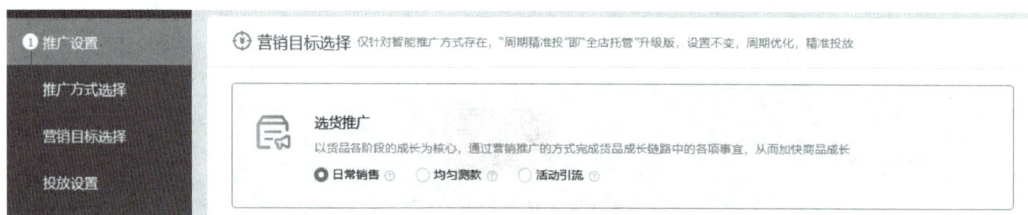

图4-63 "直通车"营销目标选择页面

根据自己的需求选择营销目标，分别包括日常销售、均匀测款、活动引流三种类型。其中：

日常销售：更适合日常销售宝贝推广，在流量的选择上会更偏向于高成交流量。

均匀测款：是系统相对均匀地为测款宝贝快速获取流量，以便在短时间内得到测款结果。

活动引流：可以快速获取更多优质流量，促进活动期的爆发，适用于店铺活动、大促活动和常规营销活动。

步骤3：投放设置。设置计划名称及日限额，设置日限额能有效控制您的花费在计划之内。

步骤4：单元设置。选择需要推广的宝贝，点击添加宝贝，即可添加要推广的商品了。

选择推广商品是直通车推广的第一步，也是最重要的一步，可以通过观察市场需求和消费者的喜好、商品的流量、访客、转化、收藏，确定商品的受欢迎程度，是否适合放上直通车推广。

步骤5：创意设置。添加宝贝后自动生成宝贝的创意标题，点击下一步，设置推广方案，如图4-64所示。

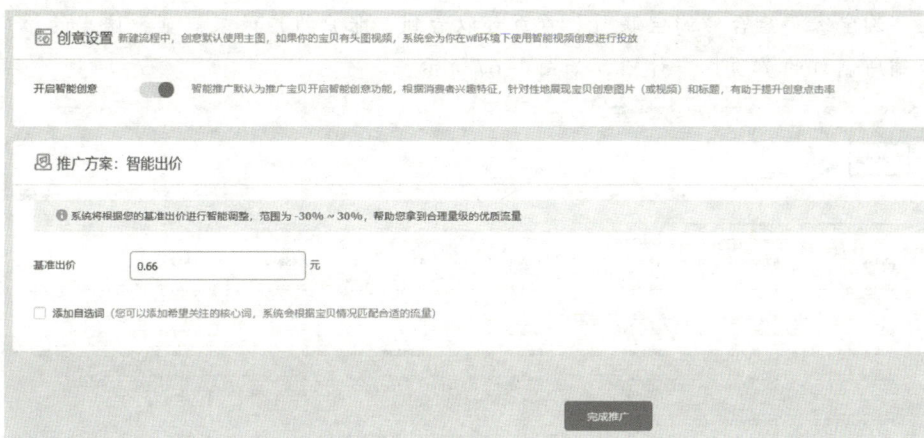

图4-64 "直通车"创意设置页面

步骤6：设置关键词及出价，如图4-65所示。

图4-65 "直通车"设置关键词及出价页面

以上是利用直通车新建推广计划的基本操作流程。

二、淘宝客推广实操

那么我们怎么样来使用淘宝客推广呢？具体步骤如下：

步骤1：登录"淘宝客"推广后台

点击卖家中心→营销推中心→我要推广→"淘宝客"推广页面，进入淘宝联盟商家中心，输入账号密码进行登录，进入"淘宝客"后台，如图4-66所示。

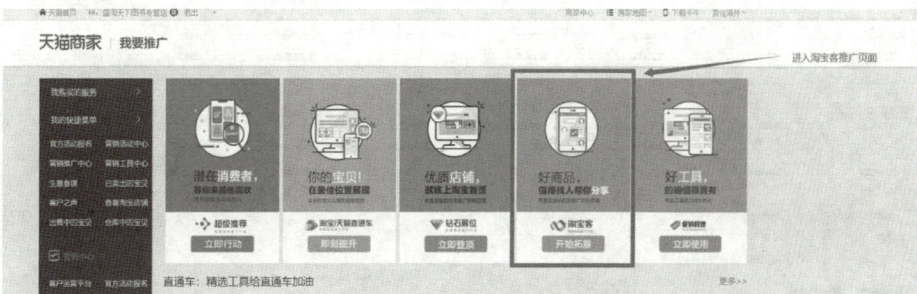

图4-66 "淘宝客"设置页面

在"淘宝客"后台"淘宝联盟"首页可以看到，账户推广效果概览，这里的推广效果源自店铺所制订的多项推广计划，如图4-67所示。

图4-67 "淘宝客"设置效果预览页面

在首页下面可以看到各项CPS推广计划，如图4-68所示。

图4-68 "淘宝客"CPS推广计划页面

步骤2：选择推广计划类型

店铺要制订推广计划，需要点击淘宝联盟首页上方的"计划管理"，如图4-69所示。

图4-69 "淘宝客"计划管理页面

进入计划管理后，在左侧导航栏中，可以按商品和按店铺设计推广方案，如图4-70所示。

图4-70　"淘宝客"推广方案设计页面

在"淘宝客"计划管理页面中，又包括不同的推广计划，分别为市场计划、通用计划、自选计划和定向计划等，如图4-71所示。

图4-71　"淘宝客"计划管理页面

各类推广计划是商家营销诉求的表达，不同的计划对应不同的营销场景，清晰、准确地利用计划表达营销诉求，并对淘宝客进行招募和维护，是商家参与淘宝客推广的核心要素。其中：

（1）营销计划

营销计划是商家在淘宝联盟后台进行单品推广的计划，可以自主选择想要主推的商品，设置推广时间和佣金比率，佣金比率要求比通用计划设置高一些。该计划将支持单品推广管理、优惠券设置管理、佣金管理、营销库存管理、推广时限管理等商家推广所需的基本功能，如图4-72所示。

（2）通用计划

通用计划是最常用的一种推广计划，任何开通了淘宝客推广的卖家都能获得这个推广计划的权限。卖家选择参加推广后，必须设置且只能设置一个通用推广计划，该计划是面

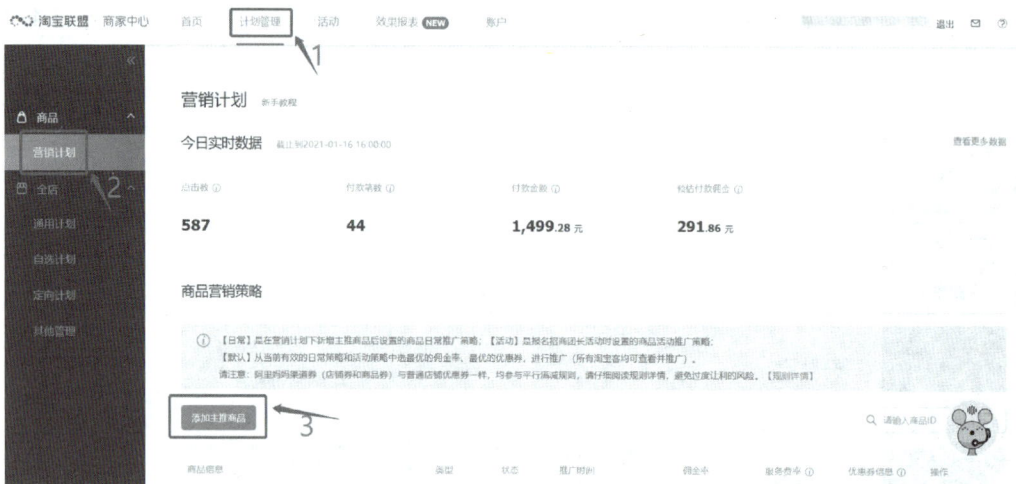

图4-72 "淘宝客"营销计划设置页面

向所有淘宝客公开的。卖家可以设置店铺所有宝贝佣金比率，意味着"全店宝贝"按"通用计划"对应类目佣金比率结算。卖家开通通用推广计划后，不可以删除、不可以隐藏、不可以停止，除非退出淘宝客推广功能。

（3）自选计划

自选计划是店铺中设置为公开自动审核定向计划的升级计划。该计划是为商家管理淘宝客而量身定制的新计划。通过自选计划，可以帮卖家吸引优质淘客推广卖家的商品，并追踪他们的成交效果。除提供淘宝客推广店铺效果数据、淘宝客推广能力评估外，商家还可根据各淘宝客的推广情况选择同淘宝客建立具体的推广关系，如为某淘宝客开设人工审核的定向计划等。

（4）定向计划

定向计划是卖家根据自己店铺的实际情况制订的个性化的淘宝客计划，该计划可以邀请某一些淘宝客来参加，一般设置佣金比例比通用的计划要高。针对不同质量的淘宝客设置的推广计划，卖家可以筛选加入的淘宝客等级，也可以自主联系淘宝客来申请加入。只有审核通过的淘宝客才会按定向计划的佣金比率结算。

卖家应根据店铺长短期推广计划，从以上计划中选择相应的推广计划。

步骤3：建立推广计划

以商品营销计划为例，介绍新建推广计划的具体步骤。

（1）添加主推商品

点击进入淘宝联盟商家中心后台，点击计划管理，点击营销计划，点击添加主推商品。

进入添加主推商品界面，选择推广商品，点击"确定"，完成添加，如图4-73所示。

（2）设置推广方案

设置推广时间：开始时间为设置时间的第二天起，如图4-74所示。

设置推广佣金率：不同类商品的佣金率各不相同，商家可在佣金范围内进行选择，但营销计划的最低佣金比率要高于通用计划的佣金比率。设置完成后，点击保存设置。需要说明的是，当天"保存设置"的推广策略，次日生效，并将按照具体设定的推广时间进行推广。

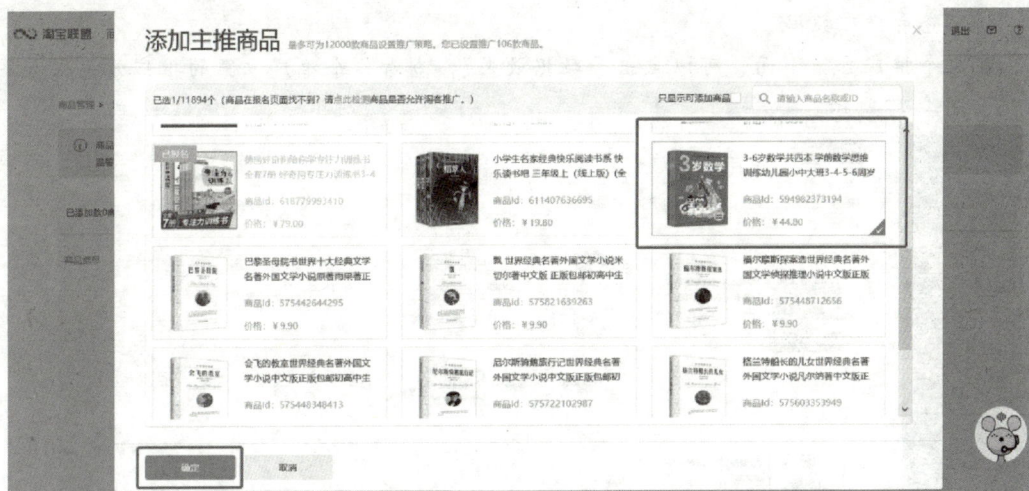

图4-73　"淘宝客"添加主推商品页面

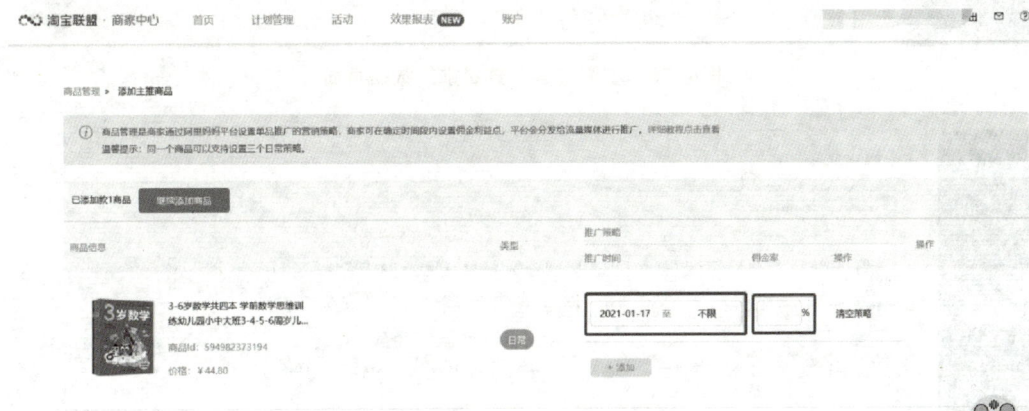

图4-74　"淘宝客"推广时间设置页面

（3）编辑推广方案

对已设置的推广方案，可以进行修改或删除，如图4-75所示。

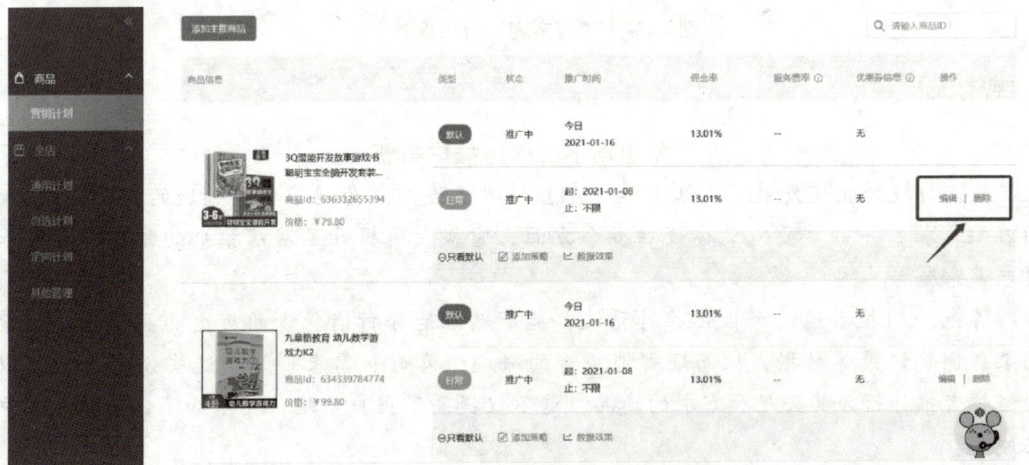

图4-75　"淘宝客"推广方案编辑页面

（4）查看推广数据

在每个推广方案下面，可以点击"数据效果"，查看各个推广方案的推广效果，如图4-76、图4-77所示。

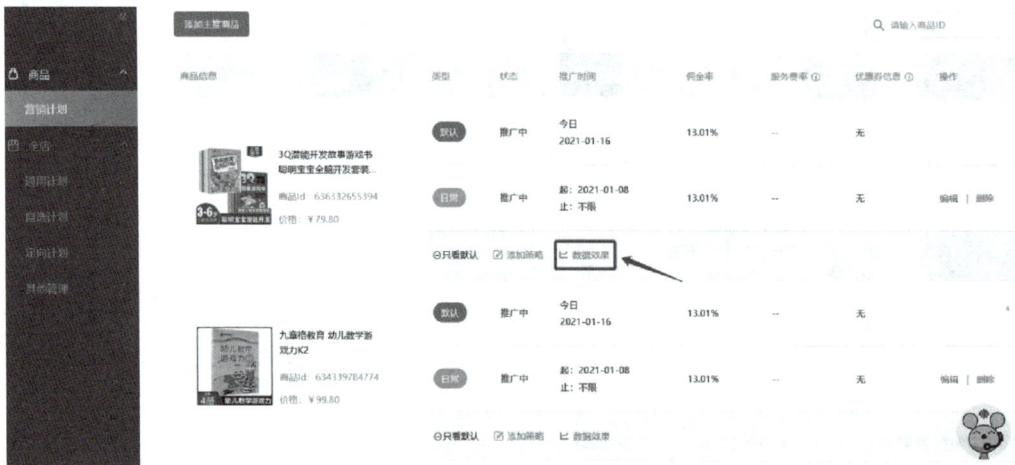

图4-76 "淘宝客"查看推广数据页面

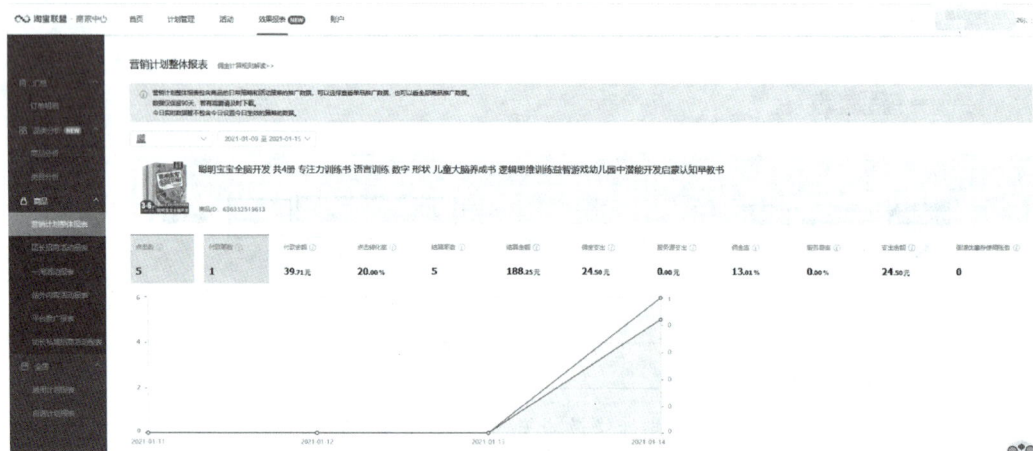

图4-77 "淘宝客"效果报表页面

【启智育人】

AI驱动下的网店推广革新

随着科技的快速发展，人工智能（AI）技术已逐渐成为网店推广领域的重要驱动力。AI在网店推广中的重要意义体现在多个方面，它极大地提升了网店推广的效率、效果和用户满意度。

首先，AI技术通过个性化推荐系统，能够精准地分析消费者的历史购买记录、搜索记录、浏览记录等数据，从而理解消费者的兴趣、喜好和需求。基于这些分析，AI可以向消费者推荐符合其兴趣和需求的商品，这不仅提高了用户体验，还增加了销售量和客户忠诚度。

其次，智能客服和聊天机器人是AI在网店推广中的另一重要应用。这些系统能够实时回答用户的问题、提供建议，并处理投诉和退换货的事务。通过自然语言处理和机器学习算法，智能客服和聊天机器人可以高效、准确地为用户提供服务，节省了大量的人力成本，并提高了用户满意度。

此外，AI在图像识别和商品搜索方面也发挥着重要作用。通过图像识别技术，电商平台可以自动识别商品图片，并填充商品信息，提高运营效率。同时，用户也可以通过图片搜索功能快速找到他们想要的商品，提高了购物体验。

在智能物流和预测分析方面，AI技术可以帮助电商平台优化物流运输效率、仓储管理，并实现快捷准确的配送。同时，通过预测分析，电商平台可以更好地了解用户需求和趋势，制定更有效的市场策略和库存管理。

AI在网店推广中的另一个重要意义是智能价格优化。通过分析市场需求和竞争情况，AI可以实时调整商品价格以最大化销售额。这有助于电商平台在激烈的市场竞争中保持竞争力。

最后，AI在智能策划和创新推广方面也展现出巨大潜力。通过分析用户行为、喜好和反馈等数据，AI可以为电商平台提供创意丰富的推广文案和个性化的营销策略，从而吸引更多潜在客户并提高用户转化率。

任务3　数据分析

任务解析

项目团队在运营过程中发现电子商务是与数据分析关系尤为紧密的行业，也是数据分析广泛应用的行业之一。可以说数据分析贯穿于网店运营与管理过程中的各个环节，所有环节都需要借助数据分析，来指导我们把网店运营与管理工作做好。古有云："知己知彼，百战不殆"。在这里我们要说电子商务数据分析其实就是在做这两件事。通过数据分析，一方面是要"知己"，就是要对自己的店铺状况了如指掌；另一方面是要"知彼"，则要对大环境和直接竞争对手有清晰的认识。请你作为项目团队成员，利用平台自带数据分析工具，采用相应方法，对网店数据进行分析。

知识链接

一、数据分析概述

（一）电子商务数据分析的含义

1.数据分析

数据分析是指通过建立分析模型对数据进行核对、检查、复算、判断等操作，将数据的现实状态与理想状态进行比较，从而发现规律，得到分析结果的过程。

数据分析最主要的作用是辅助决策。在传统企业时期，企业运营决策多依赖于以往的经验总结，随着信息化和电子商务时代的到来，企业在经营过程中积累了大量数据，对这些数据进行分析，能够更精准、更科学地辅助企业发展。

2.电子商务数据分析

电子商务数据分析是指基于商业分析目标，有目的地进行数据收集、整理、加工和分析，提炼有价值的信息的过程。

电子商务数据分析需运用有效的方法和工具收集、处理数据并获取信息。其目的就是从杂乱无章的数据中提炼出有用的数据，用于研究指标的内在规律和特点，指导企业运营与优化。

（二）电子商务数据的含义与分类

1.电子商务数据的含义

数据是指对客观事件进行记录并可以鉴别的符号，是对客观事物的性质、状态以及相互关系等进行记载的物理符号的组合。它是可识别的、抽象的符号。

数据是通过科学实验、检验、统计等方式所获得的，用于科学研究、技术设计、查证、决策等的数值，其表现形式可以是符号、文字、数字、语音、图像、视频等。

在日常生活中数据无处不在，如企业经营的销售情况是数据，阴晴冷暖、雨雪风霜的天气情况是数据，人体健康状况的血糖、血脂、心率、血压是数据，温度、湿度、噪声、空气质量等也是数据。

电子商务数据是企业进行电子商务活动时产生的行为数据和商业数据。其中，行为数据能够反映客户行为，如客户访问情况、客户浏览情况等；商业数据能够反映企业运营状况，如企业产品交易量、企业投资回报率等。

2.电子商务数据的分类

电子商务数据按来源与性质不同，大致可以分为以下三类：市场数据、运营数据、产品数据。

（1）市场数据

市场数据包括行业数据和竞争数据两个部分。

行业数据是企业所处行业发展的相关数据，包括行业总销售额、行业增长率等行业发展数据；需求量变化、品牌偏好等市场需求数据；地域分布、职业分布等目标客户数据。

竞争数据是能够揭示企业在行业中竞争力情况的数据，包括竞争对手的销售额、客单价等交易数据；营销活动形式、营销活动周期等营销活动数据；畅销商品、商品评价等级商品运营数据。

（2）运营数据

运营数据是企业在运营过程中产生的客户数据、推广数据、销售数据、供应链数据等。

客户数据是客户在购物过程中的行为所产生的数据。如浏览量、收藏量、客户的性别和年龄等数据。

推广数据是企业在运营过程中的一系列推广行为所产生的数据。如各推广渠道的展现、点击、转化等数据。

销售数据是企业在销售过程中产生的数据。如销售额、订单量等交易数据。

供应量数据是产品在采购、物流仓储过程中产生的数据。如采购数量、采购单价等采购数据，物流时长、物流异常等物流数据，库存周转率、残次库存比等仓储数据。

（3）产品数据

产品数据是围绕企业产品产生的相关数据。它包括行业产品数据和企业产品数据两部分。

行业产品数据是产品在整个市场中的数据。如行业产品搜索指数、行业产品交易指数等。

企业产品数据是产品在具体企业中的数据。如新客点击量、重复购买率等产品获客能力数据。客单价、毛利率等产品盈利能力数据。

（三）电子商务数据分析的指标

电子商务数据分析需要围绕指标进行数据收集、整理、分析等一系列操作。

在学习数据分析的具体方法前，需要先明确电子商务数据的指标类型及其对应的核心指标。了解了指标之后，再针对分析目标，选择合适的指标进行相应操作。

指标是用于衡量事物发展程度的单位或方法。如收入、用户数、利润率等。

1.市场类指标

市场类指标主要用于描述行业情况和企业在行业中的发展情况，是企业制定经营决策时需要参考的重要内容。其主要包括行业销售量、行业销售额、行业销售量增长率、行业销售额增长率等。

2.运营类指标

在企业运营过程中会产生大量的客户数据、推广数据、销售数据，以及供应链数据，整理并分析各类数据，对企业运营策略的制定与调整有至关重要的作用。运营类指标主要包括：

（1）客户指标：客户（用户）数据化运营是企业运营的重要基础，客户指标主要用于描述可营销客户的黏度和忠诚度。在电子商务数据分析中，常用的客户类指标有注册客户数、活跃客户数、活跃客户比率、重复购买率、平均购买次数等。

（2）推广指标：是指流量直接关系着商品的销量，要想取得不错的销量，必须进行适当的运营推广。推广活动做得是否成功，通常从推广效果、推广成本以及活动黏合度等方面来考虑。在电子商务数据分析中，常用的推广指标有：访客数（UV）、浏览量（PV）、平均访问量、停留时间、入站次数、跳失率、关注数、展现量、点击量和转化率等。

（3）销售指标：是企业在销售过程中产生的指标合集，能够揭示企业销售运行状况。通过对销售指标进行分析，企业能够发现销售过程中存在的问题，进而能够及时解决问题或调整原销售计划。在电子商务数据分析中，常用的销售指标有：销售量、销售额、销售毛利、销售毛利率、销售利润、销售利润率、订单数量、订单金额、有效订单、无效订单、订单转化率、成交客户数量、退货数量、退货金额、退货用户数量等。

（4）供应链指标：企业在采购、物流、仓储环节产生的指标合集，能够反映企业供应链环节的情况和存在的问题。通过对供应链指标的分析，企业能够对采购计划、物流计划和仓储计划进行优化。在电子商务数据分析中，常用的供应链指标有：采购数量、采购金额、库存数量、库存金额、库存周转率、平均配送成本、平均送货时间等。

3.产品类指标

产品分析需要通过对产品在流通运作中各项指标的统计与分析，来指导产品的结构调整、价格升降，决定产品的库存系数以及引进和淘汰的决策，它直接影响到店铺的经营效益，关系到采购、物流和运营等多个部门的有效运作。常用的产品类指标有：

（1）库存量单位（SKU）。SKU，即库存进出计量的基本单位，可以件、盒、托盘等为单位。

（2）标准化产品单元（SPU）。SPU是一组可复用、易检索的标准化信息的集合，该集合描述了一个产品的特性。一个SPU可以对应多个SKU。例如，长袖连衣裙是一个SPU，SKU就是红色长袖连衣裙、粉色长袖连衣裙等。

（3）产品搜索指数。它是产品指数化的搜索量，是通过对用户搜索行为的多维度数据（如搜索频率、关键词组合、用户画像等）进行算法处理后生成的综合数值，其核心功能是量化市场对某一产品的关注度和兴趣度，而非简单统计实际搜索次数。

（4）产品交易指数。它是对产品交易过程中的核心指标（如订单数、买家数、支付件数、支付金额等）进行综合计算后得出的数值。数值越大，反映交易的热度越高。产品交易指数不等同于交易金额。

二、店铺数据分析

对店铺进行数据分析，通常涉及流量、客户、产品三个方面。

1.流量分析

企业流量分析主要是对企业网站或网店广告投放及对外营销推广的数据进行分析。这类数据是表示店铺访客进店后，一系列浏览访问行为的数据，包括但不限于访客数、浏览量、停留时间、跳失率等。

（1）分析站内实时流量

企业通过对站内流量进行即时统计、整理、分析，能够随时掌握企业网站日常运营情况，及时发现运营异常并进行调整或处理。

（2）分析站外营销流量

对站外营销流量进行分析，企业可以把控不同渠道带来流量的情况，从而优化站外广告的投放策略。

2.客户分析

它是指对企业的目标受众群体、实际交易客户群体、潜在客户群体等进行分析。企业通过对客户基本属性、客户行为属性、客户流量属性、客户设备属性展开分析，可以实现客户的精准运营。

（1）客户基本属性：客户年龄、性别、职业、爱好、地域、国家等。

（2）客户行为属性：客户下载/注册/关注、客户下单、客户活跃情况等。

（3）客户流量属性：客户来源页面、客户来源广告、客户来源营销平台、客户来源关键词等。

（4）客户设备属性：客户常用设备（PC/手机等）、客户常用平台、客户常用浏览器、客户设备使用习惯（横屏/竖屏）等。

3.产品分析

产品分析是对产品相应的指标进行分析，比如对产品的点击量、订单量、成交量、客户使用反馈等进行分析。通过对产品进行分析，能够判断产品的受欢迎程度、受欢迎类型、客户购买情况、产品利润情况等，帮助企业实现产品的升级和优化。

以下课程以淘宝/天猫后台的数据分析工具"生意参谋"为例来学习数据分析的内容与方法，首先来学习店铺数据中的一项较为重要的数据"实时数据"。

三、市场数据分析

市场数据分析是指为了一定的商业目的，对市场规模、市场趋势、市场需求、目标客户、竞争态势等相关数据所进行的分析。综合分析使众多分散的市场信息相互融合，互为补充，辅助电商企业进行决策。如是否应进入某个行业，如何确定销售目标，如何安排营销活动等都要依靠市场数据分析。市场数据分析可以从两个方面开展：

（一）行业数据分析

行业是指由众多提供同类或相似商品的企业构成的群体，通过对行业进行宏观及微观分析，可以判定电商企业选择的行业是否有较好的发展态势，行业的天花板在哪里，行业下有哪些子行业比较有发展潜力等。据此对行业有个整体判断，找到电商企业后期销售额提升的蓝海机会。电子商务企业未来的发展不仅会取决于自身的因素，还会受到行业发展的相关制约与影响，为此我们要对行业整体的市场情况进行分析。

1.市场需求分析

市场需求反映的是在一定的时期和地区内，客户对计划购买的商品所表现出的各类需求。如果不适应客户的需求，商品就有可能在后期出现销售疲软。因此，需要提前收集、分析市场反馈出的各类需求，做好需求量变化趋势分析以及客户品牌、属性偏好分析。

电商企业在分析商品市场价格时，一个很重要的依据就是消费者的消费层次和价格承受能力，以此为标准来确定相应的价格带。我们可以结合电商平台的数据进行评估。如以淘宝网为例，在搜索框中查询"连衣裙"，我们可以了解到客户的价格偏好，有60%的用户喜欢的价位为70～260元；而在京东网，有43%的用户喜欢的价位为210～530元。

2.目标客户分析

目标客户是指需要电商企业的产品或服务，并且有购买能力的客户，是企业提供产品、服务的对象。目标客户是电商企业营销及销售的前端，确定了目标客户的属性，才能进一步展开具有针对性的营销举措。

在进行目标客户分析时，可通过阅读第三方调研机构发布的目标用户消费行为白皮书来加深对目标客户的了解，还可以通过百度指数、360趋势等了解目标客户画像。

另外，为了使目标客户分析更精准，需要结合选定的电商平台进行行业目标客户分析，包括目标客户地域分析、目标客户属性分析和目标客户兴趣分析。

（二）竞争数据分析

了解行业整体状况，还需要纵深下去，识别并分析竞争对手。在信息透明的互联网时代，市场容量大、竞争小的市场很少，甚至可以说几乎不存在。对此，需要积极投入竞争环境中，通过比较，明确企业在同行业中的位置，了解自身的优势，也要找出自身和竞争对手的差距，并积极改善。

1.竞争对手的含义

在进行竞争对手识别时，我们先来了解一下到底什么是竞争对手。竞争对手是指对电商企业发展可能造成威胁的任何企业，具体是指与本企业生产销售同类商品或替代品，提供同类服务或替代服务，以及价格区间相近，目标客户类似的相关企业。

但是，是否可以说，销售同类产品的企业就是竞争对手呢？其实不然，大家一定要注意，价格区间是否相近，目标客户是否类似也是确定企业竞争对手的重要因素。比如你是做服装类目的，在电商平台尤其是淘宝网，销售服装的店铺成千上万，总不可能都算作你的竞争对手吧？如销售潮牌服装的店铺和销售淑女风服装的店铺，就不能互相称为竞争对手。

可以通过在淘宝网输入关键词，了解整个行业的竞争格局，对整个行业目前的竞争激烈程度以及未来的走势进行分析和预判。

2.竞争对手的界定

在识别行业竞争对手前，首先需要明确如何界定竞争对手，那么到底怎样去界定一个企业是不是竞争对手呢？

（1）争夺客户资源：争夺客户资源是竞争对手最本质的表现。

（2）销售同品类商品或服务，即所谓的同业竞争，是最直接的竞争对手。

（3）销售替代类商品或服务：是指非同类商品或服务但是属于可替代商品或服务，同样构成竞争关系。

（4）销售互补类商品或服务。互补类商品指两种商品之间互相依赖，形成互利关系，如汽车和汽油。

（5）争夺营销资源：在同时段、同一媒介投放广告的其他企业就是竞争对手。

（6）争夺物流资源：电子商务离不开物流，争夺物流资源的情况时常发生，这些企业互为竞争对手。

（7）争夺生产资源：争夺同一类生产资源的企业之间是竞争关系。

（8）争夺人力资源：即抢夺同一个类型的人力资源，如运营人员、美工人员、客服人员。

▶ **任务实施**

一、店铺实时数据分析

微课4-10

店铺实时数据分析

点击卖家中心—数据中心，进入生意参谋，点击实时数据。实时数据，顾名思义，就是此刻的数据，它是动态的，具体包括：实时概况、实时来源、实时榜单、实时访客和实时催付宝。我们首先来看实时概况，如图4-78所示。

图4-78　生意参谋"实时概况"页面

（一）实时概况

1.实时总览

实时概况分两个部分，分别是实时总览和实时趋势，如图4-79、图4-80所示。

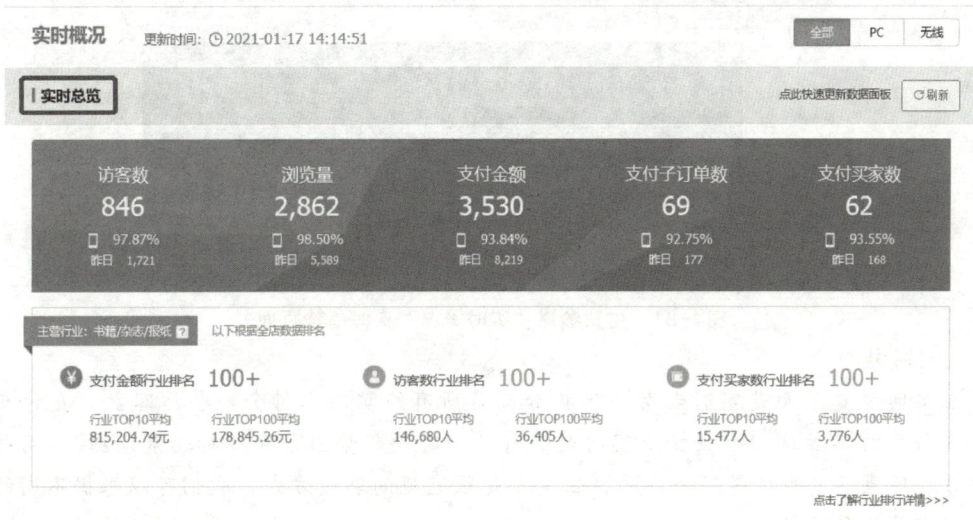

图4-79　生意参谋"实时概况"实时总览页面

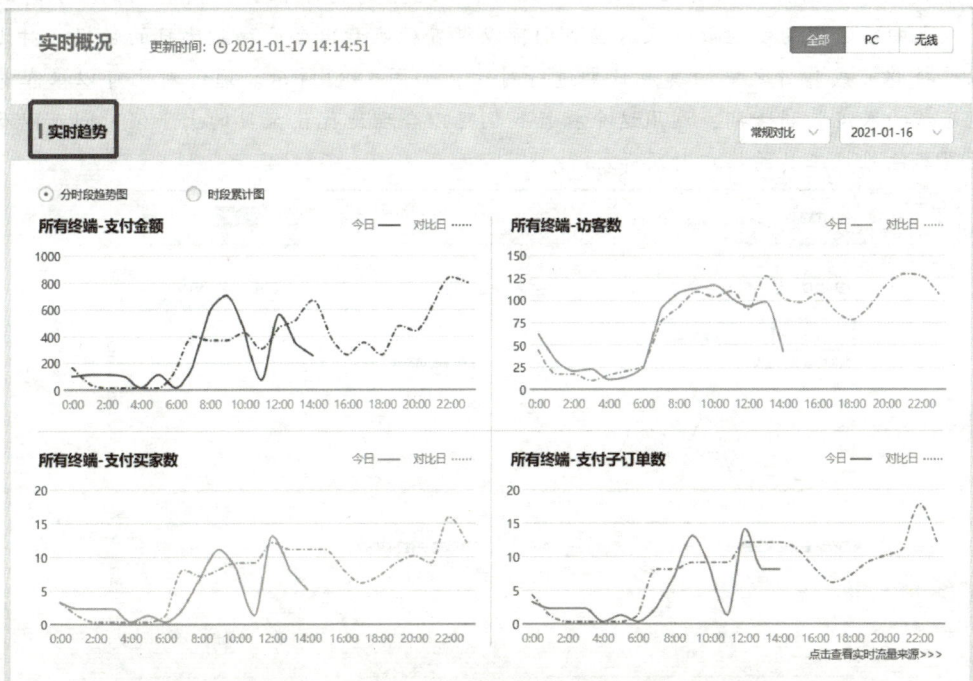

图4-80　生意参谋"实时概况"实时趋势页面

其中：在实时总览中，我们可以很详细地看到此刻PC端、无线端的今日累计的访客数、浏览量、支付金额、支付子订单数、支付买家数的详细数值，和自己店铺在行业里所处的排名，如图4-81所示。关注店铺的实时数据，可以第一时间发现自己店铺的问题，进而发现问题、解决问题。

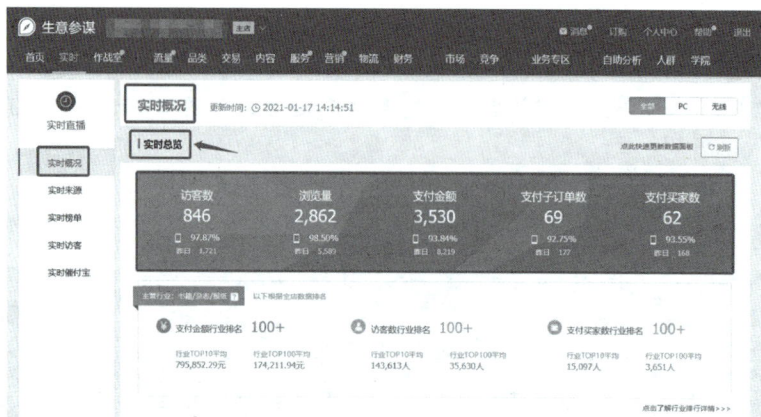

图4-81　生意参谋"实时概况"实时趋势页面

2.实时趋势

在实时总览下面是实时趋势，数据分别是所有终端的支付金额、访客数、支付买家数，支付子订单数这四个数据。实时趋势有"分时段趋势图"和"时段累计图"，两种显示的方式所表达的数据是不一样的，但是都是很直观的表现方式，我们可以根据不同的数据分析需要进行选择。其中：

分时段趋势图：可以对比今日与对比日，以2小时为单位，不同时间的2小时的时段，以上四项数据的发生数。从这里我们可以很直观地看出今天和对比日的数据，对比日可以选择昨天或昨日之前的其他日期进行对比，如图4-82所示。通过对比可以很容易地发现店铺的人流量高峰期，利用这个指标我们可以合理地优化宝贝的上下架时间，以及便于设置其他推广工具的推广时段等。

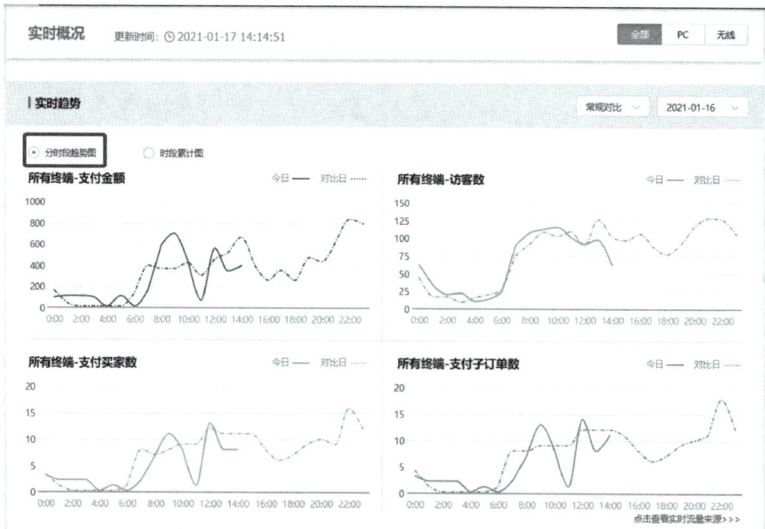

图4-82　生意参谋"实时概况"分时段趋势图页面

时段累计图：可以对比今日与对比日，截至某一时点，以上四项数据的累计发生数，如图4-83所示。同样，对比日可以选择昨天或昨日之前的其他日期。通过时段累计图，我们可以分析截至某一时点，如图4-84所示，店铺总体销售额等指标，便于掌握店铺整体经营情况。

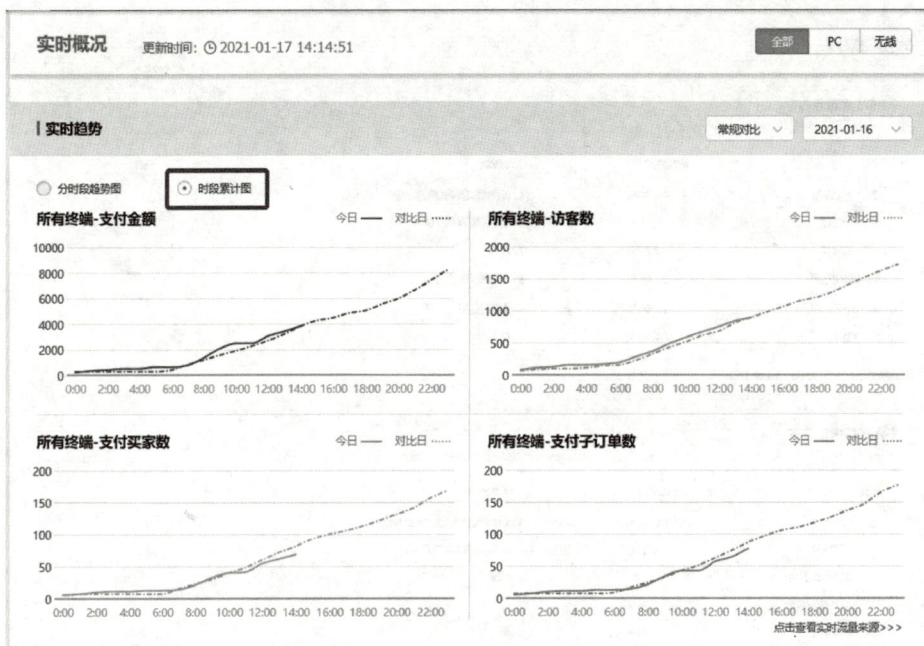

图4-83　生意参谋"时段累计图"页面

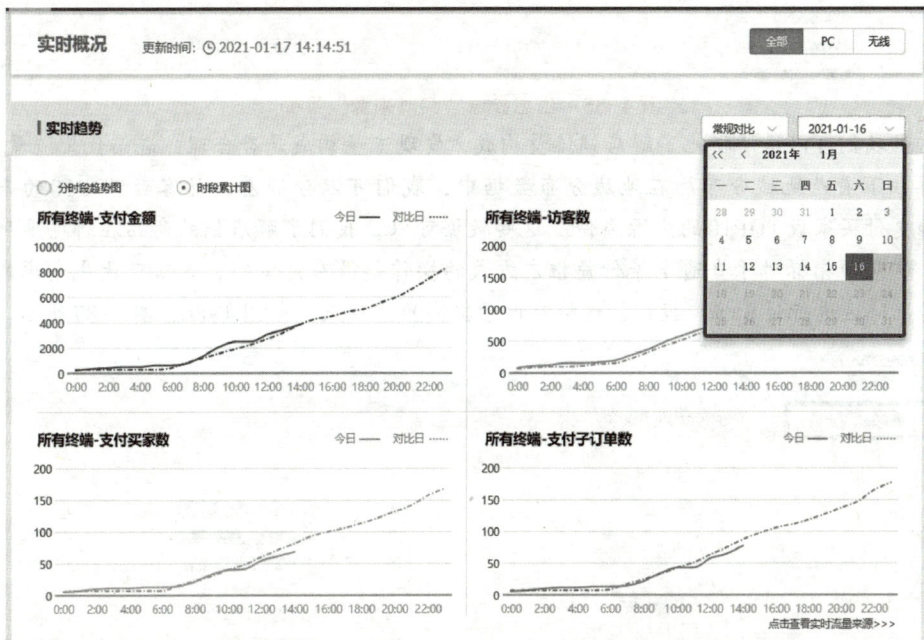

图4-84　生意参谋"时段累计图"时间设置页面

（二）实时来源

来源数据包括：PC端和无线端访客的流量来源分布与访客的地域来源分布。

其中：流量来源可以看到付费流量来源和淘内免费流量来源，同时还能看到付费和免费来源里面的具体来源，例如付费流量来自直通车、淘宝客等。我们点开每个流量板块都能看到相应更详细的来源信息，如图4-85所示。

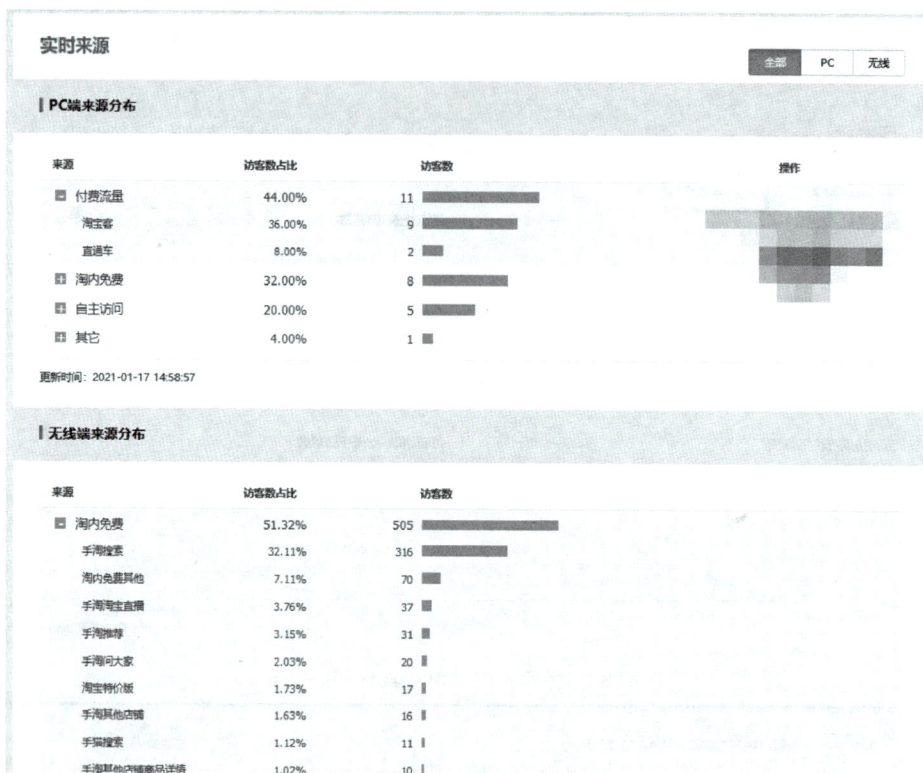

图4-85　生意参谋"实时来源"页面

这里我们可以很清晰地了解店铺流量构成，发现流量构成是否合理，进而优化流量来源。

再往下看是地域分布。在地域分布数据中，我们可以分别看到访客数TOP10的来源省份，和支付买家数TOP10的来源省份。这些数据可以让我们了解店铺的商品在哪些地域更受欢迎。这两项指标对于直通车等付费推广方式的操作是很有意义的，卖家可优先考虑高访客及高转化地区进行付费推广投放，这样有助于提高推广效果。如图4-86、图4-87所示。

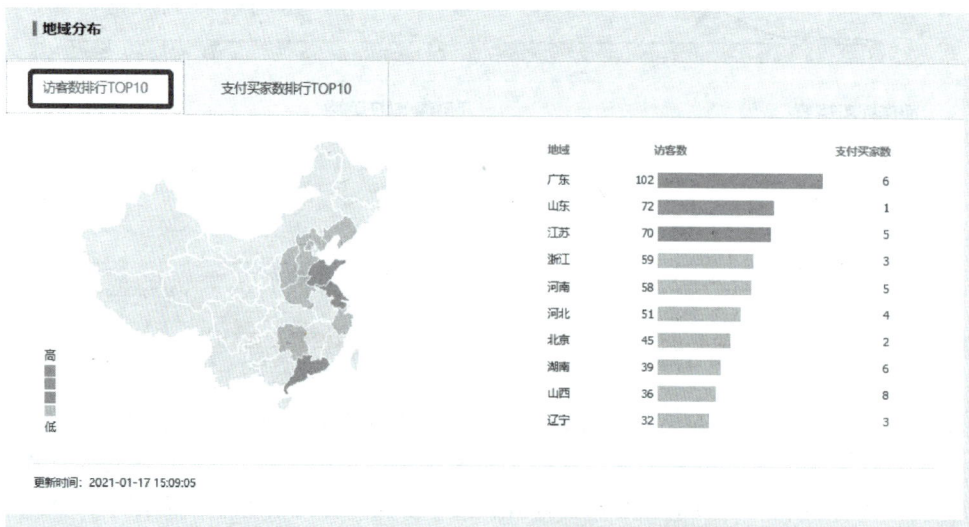

图4-86　生意参谋"地域分布"访客数排行TOP10页面

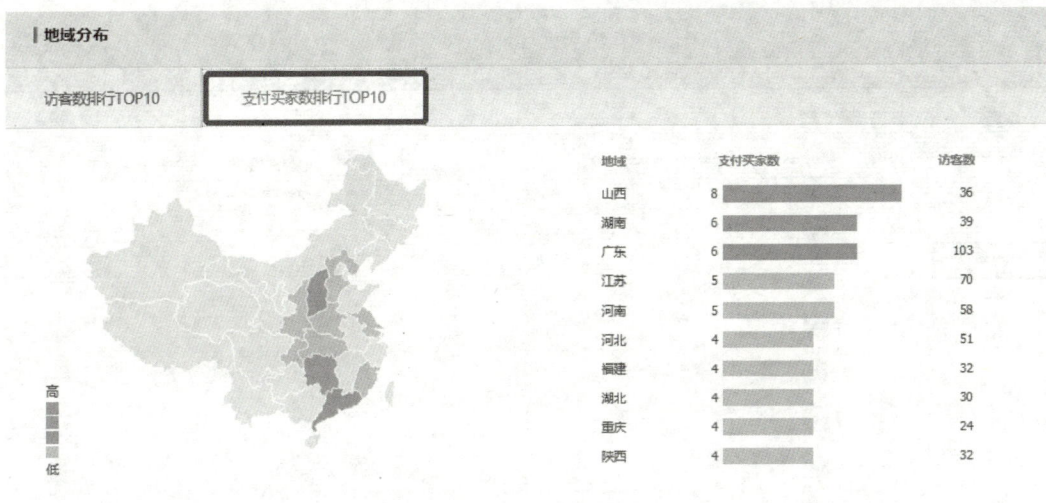

地域	支付买家数	访客数
山西	8	36
湖南	6	39
广东	6	103
江苏	5	70
河南	5	58
河北	4	51
福建	4	32
湖北	4	30
重庆	4	24
陕西	4	32

更新时间：2021-01-17 15:09:47

图4-87　生意参谋"地域分布"支付买家数排行TOP10页面

（三）实时榜单

实时榜单包括访客数 TOP 榜及支付金额 TOP 榜，如图 4-88 所示。

图4-88　生意参谋"实时榜单"页面

产品多的话，我们也可以输入商品名称或者 ID 直接查询。榜单里包括的指标有浏览量、访客数、支付金额、支付买家、支付转化等数据。无论怎么样，访客高的流量款是一个店铺的基础。对于流量款一定要注意流量、转化及库存的变化，解决一切可能发生的问题。我们也要去关注支付金额高的高转化的宝贝，并关注其评论。如果评论没有问题，则可以重点推广，因为高转化率的宝贝有流量爆发的基础。

在产品数据后面有实时趋势选项，点击后会有宝贝从当日零时开始到当前时间的数据分布，如图 4-89、图 4-90 所示。

从这里可以看到产品的分时数据。这对直通车、促销等活动是很有参考意义的。

图4-89   生意参谋"实时榜单"趋势页面

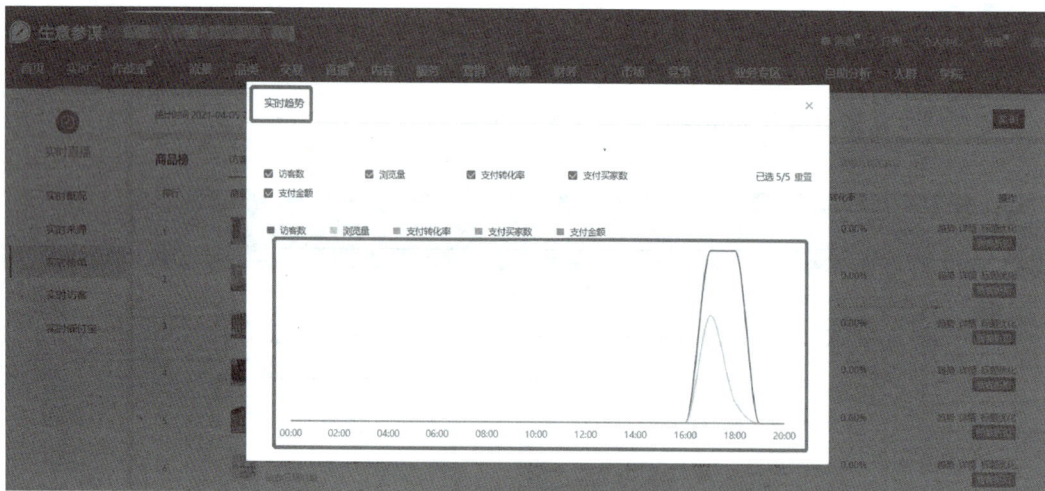

图4-90   生意参谋"实时榜单"实时趋势页面

（四）实时访客

1.实时访客分析的内容

这里显示的是店铺的实时访客，包括访客时间、入店来源及关键词、访问页面、访客位置等数据，如图4-91所示，如果流量很大的话，还可以精确地按照流量来源分类，如手淘搜索、直通车、淘宝客等。

2.实时访客分析的作用

这些数据有如下作用：

（1）通过实时访客，可针对访客来源找到目标客户的信息和分析顾客浏览习惯。

（2）设置访问页面，可以选择单品或者爆款来分析流量来源和访客特征。

（3）付费流量可以直接点击相应付费来源名称达到相应界面，查看付费效果竞争状态。

我们可以看全店的，也可以看单个链接的"实时访客"数据，这个功能非常人性化。

图4-91　生意参谋"实时访客"页面

（五）实时催付宝

1.实时催付买家

生意参谋中的实时催付宝，就是通过数据挖掘的技术来帮助店家发现已下单但是没有付款的顾客。成为"实时催付买家"必须同时满足以下的三个条件，分别是：①在本店下单且未支付；②未在其他店铺购买同类宝贝；③每天最多提供潜力指数TOP50的买家。

2.实时催付宝的作用

实时催付宝可以让卖家通过锁定精准顾客，有效提高店铺销量和转化。很多人都会忽视这里，但是其实这个指标非常重要。

二、店铺流量数据分析

流量即访客数量，是衡量店铺运营水平的一项重要指标，再好的商品，再低廉的价格，如果没有流量，也就没有后续的销量可谈。进入卖家中心，营销中心，生意参谋，点击上部的流量选项，可以看出在流量纵横中，主要包括流量概况和来源分析两大部分，如图4-92所示。通过这两部分的分析，我们可以清楚地掌握店铺流量的来龙去脉，帮助卖家更好地进行流量管理和转化。

微课4-11

专项数据分析

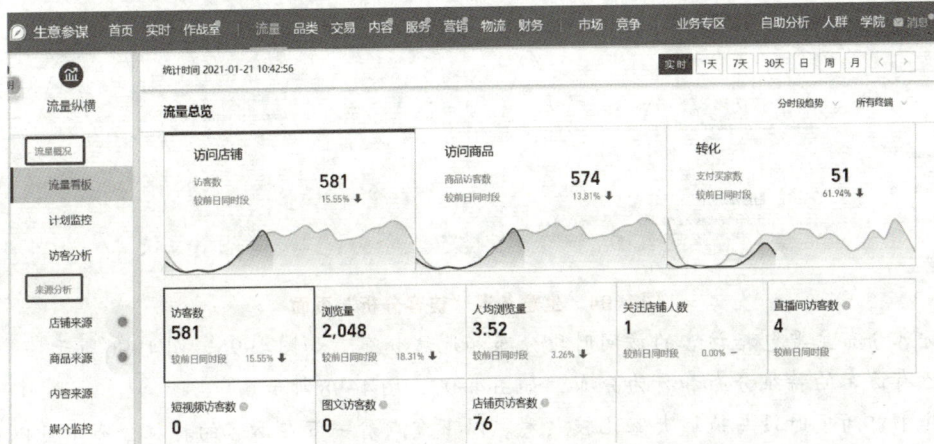

图4-92　生意参谋"流量"页面

（一）流量概况

1.流量看板

在流量概况中，第一个分析项目是流量看板，也就是流量总览，如图4-93所示。卖家通过流量总览可以分析最近1天、7天、30天的访客数、浏览量和人均流量等数据。

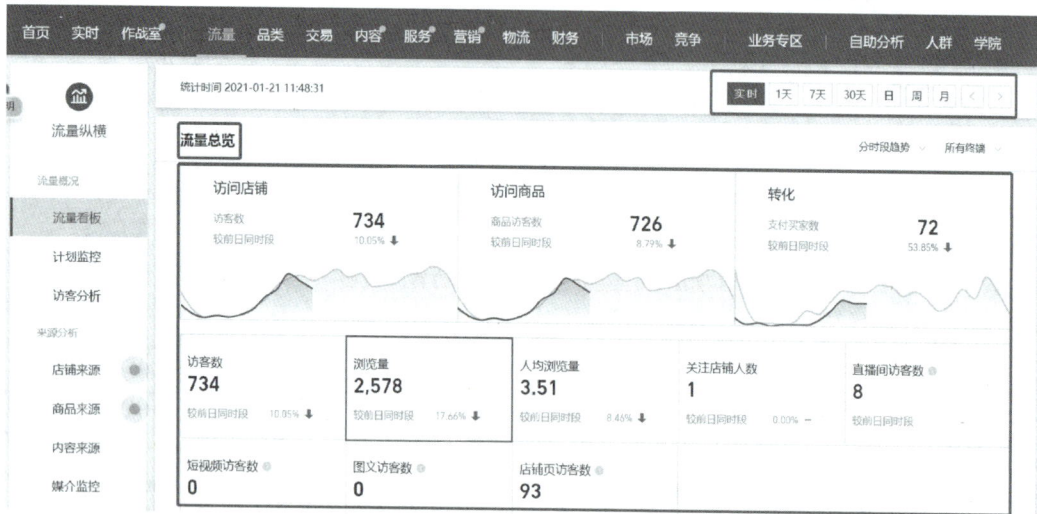

图4-93　生意参谋"流量总览"页面

2.访客分析

在流量概况中，第二个重点分析项目是访客分析，如图4-94所示。在这里，我们又可以完成访客分布分析和访客对比分析。

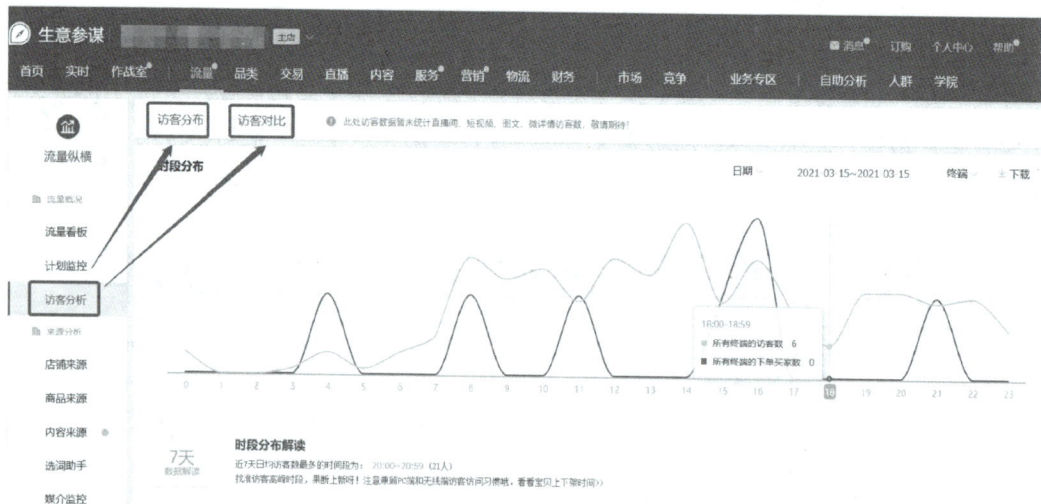

图4-94　生意参谋"访客分析"页面

访客分布主要包括访客的访问时段分布和地域分布，如图4-95、图4-96所示。

还有访客的特征分布和行为分布，如图4-97、图4-98所示。

其中前两项时段与地域大家比较熟悉。以下重点看一下在访客的特征分布中可以分析访客的哪些特征。

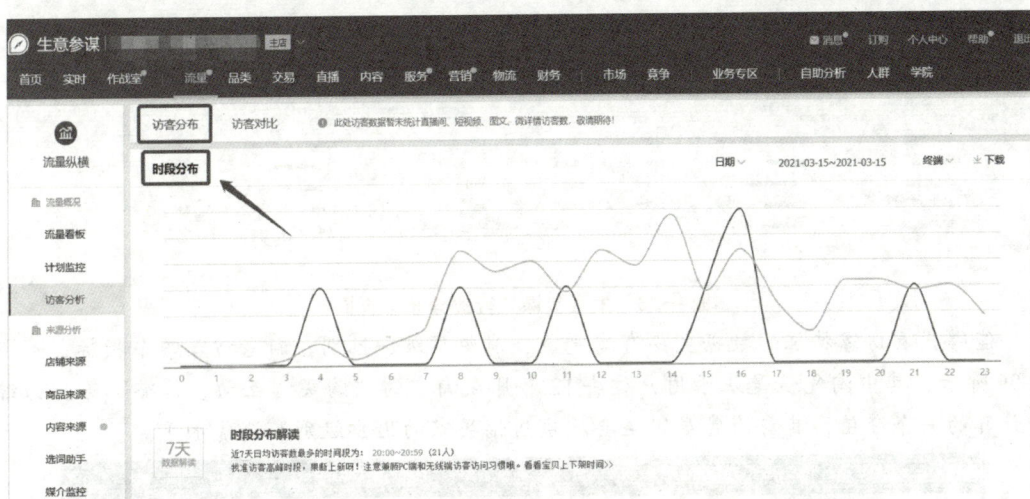

图4-95　生意参谋"访客时段分布"页面

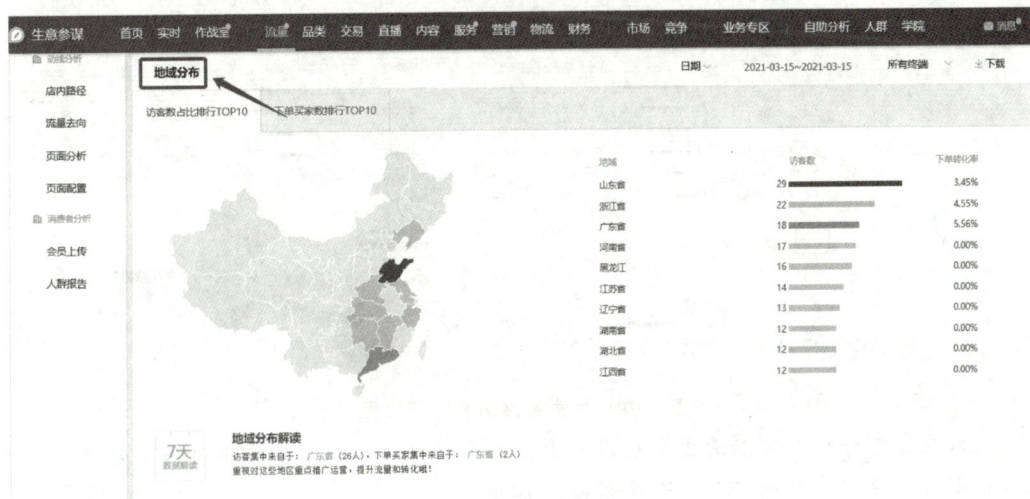

图4-96　生意参谋"地域分布"页面

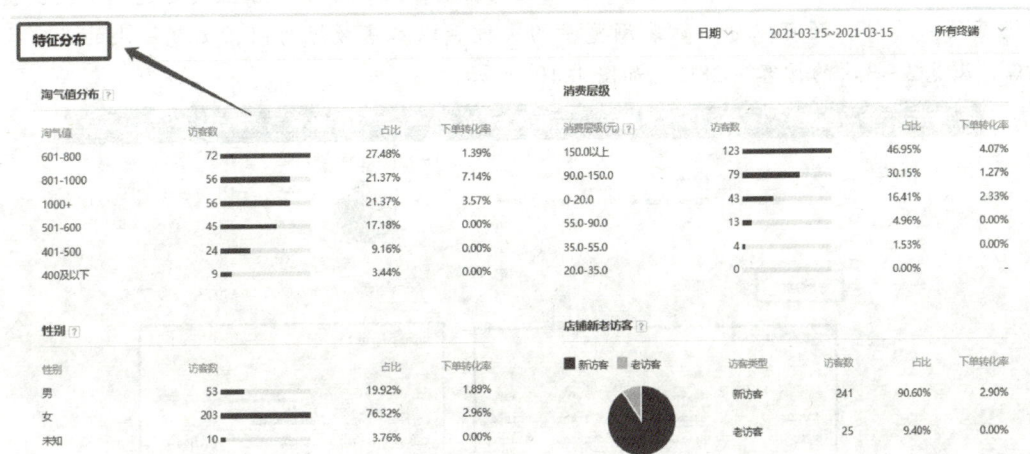

图4-97　生意参谋"特征分布"页面

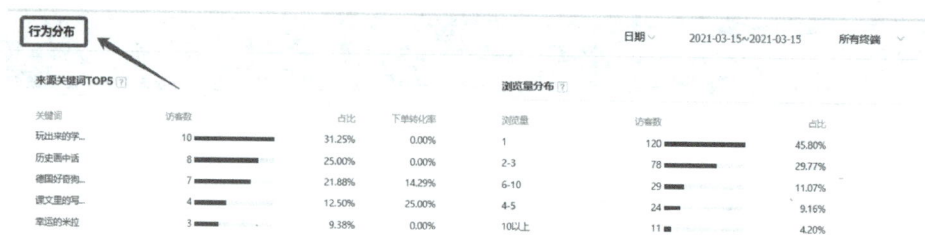

图4-98　生意参谋"行业分布"页面

能够代表访客特征的数据主要有淘气值、消费层级、性别、新老访客四个指标，如图4-99所示，其中淘气值是基于用户过去12个月在淘宝的"购买、互动、信誉"等行为综合计算的一个分值，其与消费层级主要反映店铺买家的用户级别和消费水平。

图4-99　生意参谋访客特征页面

从本店数据分析，可以看出本店用户中，优质用户占比最多。从用户性别分析中，可以看出女性用户占比超过75%，老访客占比14%。

通过行为分布，可以分析访问的热搜关键词，卖家可以了解买家主要是通过哪些关键词进店的。此外，还可以分析访客浏览量的次数。以本店数据为例，浏览一次的访客占42%，浏览2～3次的访客占28%，如图4-100所示。

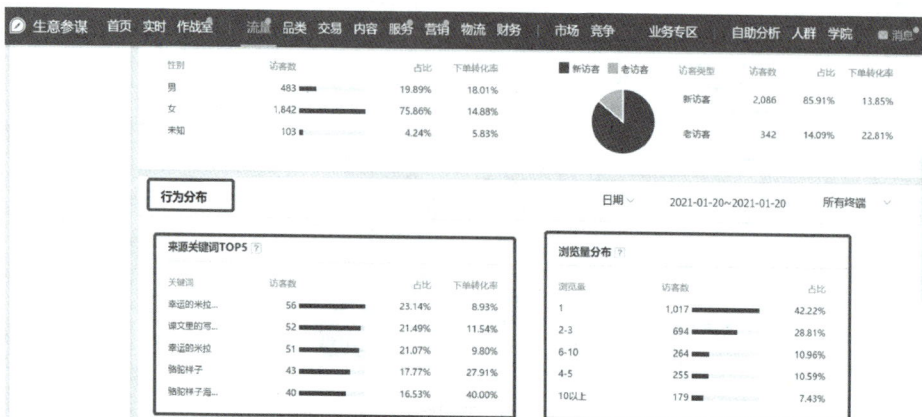

图4-100　生意参谋"行为分布"页面

（二）来源分析

1.店铺来源

在"流量来源分析"中，我们首先可以分析"店铺来源"，掌握店铺流量分别来自"淘内免费"流量还是"付费流量"，以及自主访问流量的占比，也可以通过点击每种流量前面的加号，来了解流量的具体入口，如图4-101所示。

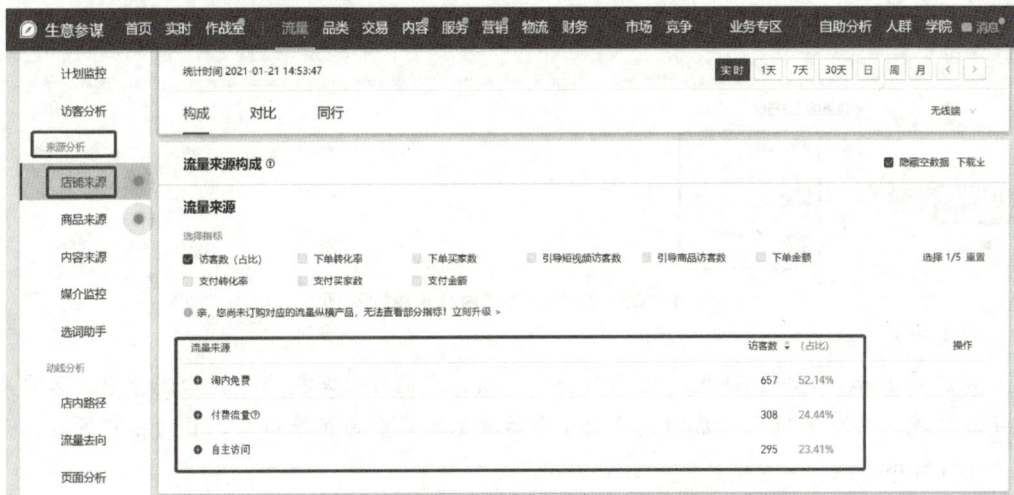

图4-101　生意参谋"店铺来源"页面

2.商品来源

在流量来源分析中的商品来源分析中，可以按访客数降序排列，让我们掌握店铺所有流量主要来自哪些商品，了解店铺每个商品热度，如图4-102所示。

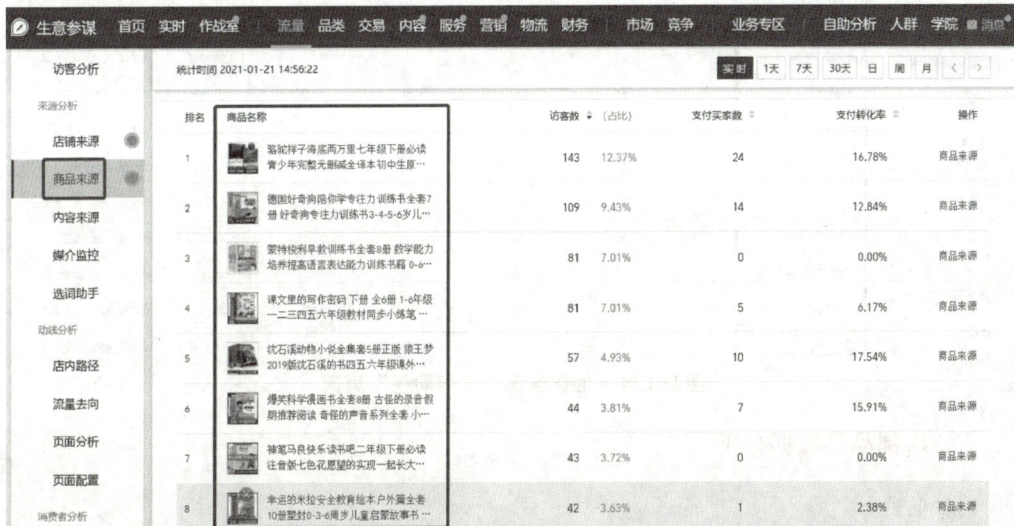

图4-102　生意参谋"商品来源"页面

3.内容来源

在流量来源分析中的内容来源分析中，我们了解店铺流量中来源于店铺直播和短视频的流量数据以本店数据为例，在直播数据中，又可以分别看到来自"0点秒杀"和"年货节"两次不同的直播，如图4-103所示。

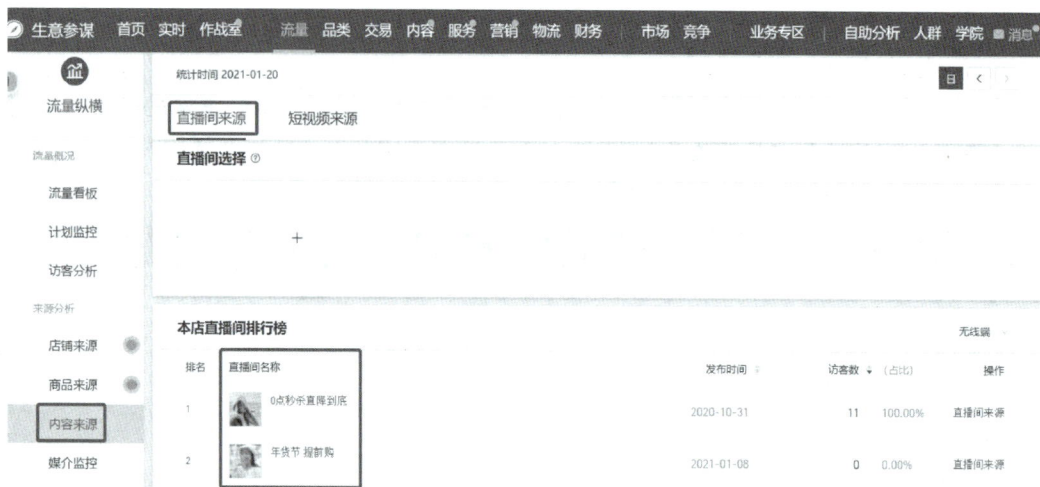

图4-103　生意参谋"内容来源"页面

4.选词助手

在流量来源分析中，通过"选词助手"一项，我们可以掌握店铺搜索流量中，客户分别是通过搜索哪些关键词进店的，这便于今后我们制定直通车等推广工具的推广策略，如图4-104所示。

图4-104　生意参谋"选词助手"页面

三、店铺品类数据分析

1.宏观监控

品类数据分析中的宏观监控即商品概况分析，包括了与商品品类有关的核心指标，主要有商品访客数、商品微详情访客数、商品浏览量、有访问商品数、支付金额、分期支付金额等，如图4-105所示。

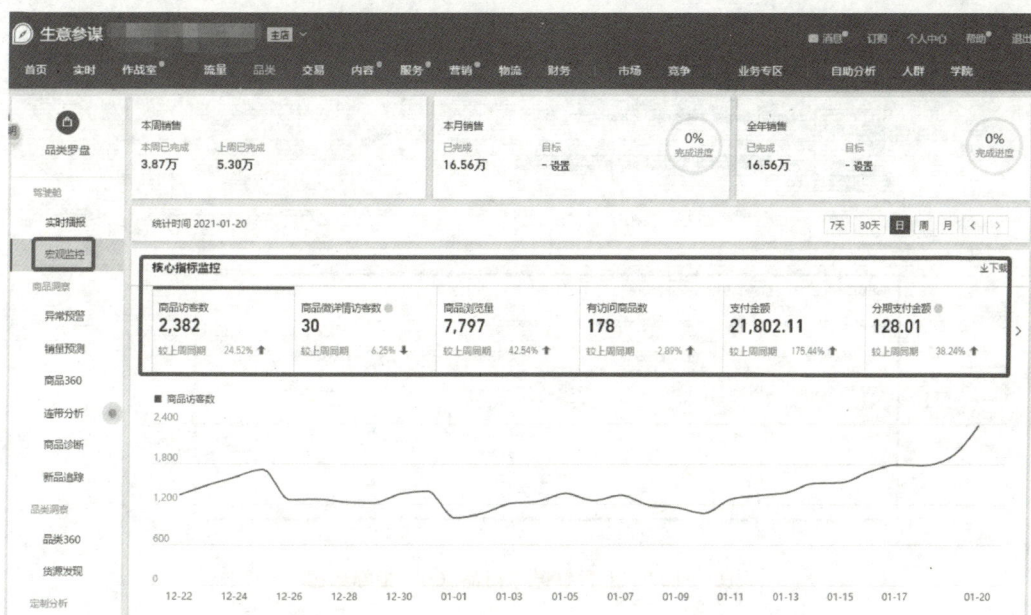

图4-105　生意参谋"宏观监控"页面

2. 商品360

品类分析中的"商品360"中，可以通过搜索框，查找店内某一单品的详细数据，如图4-106所示。具体包括单品营收、访客规模、转化效率和客户单价四项指标，如图4-107所示。

图4-106　生意参谋"商品360"搜索页面

图4-107   生意参谋"商品360"指标数据

四、店铺交易数据分析

交易数据主要包括交易概况分析、交易构成分析和交易明细分析，如图4-108所示。

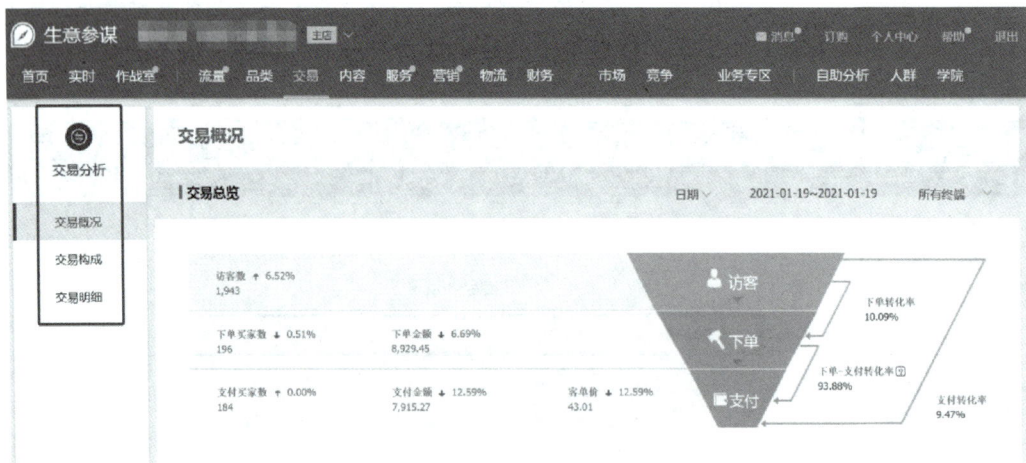

图4-108   生意参谋"交易分析"页面

（一）交易概况分析

交易概况分析包括交易总览分析和交易趋势分析。

1.交易总览分析

交易总览分析，首先要了解店铺交易额，就是我们传统店铺说的营业额，其公式为：

营业额=访客数×支付转化率×客单价

如果交易额下滑了，那么必然与这几个指标有关系。通过交易分析中的交易总览可以分析不同终端某个时间段的访客数、下单买家数、下单金额数、支付金额、客单价、下单转化率和下单支付转化率等指标，可以分析影响交易额的具体原因，如图4-109所示。

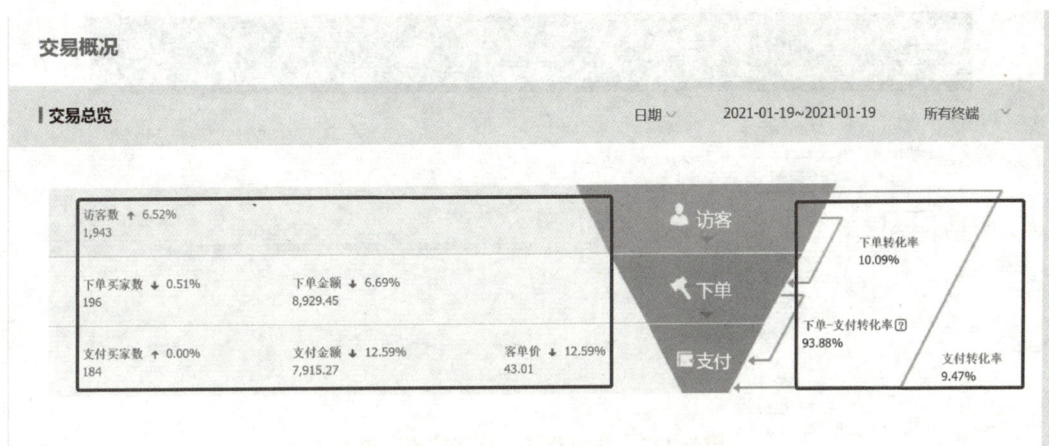

图4-109　生意参谋"交易总览"页面

其中有两个重要的指标需要掌握计算公式，分别为：

客单价=支付金额/支付买家数

支付转化率=支付买家数/访客数

2.交易趋势分析

通过交易趋势分析可分析店铺在某个时间段不同品类下，不同终端、不同指标的交易趋势，也可以选择与同行业数据进行对比，以便于确定自身店铺交易情况的优势与不足，如图4-110所示。

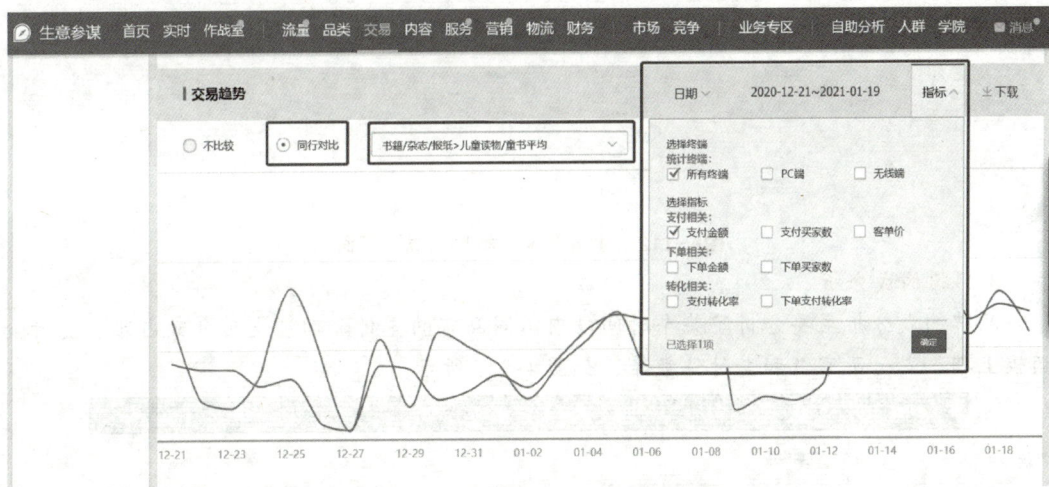

图4-110　生意参谋"交易趋势"页面

(二) 交易构成分析

交易构成分析主要包括：终端构成分析、类目构成分析、品牌构成分析、价格带构成分析和资金回笼构成分析等。

1.终端构成分析

终端构成分析主要从PC端和移动端两个方面分析了某个时间段的支付金额、支付金额占比、支付商品数、支付买家数和支付转化率等，如图4-111所示。

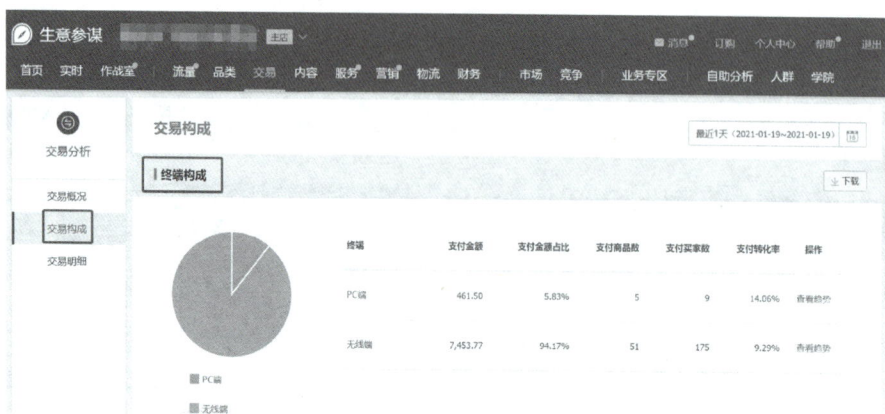

图4-111　生意参谋"终端构成"页面

2.类目构成分析

类目构成分析可以分析某个时间段内不同类目的支付金额、支付金额占比、支付数买家数和支付转化率等，如图4-112所示。

图4-112　生意参谋"类目构成"页面

3.品牌构成分析

品牌构成分析主要分析了某个时间段内不同品牌的支付金额、支付金额占比、支付金额较上期、支付买家数和支付件数等，如图4-113所示。

图4-113　生意参谋"品牌构成"页面

4.价格带构成分析

价格带构成分析主要分析了某个时间段内店铺的价格带、支付买家占比、支付买家数、支付金额和支付转化率等，如图4-114所示。

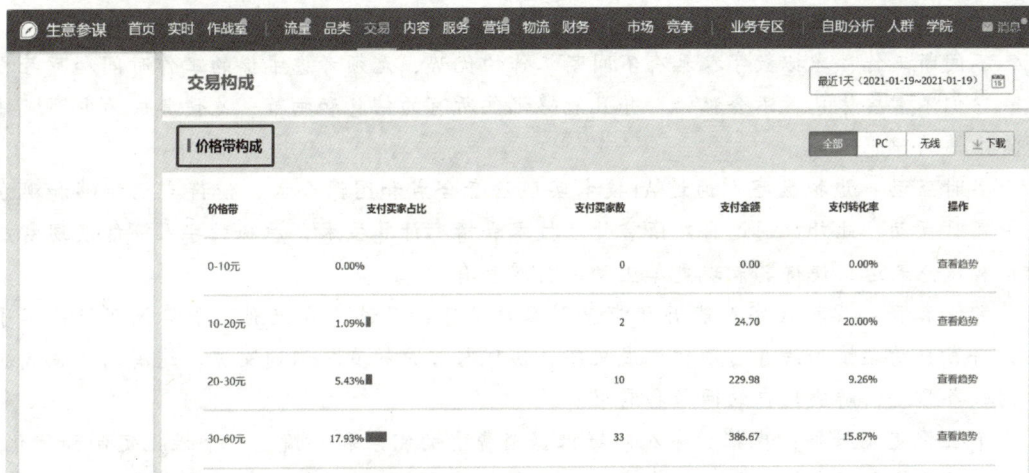

图4-114　生意参谋"价格带构成"页面

5.资金回笼构成分析

资金回笼构成分析主要分析了某个时间段内店铺的未确认收货时长、支付金额占比、支付金额、支付商品数和支付买家数等，如图4-115所示。

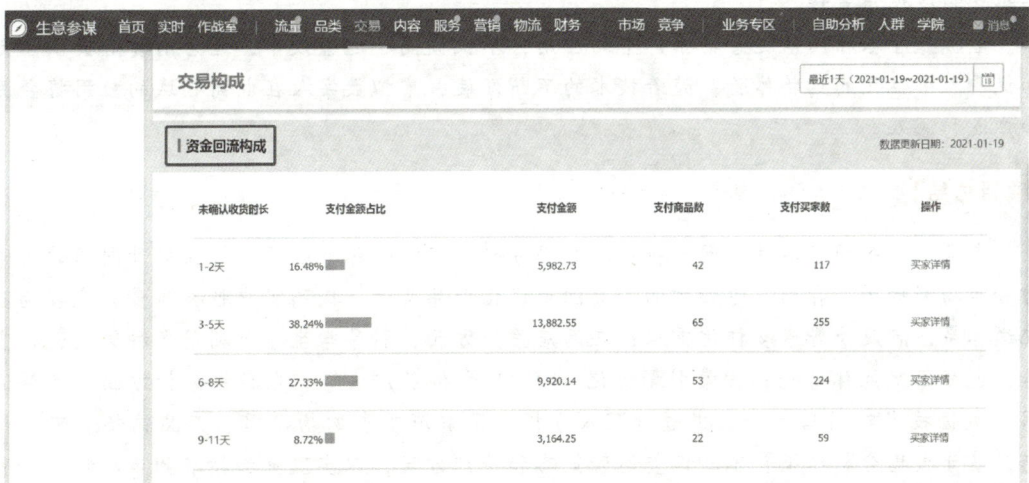

图4-115　生意参谋"资金回流构成"页面

在实际工作中，分析流量数据、品类数据和交易数据时，有些分析指标是有交叉的，我们需要合理地利用这些指标对店铺的整体经营情况进行分析，以便发现店铺运营存在的问题，及时进行改进。

【启智育人】

虚拟数字人：网店运营与推广的新动力

虚拟数字人在网店运营与推广中扮演着重要角色，其应用主要体现在以下几个方面。

虚拟数字人主播：为了满足消费者的视觉需求，企业可以使用虚拟数字人主播进行带货直播。虚拟数字人能够打造一个更加完美的形象，吸引更多消费者，进而提升销售额。通过机器学习和算法计算，虚拟数字人还能根据消费者的购买行为提供更加精准的商品推荐，进一步提升购物体验。

不间断工作：虚拟数字人具有不间断工作的优势，无须考虑主播的工作时间和疲劳程度。它们不需要休息、不会犯错，并且能够记住所有的信息和细节，这使其成为电商直播带货主播的理想选择。

实时互动：虚拟数字人通过 AI 技术实现语音合成和图像合成，使得它们能够和观众进行实时互动。此外，通过自然语言处理技术和情感计算技术，虚拟数字人还能实现智能对话和情感表达，使得其表现更加生动、自然和有趣。

智能客服：虚拟数字人能够智能识别客户信息，通过语音识别、手势识别等技术手段，将客户的表情和语音自动转化成文字，实现与客户的直接沟通交流。这有助于提高企业的服务质量，解决用户的问题和需求。

个性化定制服务：虚拟数字人能够根据消费者的需求和反馈进行个性化定制和优化，提供个性化定制服务。例如，从消费者需求出发，量身定做产品，使消费者获得更好的购物体验。

产品宣传与展示：作为一种能够与用户进行实时交互的虚拟形象，虚拟数字人在产品宣传中发挥着重要作用。它们可以有效地拉近产品与用户之间的距离，同时有效地进行产品卖点的展现与宣传。

虚拟数字人在网店运营与推广中的应用，不仅提高了运营效率，还为消费者提供了更加优质、个性化的购物体验。随着技术的不断发展，虚拟数字人在电商领域的应用将会更加广泛和深入。

【项目总结】

本项目围绕网店运营、网店推广及数据分析三大核心环节展开，旨在提升网店的竞争力和市场影响力。在网店运营方面，要注重优化产品展示、提高客户服务质量、完善物流配送体系，满足消费者多样化需求；在网店推广方面，引导学生学会利用多种渠道进行宣传，包括社交媒体营销、搜索引擎优化（SEO）和付费广告等。在数据分析方面，学会运用大数据技术对网店运营数据进行深入分析，了解消费者购物习惯、产品销售趋势等信息，基于数据分析结果，不断调整运营策略和推广方案，以实现更加精准的市场定位和营销效果。通过本项目的实施，学生实践技能进一步提升，为网店的长远发展奠定坚实基础。

【项目实训】

实训：竞争对手识别

一、任务背景

电商企业的发展，不仅取决于自身的商品特色、服务能力、供应链优势，还会受到竞争对手的影响。因市场份额是有限的，竞争对手占据更多的市场份额，意味着自身市场份额的减少，因此，电商企业需要有效识别行业竞争对手，并分析竞争对手的优劣势，对比自身，取长补短。电子商务专业出身的小李在淘宝网开设了一家女装店铺，主打学院风，但是他不了解行业竞争格局，也不知道自己的竞争对手有哪些，为了后期制定更有针对性的竞争战略，他计划首先识别竞争对手。

微课4-12

市场数据
分析

微课4-13

竞争数据
分析

二、任务分析

在识别行业竞争对手前，首先需要明确如何界定竞争对手，即销售同类商品或服务、互补类商品或服务的电商企业；随后，在所处的电商平台通过搜索关键词、目标人群、销量或商品单价等识别、圈定行业竞争对手，便于后期进行竞店和竞品分析，并进一步明确自身学习的标杆。

三、任务操作

识别行业竞争对手，其操作步骤及关键节点成果展示如下：

步骤1：明确目标

此次识别竞争对手的目的是了解行业竞争格局，识别竞争对手。

步骤2：输入关键词，了解行业竞争格局

了解整个行业的竞争格局，能够对整个行业目前的竞争激烈程度以及未来的走势进行分析和预判。小李在淘宝网中输入"学院风羽绒服女"，可了解到"学院风羽绒服女"的相关竞争店铺有多少家。

步骤3：设置目标人群

为了进一步明确识别竞争对手，还需要结合目标人群，小李店铺的目标人群为18～24周岁。在识别竞争对手时，可以设定筛选条件，小李设定年龄为"18～24周岁"。

步骤4：设置商品价格

通过之前的操作，小李进一步缩小了竞争对手的范围，但还不能够有效识别竞争对手，需要结合自身商品设置竞品售价范围。小李的商品定价为579元，他设置竞品的价格范围为559～599元。

步骤5：细化筛选条件，识别竞争对手

通过以上步骤识别的竞争对手依然不够精准，因此小李需要设置更多的筛选条件，小李店铺中当季主推的一款学院风女式羽绒服的关键属性，小李结合表中的数据继续设置筛选条件。

步骤6：记录竞争对手

小李通过以上步骤，极大地缩小了竞争范围，因能够设置的筛选条件有限，更为细致的识别条件需要自身去观察，完成竞争对手的识别，并进行记录，便于之后进行追踪分析。

项目五　网店客户服务

【项目导入】

　　在网店运营中，客户服务作为与消费者直接交流的环节，其重要性不言而喻。优质的客户服务不仅能够提升客户满意度，还能够促进销售增长，增强品牌忠诚度。因此，本项目将重点介绍网店客户服务的相关知识和技巧，帮助学生掌握售前客服、售中客服、售后客服的工作内容、流程、话术技巧和异议处理技巧，提升网店客户服务水平。

【学习目标】

知识目标

　　（1）掌握网店售前客服的基本概念和工作职责，了解售前客服在网店运营中的重要性。

　　（2）熟悉网店售前客服的工作流程，包括接待顾客、解答疑问、提供建议、确认订单和跟进服务等环节。

　　（3）了解网店售前客服常用的沟通工具和平台，如即时聊天工具、电子邮件、电话等，并熟悉其使用方法和技巧。

　　（4）掌握网店售前客服接待话术的基本要求和技巧，能够根据不同顾客需求和场景进行灵活应对。

　　（5）了解网店售前客服在处理顾客异议和投诉时的基本流程和策略，能够妥善处理各种复杂情况。

能力目标

　　（1）具备有效的沟通能力，能够清晰、准确地表达自己的想法，并善于倾听顾客的需求和反馈。

　　（2）具备快速学习和适应能力，能够迅速掌握新的产品知识和销售技巧，适应不断变化的市场环境。

　　（3）具备解决问题的能力，能够独立思考并找出问题的根源，提出有效的解决方案并付诸实践。

　　（4）具备团队协作和配合能力，能够与团队成员紧密合作，共同完成网店售前客服的工作任务。

素养目标

　　（1）具备良好的职业道德和职业素养，能够遵循网店运营规范和服务标准，为客户提供优质的服务体验。

（2）具备积极的心态和乐观的精神，能够面对工作中的挑战和困难，保持积极向上的态度。

（3）具备耐心和细致的工作态度，能够认真对待每一个顾客的问题和需求，确保顾客满意。

任务1　售前客服

▶ 任务解析

项目团队在网店运营过程中，在如何提高转化率的问题上产生困扰，经过思考发现客服在提高转化率方面起着重要的作用。同时在三类客服中，售前客服在提高转化率方面起着重要的作用，请你作为客服部主管了解售前客服的主要工作流程，并帮助店长提出如何通过加强售前客服工作，提高转化率。

▶ 知识链接

一、售前客服工作内容

1.售前客服工作职责

在网店运营中，售前客服作为与消费者建立联系的第一道桥梁，扮演着至关重要的角色。他们不仅代表着网店的形象，更是促进销售、提升顾客满意度的关键力量。以下介绍网店运营中售前客服的工作职责。

微课5-1

售前客服
工作内容

（1）接待与咨询

售前客服的首要职责是接待并解答顾客的咨询。他们需要通过各种沟通渠道，如在线聊天工具、电子邮件、电话等，及时响应顾客的询问，了解顾客的需求和疑虑。在沟通过程中，售前客服需要保持耐心、友好和专业的态度，让顾客感受到贴心的服务。

（2）产品介绍与推荐

售前客服需要熟悉网店所售商品的特点、功能、价格等信息，并能够根据顾客的需求和偏好，为其推荐合适的商品。在介绍产品时，售前客服需要准确、清晰地传达商品信息，同时能够解答顾客的疑问，消除顾客的顾虑。

（3）订单处理与跟进

当顾客决定购买商品后，售前客服需要协助顾客完成订单的确认和支付操作。在此过程中，售前客服需要仔细核对订单信息，确保信息的准确性和完整性。同时，他们还需要跟进订单的配送情况，及时向顾客提供物流信息，确保顾客能够及时了解订单的配送进度。

（4）建立客户关系

售前客服需要通过建立良好的客户关系，为网店的长期发展打下基础。他们需要与顾客建立信任关系，了解顾客的购买习惯和偏好，为顾客提供个性化的服务。在沟通过程中，售前客服需要注重与顾客的互动和反馈，不断改进自己的服务方式，提升顾客的满意度和忠诚度。

（5）处理客户异议和投诉

在售前服务过程中，售前客服难免会遇到一些顾客的异议和投诉。这时，售前客服需要保持冷静和耐心，认真倾听顾客的诉求和不满，了解问题的根源。然后，他们需要积极寻找解决方案，及时回应顾客的需求，并尽快解决问题。在处理顾客异议和投诉时，售前客服需要遵循网店的服务标准和流程，确保顾客的权益得到保障。

（6）数据收集与分析

售前客服还需要收集和分析顾客数据，为网店的运营提供有价值的参考。他们可以通过与顾客的沟通，了解顾客的购买习惯、需求偏好等信息，为网店的产品选品、营销策略等提供数据支持。同时，售前客服还需要关注顾客的反馈和评价，及时发现问题并改进服务质量。

（7）持续学习与提升

售前客服需要不断学习和提升自己的专业技能和知识水平。他们需要关注行业动态和市场变化，了解最新的销售技巧和客户服务理念。同时，他们还需要积极参加培训和交流活动，与同行分享经验和心得，不断提升自己的服务水平和综合素质。

网店运营中的售前客服工作职责繁重而重要。他们需要具备良好的沟通能力、专业知识、服务意识和团队合作精神，为顾客提供优质的服务体验，为网店的长期发展贡献力量。

2.售前客服的作用

售前客服不仅是网店与顾客之间的桥梁，更是提升顾客的满意度、促进销售增长的重要力量。

（1）建立信任与形象塑造

售前客服是网店与顾客建立联系的第一道窗口。他们通过友好、专业的沟通，为顾客提供准确、及时的产品信息和服务解答，从而建立起顾客对网店的信任感。同时，售前客服也是网店形象的重要塑造者。他们的言行举止、服务态度都直接影响着顾客对网店的印象和评价。因此，售前客服需要时刻保持专业素养，为网店树立良好的形象。

（2）解答疑问与提供建议

在购物过程中，顾客往往会对产品产生各种疑问和顾虑。售前客服需要及时、准确地解答这些疑问，消除顾客的顾虑，提高购买意愿。同时，售前客服还可以根据顾客的需求和偏好，提供个性化的购买建议，帮助顾客更好地选择适合自己的产品。这种个性化的服务不仅能够提升顾客的购物体验，还能够增加网店的销售额。

（3）促进销售与提升转化率

售前客服在促进销售方面发挥着重要作用。他们通过深入了解顾客的需求和偏好，为消费者提供精准的产品推荐和优惠信息，从而引导顾客下单购买。同时，售前客服还可以利用沟通技巧和话术技巧，有效地激发顾客的购买欲望，提高订单转化率。这种精准的营销手段不仅能够提升网店的销售额，还能够降低营销成本。

（4）客户关系维护与忠诚度提升

售前客服在维护客户关系方面也发挥着重要作用。他们通过及时、有效地解决顾客的问题和投诉，提升顾客的满意度和忠诚度。同时，售前客服还可以与顾客建立长期的联系和互动，为顾客提供个性化的服务体验，从而增强顾客对网店的归属感和忠诚度。这种良好的客户关系不仅能够为网店带来稳定的客户群体，还能够促进网店的口碑传播和品牌建设。

（5）数据收集与市场分析

售前客服在与客户沟通的过程中，可以收集到大量的客户数据和市场信息。这些数据和信息对于网店了解市场需求、优化产品结构和改进营销策略具有重要意义。售前客服可以通过对客户数据的分析，了解消费者的购买习惯、需求偏好和购物行为等信息，为网店提供有价值的市场分析和参考建议。这种数据驱动的决策方式不仅能够提高网店的运营效率和市场竞争力，还能够为网店的长期发展提供有力支持。

二、售前客服工作流程

在网店运营中，售前客服作为与顾客建立联系的首要环节，其工作流程的规范性和高效性对于提升客户满意度、促进销售增长具有重要意义。

微课5-2
售前客服
工作流程

1.前期准备

（1）熟悉产品知识

售前客服需要对网店所售商品的特点、功能、价格等信息有深入的了解。这包括商品的材质、尺寸、颜色、使用方法等详细信息，以便在顾客咨询时能够准确、快速地回答顾客的问题。

（2）掌握促销信息

售前客服需要了解网店当前的促销活动和优惠政策，以便在顾客咨询时能够向客户介绍相关的优惠信息，提高顾客的购买意愿。

（3）熟悉企业文化与品牌理念

售前客服需要了解网店的企业文化、品牌理念和价值观，以便在与顾客沟通时能够传递出网店的专业性和信誉度。

2.接待顾客咨询

（1）问候与自我介绍

售前客服在接待客户咨询时，应首先向顾客表达问候，并简要介绍自己的身份和职责。这有助于建立与顾客的初步联系，并让顾客感受到被重视和尊重。

（2）倾听顾客需求

售前客服需要认真倾听顾客的需求和疑问，了解顾客的购买意向和关注点。在倾听过程中，售前客服应保持耐心和专注，不要打断顾客的发言，以便更好地把握顾客的需求和期望。

（3）解答顾客疑问

针对顾客提出的问题和疑虑，售前客服需要给予准确、及时的解答。在解答过程中，售前客服应注意使用通俗易懂的语言，避免使用过于专业的术语或复杂的句子结构，以免增加顾客的理解难度。

3.推荐商品

推荐产品是售前客服根据顾客的需求而将自己要出售的商品通过某种销售方式推送给顾客的过程，是客服工作的重点，也是客服工作能力的具体体现。通过产品推荐可以帮助顾客快速锁定所需产品，提高服务效率，能够促进成交，同时可以关联其他顾客所需产品，提高客单价。

（1）准确定位顾客的需求

询问和收集是获取需求常用的两种方式，售前客服可以利用和顾客的咨询来确定顾客需求，也可以通过千牛足迹等方式，对顾客的信息进行收集整理来确认，尽量在交易中获取更多有效的信息，逐步明确顾客的真实需求。

（2）有效推荐

售前客服若要做好有效推荐，就要全面和明确掌握产品特点和优势，要利用最大优势，将产品合理、有效地推荐出去。这需要售前客服掌握一定销售技巧，把握顾客的购买心理，突出产品的优势和卖点，以及店铺自身的优势，提升顾客的体验度和信任度，打消顾客疑虑，同时也可以营造场景音效，来更好地让顾客能够身临其境，促成交易。

例如，德芙天猫旗舰店的在线客服始终对每一位咨询的客户传达着巧克力是不仅爱情的象征，还是情感的寄托。将巧克力作为礼品相送不需要等到特定的节日，日常生活中很多时刻和场合都需要德芙巧克力来滋润彼此的情感传递给每一位进店的顾客。由此，情感意义是德芙巧克力的一大卖点。

（3）关联销售

一个优秀的售前客服会在网络交易中采用关联销售，即将店铺中与顾客购买产品具有关联性和相关性的产品，销售给顾客，实现提升客单价和店铺营业额。通常情况下，售前客服可以根据顾客所要购买的产品，在店铺中寻找与之关联的产品及进行组合推荐，也可以针对顾客需求进行产品推荐，如热卖产品推荐，还可以根据顾客购买习惯进行推荐。

关联销售又可以分为两种：互补关联，如主推商品为面膜，可以搭配洗面奶；替代关联，如主推商品为圆领T恤，关联产品可以是V领T恤。

小孙是一家淘宝零食店的客服，她经常通过观察客户的购物车订单判断客户的喜好和兴趣点，然后有针对性地推荐和介绍产品。当她看到客户的购物车里有辣味牛肉干时，判断客户是喜欢吃辣味零食的，马上按照客户的兴趣点推荐了一款麻辣味的猪肉脯，而且抓住客户网购中最关心的运费问题，告诉客户买两包会包邮，省下来的运费又够买半包肉脯了，最终客户接受她的推荐。

4.促成交易

经过前期的接待、解惑和推荐过程，是否能够促成交易，也是优秀的售前客服必备的一项技能。但是，在促成订单的流程中，售前客服往往也会遇到顾客进行议价、索取赠品等情况，所以店铺是否拥有完善的售后保障和安全快速的物流也是顾客所关注的。

因此售前客服要在权限允许的情况下，利用赠品、优惠券来吸引顾客，积极地提出店铺的优势、展示产品的授权书、质检报告以及放心的物流运输和完善的售后服务，打消顾客的疑虑，最终促成订单。

5.处理订单与支付

（1）确认订单信息

在顾客决定购买产品后，售前客服需要与顾客确认订单信息，包括商品数量、规格、颜色、收货地址等。在确认过程中，售前客服应仔细核对订单信息，确保信息的准确性和完整性。

（2）引导顾客支付

售前客服需要向顾客介绍网店的支付方式和支付流程，并引导顾客完成支付操作。在支付过程中，售前客服应密切关注顾客的支付情况，确保支付成功并及时更新订单状态。

（3）处理订单异常

在订单处理过程中，可能会遇到一些异常情况，如库存不足、物流问题等。售前客服需要及时与相关部门沟通协调，解决订单异常问题，确保订单能够顺利发货并按时送达顾客手中。

6.顾客关系的维护与跟进

（1）顾客回访

售前客服在顾客下单后，可以进行顾客回访，了解顾客对产品的满意度和反馈意见。通过顾客回访，可以及时发现并解决顾客在使用产品过程中遇到的问题，提高顾客满意度和忠诚度。

（2）跟进顾客需求

对于有意向但尚未下单的顾客，售前客服可以保持与顾客的联系，跟进顾客的需求和意向。通过定期发送产品信息、优惠活动等信息，提高顾客对网店的关注度和购买意愿。

（3）维护顾客关系

售前客服需要积极维护与顾客的关系，建立良好的顾客关系网络。通过与顾客建立长期的联系和互动，增强顾客对网店的信任感和归属感，提高顾客忠诚度和复购率。

7.数据分析与总结

（1）数据收集

售前客服在与顾客沟通的过程中，可以收集到大量的顾客数据和市场信息。这些数据和信息对于了解顾客需求、优化产品结构和改进营销策略具有重要意义。

（2）数据分析

售前客服需要对收集到的数据进行分析和整理，提取有价值的信息和结论。通过数据分析，可以了解顾客的购买习惯、需求偏好和购物行为等信息，为网店提供有针对性的市场分析和参考建议。

（3）总结与反馈

售前客服需要定期总结自己的工作经验和成果，向相关部门反馈顾客需求和市场信息。通过总结和反馈，可以不断改进和优化售前客服的工作流程和服务质量，提高顾客满意度和网店运营效率。

三、售前客服接待话术技巧

1.快速响应与热情欢迎

售前客服的首要任务是快速响应顾客的咨询，并在第一时间给予热情欢迎。当顾客发送咨询时，务必在3秒内做出响应，显示对顾客的重视和尊重。向顾客传达出"您的需求我们非常重视"的态度。使用亲切的问候语，如"您好，欢迎光临我们的店铺！我是客服×××，很高兴能够为您服务"。这样的开场白能够迅速拉近与顾客之间的距离，为后续的交流打下良好的基础。假如顾客向店铺售前客服咨询了一个问题之后，售前客服没能做到在短时间内及时回复，顾客就

微课5-3

售前客服
话术技巧

会对店铺的宝贝失去期望，转而投向另一家。毕竟现在淘宝的同质化是很严重的，顾客在向售前客服咨询的同时，可能也在观察别家店铺的相同宝贝。售前客服的回复速度也是对顾客是否重视的体现。如果回复得不及时，就会让顾客觉得不被重视，若有售后问题，也不能及时解决，肯定就不会考虑下单购买了。

2.耐心倾听与详细解答

在与顾客交流的过程中，耐心倾听是非常重要的。顾客需要认真听取客户的需求和问题，不要急于打断或推销产品。当客户提出问题时，售前客服应给予详细、准确的解答，确保顾客完全理解。当顾客户对某个问题存在疑虑或不解时，售前客服应耐心解释，直到顾客满意为止。尽量不要出现"嗯、哦、好"等单字词语，即使没有别的意思，可能也会让对方觉得不被重视，打消消费念头。解答疑问时，最好用简单易懂的语言描述，不要使用过于专业的词汇，这只会让不懂的人一头雾水。一定要用积极、乐观的态度去跟顾客交流，让他们感受到热情，拉近距离，提升信任感，从而促进成交。

3.消除顾客对产品和价格的顾虑

网店本身就是一种非面对面的销售，顾客在购买前，对卖家的信誉度、宝贝的质量、售后服务自然会有所顾虑，只能通过语言技巧去沟通。

有的顾客也许会直接提出这些疑问，但也有的顾客只在心里怀疑，而不提出来，所以建议售前客服应该针对两种不同类型的顾客去应答这些问题。对直接提出疑问的，我们回答："您放心，虽然我们是新店铺，但我们更看重信誉度，宝贝质量保证没问题，卖次的、假的不是砸自己的饭碗吗？再说万一有质量问题，我保证退换，邮费我出。"对心中有疑问的，我们主动去说："感谢您对我们小店的信任呀，能到我的小店里来，非常荣幸，我也不会辜负您的信任的，宝贝质量和售后服务，我绝对保证。您看还有什么问题吗？"

相信大家都会遇到过一些讨价还价的顾客。面对这类顾客时，如果他们是用别家商品的价格跟你家同款商品的价格做对比，则要给顾客解释说明自家宝贝的材质和做工突出的地方，质量是否有保障，这个价格买到绝对是物有所值的等；顾客也可能说会介绍多点人来购买，让你降价。其实这两种情况都说明顾客是很喜欢你店铺里的宝贝，那么就可以跟店主商量一下能否适当降价或不降价的话就送优惠券或礼品，这样能够刺激顾客下单。

4.顾客购买后应该进行安抚

顾客在拍下宝贝后，大多有心里不踏实的感觉。价格是不是很合适，货能不能及时发出，质量会不会得到保证等诸多问题会存留在顾客心里，此时应该对其进行必要的安抚。

"感谢您的信任和支持，我会及时把货发出的，到时候通知您发货单号，而且我也会追踪宝贝的行程的。""呵呵，收到宝贝后，您自己满意了，还别忘记给我介绍顾客啊。"

还有不少顾客喜欢催发货，应该如实回答店铺承诺发货时间，有的店铺承诺72小时内发货，当天16：00之前的订单当天发货等，请耐心等待。但是这些承诺一定说到做到，否则会让店铺的信誉降低。还有，发货前一定要认真检查好宝贝是否有破损等质量问题，否则会导致售后问题。

5.友好对待未成交的潜在顾客

对待那些无论是因为价格原因、宝贝款式问题还是其他原因没有成交的潜在顾客，我们也不该冷落，因为对方光顾就是鼓励，询问就是信任。

对于未成交，我们应该表示歉意，"抱歉，这里没有您合适的，您再到别处看看，希望您能找到满意的商品。我也会为您留意的，如果找到，我通知您"。"对不起，我的报价没让您满意，但我确实不能再让了，买卖不成仁义在吧，愿意交您这个朋友，随时欢迎您的再次光临。"保持一颗平常心、一种平和的态度，即使没有把宝贝推销出去，也要让大家认可自己的为人，这样才能长久地有续经营。

6.礼貌告别与期待再次光临

在结束对话时，售前客服需要使用礼貌的告别语向顾客表达感谢和祝福。例如："非常感谢您的咨询和支持！如果您有任何问题或需要帮助，请随时联系我们。祝您购物愉快！"这样的告别语能够让顾客感受到售前客服的真诚和热情，同时也表达出对顾客的期待和关注。

四、售前客服异议处理技巧

1.但是法

从名字当中就可以看出来，"但是法"的精髓是先迎合再反驳，因此又称为间接反驳法，指的是当顾客产生异议时，售前客服先附和顾客的异议，然后再根据有关的事实和道理来间接地否定顾客异议的一种方法。

微课5-4

售前客服
异议处理

这种方法一般适用于因顾客的偏见、缺乏经验或者产品信息不足而产生的异议。在使用的时候，先不直接反驳顾客的异议，而是先附和顾客的异议，陈述一下异议的合理性或者仅仅是把顾客的异议简单地重复一遍，这样做最大的好处就是拉近了与顾客之间的距离。然后再用"但是、可是"等含有转折意义的词汇对顾客的异议进行反驳处理。

比如："您说得对，我们的产品确实比别家的东西贵了一些。不过一分钱一分货，我们真正要看的是性价比，您说对不对？"

但是在实际运用中，需要注意以下几个方面，并灵活把握。

（1）只肯定顾客异议中最无法辩驳的部分

售前客服一定要思维敏捷，当顾客提出异议的时候，应该联想到顾客异议背后的各种因素，先行肯定异议中绝对无法辩驳的部分，比如确实是同类产品中价格最高的，确实是颜色比较单调，确实是没有用到最先进的技术等。

（2）要让顾客感觉到售前客服的真诚

如果售前客服不分产生的异议类型，刻意地去附和顾客，不停地说"是""对""没错"等，则很容易让顾客觉得是有意讨好，让顾客产生逆反心理，不利于拉近和顾客之间的心理距离。因此，在肯定顾客的异议时，一定要让顾客感受到真心实意。

（3）选择好反驳的重点

在充分了解了顾客及其异议信息的基础上，要选择好反驳的重点，反驳的重点不能太多，要注意"是的"与"但是"内容的平衡，但一定要有力度，而最有力度的反驳理由无疑是自己产品跟竞品相比时独特的卖点了。

2.反驳法

跟但是法相比，反驳法省略掉了前面的附和部分，直接根据确切的客观事实和相关的材料对顾客提出的异议进行直接的反驳。这样做的好处就是可以直接增强说服力。但是这种方法也有弊端，因为是售前客服直接反驳顾客的意见，所以对抗的意味会比较浓，所以在运用反驳法时，也要注意以下两个方面：

（1）反驳的理由一定要充足，做到有理、有据、有节

因为反驳法主要针对顾客因为错误理解所造成的异议，所以售前客服可以用摆事实、讲道理的方法对顾客的异议进行澄清和解释，也可以借助相关的材料证明进行反驳，反驳的理由一定要充足、可信。

比如，顾客说产品价格太高时，一定要拿出充足的理由证明自己的产品是性价比最高的。在进行反驳的时候，注意最好只提供反驳的客观事实，尽量少做评论，这样可以降低冲突的可能性。

（2）始终维持良好的沟通气氛

在利用反驳法处理顾客异议的时候，售前客服应该关注顾客在情绪上的反应，考虑顾客的心理承受能力，注意良好沟通气氛的维护。要做到态度友好真挚、用词委婉、语气诚恳，既有效地反驳顾客的异议，又不冒犯顾客，使顾客感到既消除了心中的疑虑，又增加了新的知识。

3.太极法

太极法指的是售前客服巧妙地把顾客的购买异议转化成顾客购买理由的一种方法。这种方法不但能消除异议，还使对方很难再问下去。这是一种非常有效的异议处理方法。一方面，它能够使客服人员正视顾客异议，不回避，有利于跟顾客建立良好的合作关系；另一方面，可以充分地调动顾客的积极性，化顾客异议中的消极因素为积极因素，化推销障碍为推销动力，取得较好的销售效果。

4.询问法

在售前沟通过程中，经常会因为各种原因导致顾客提出的异议属于虚假异议。尤其是在互联网上，打字交流的禁忌要远远少于线下的交流，因此有的异议是随手打出来的、无关紧要的，有的异议甚至跟顾客的真实想法根本不一致，有的时候连顾客本人都不知道自己想表达的是什么。

在这种情况下，顾客异议的性质、类型、根源、真假等都很难判断，售前客服就需要利用询问法，排除一些障碍，找到并处理顾客真实的异议。这种处理方法就叫作询问法，也就是售前客服通过对顾客异议提出询问来处理异议的一种策略和方法。在利用这种方法处理异议时，一般的操作程序是：询问测试→了解真实情况→求证→进行处理。

▶ 任务实施

一、售前客服工作内容实操

售前咨询需要做的不单单是和顾客聊天这么简单，更是需要在聊天中分析掌握顾客心态，规避雷区，促成订单，并为之后新顾客的二次回购做准备。在千人千面的情况下，流量越发金贵，如何很好地把握住每一个流量点，如何服务好每一位顾客。售前客服应当从细节入手，即对服务的产品、活动足够熟悉，灵活地应对顾客的咨询。

1.了解产品规格、特性、卖点

（1）产品规格：熟悉产品的详情属性、特点、功效等。

（2）产品包装特点和赠品递送：熟悉产品包装的方式、效果及赠品配送内容。

（3）产品结构：熟悉产品结构，了解哪款转化率高，哪款利润高，哪款是上新，做好关联销售，进行合理地推荐。

2.分析顾客人群的类型

售前客服要根据不同类型的顾客，做好产品的推荐与销售，交谈中切忌对顾客做肯定性的承诺。

（1）理性型顾客。面对这种顾客，我们的售前客服就要做理性诉求。因为这类顾客在购买前心中已有定论，他需要以自己的专业知识进行分析，如果强行推销，会引起这类顾客的反感。

（2）贪婪型顾客。顾客在购买时的语言就能够表现他的性格和品性，在顾客至上的前提下，卖家也一定要擦亮眼睛来保护好自己。

（3）冲动型顾客。这类买家在选购商品时，容易受商品外观质量和广告宣传的影响。

（4）舆论型买家。这类顾客很喜欢去猜度别人的想法，在意他人对产品的看法。在沟通的时候就要给予顾客强有力的正面暗示，尽量把自己商品的优势、功能和销售记录以及别人的好评展示出来。

（5）VIP型顾客。让顾客畅所欲言，要尽量表示赞同，鼓励其继续说下去。

（6）谨小慎微型顾客。多使用一些笑脸的表情，也可以去寻求一些相互的共同点，让顾客把自己当成朋友，从而排除顾客的紧张情绪，认同产品。

（7）习惯型顾客。他们一般是店里的老顾客，大多不咨询就拍下宝贝。

（8）感情型顾客。店铺要保持自己的个性，还要常常联络这一类的顾客，或者在特殊日子送上祝福，发货时附赠小礼物，给顾客带来关怀。

（9）随意型顾客。这类买家缺乏购买的经验，或者没有主见，需要提出意见，帮他拿个主意。

二、售前客服工作流程实操

据顾客进店咨询到最后顾客离开的逻辑顺序，通常有七大步骤：

第一步：热情欢迎

这是顾客进店咨询的第一印象，也是售前客服的基本素养。但是在"双11"这样激烈的竞争环境下，靠热情是留不住顾客的，我们需要引导顾客。

如何引导顾客呢？我们可以从"双11"特别活动、品牌、店铺实力、热销新品、其他活动优惠、会员权益、服务特色等方面展开。为顾客提供有价值的信息，让顾客有继续了解下去的欲望，这一步就算成功了！

第二步：挖掘需求

这一步是顾客能否下单的关键。这一步需要完成的是赢得顾客信任，了解顾客真正需求。如何来了解顾客真正的需求呢？我们可以通过"问""看"两个方面入手。

问，需要试探着问。通过开放式问题到封闭问题，来了解顾客的真正所需。当不太清楚顾客需求的时候，不要过于拘谨，建议多用开放式问题，比如顾客购买商品的使用对象、对想购买商品的要求或想法，也可以从顾客的生活习惯或者对主流商品的看法等方面入手。在"问"这一环节中，我们要学习试探着问，就是不能为了摸清客户的需求，一个接一个提出问题，而不给客户丝毫喘息的机会或应有的解释。

如果顾客不善言辞，在对话中没有挖掘到有用的信息，就需要"看"。看是指看顾客最近浏览、购买、咨询等信息，大致判断顾客的需求。

第三步：精准推荐

在了解完顾客需求的时候，如果顾客没有特别中意的款，就要进行推荐。精准推荐要遵循以下五个原则：顾客自己的偏好最好；顾客反馈次之；新品上市再次之；销量突出再次之；自身用过的产品在最后。

可分别使用顾客自身偏好要求、新品上市、顾客反馈三个理由进行推荐，这样的推荐，顾客接受程度要高很多。

第四步：异议处理

当顾客接受推荐以后，往往还会有一些疑虑，这时候就需要售前客服对顾客的疑虑进行处理。最常见的是对产品价格、服务或产品有疑虑。售前客服只需根据顾客的疑虑为顾客解决即可。当顾客对价格有疑虑时，如店内有优惠促销活动时，可为顾客推荐；如果价格上没有优惠，则可突出产品品质。

第五步：订单催付

这对售前客服来说是最难的一步。很多售前客服脸皮薄，抹不开面子催付，但只要掌握好催付技巧，就可轻松让顾客下单。

催付分为已下单和未下单两种情况。

可以以核对地址的方式对顾客进行催付，也可以用送小礼物或优惠券的方式进行催付。但是在催付过程中一定要做到自然，不能太频繁，以免引起顾客反感得不偿失。

第六步：核对信息

顾客付款后一定要核对订单，减少后期的麻烦，特别是"双11"这样的大促订单很多的情况，售前一定要做好本项工作，顾客反馈订单信息错误时，要及时修改和备注。在核对时，不仅要核对顾客的物流信息情况，如果商品属性很复杂，还要核对商品的属性。

第七步：礼貌告别

不管顾客有没有回应，礼貌的结束语都是十分应该的。这里需要注意的一点是告别前一定要确认顾客没有其他的问题需要咨询。还有就是礼貌告别相对来说比较简单，但是不同的场景，结束语也是不同的，可以设置好不同场景的快捷结束语。

只需掌握以上流程和技巧，无论是客服小白还是有经验的售前客服，都能轻松匹敌金牌客服，让客服团队的接单能力全面提升，不再依赖个别优秀客服。只需掌握各种应对套路，使售前客服在面对难缠时效率倍增，迅速拿下顾客，轻松诱发顾客购买冲动，提升询单转化率。

三、售前客服接待话术实操

售前客服的工作是引导顾客下单，给顾客介绍的时候有什么话术呢？下面是一些售前客服的话术提示，可以借鉴。

1.欢迎语

欢迎语应该要包含对顾客的尊称，问好，以及向顾客介绍店铺，介绍自己。通常可以用"您好""您好，欢迎光临""亲，您好，欢迎光临××××专卖店，我是客服×××，很高兴为您服务"等淘宝行业习惯性地把顾客户称作"亲"，听起来比较亲切的感觉，特别在开头语之后可以配一个欢快、微笑、富有积极性的表情。

2.交流对话

此环节贯穿整个销售过程，在对话的过程中，要注意顾客的说话语气，初步判断顾客的性格，以询问式的语气从顾客那里获得最多的顾客需求信息，准确地把握顾客是否为意向客户，意向度有多高，以方便最准确地给顾客推荐顾客最紧急想要的产品，一次交流即促成订单。整个过程中可以适当引进一些专业术语、数据，并且对自己的产品和销售能力充满自信，给顾客一种我们的产品就是非常好的感受，买了不会有错，让客户感觉到我们的专业性。

3.引导话术

引导话术如：

（1）亲，您想找一款什么功能的机器呢？

（2）您购买这款机器主要喜欢哪项功能呢？

（3）您一般是看电视多还是看电影多，或者玩游戏多呢？

4.议价话术

议价是比较重要的一个环节，但是在天猫店，一般是不可以议价的，怎么去跟顾客解释我们店铺不议价，就显得比较重要了。

四、售前客服催单话术实操

这个环节包括两个小环节：一为催拍；二为催付款。只有最终付款成功并与顾客确定没问题了，才能算是销售完成。已介绍完产品，沟通也很好，但是有些顾客迟迟不拍单或者不付款，这个时候我们可以适当地催一下，但是要注意催单用的语气和技巧。具体有以下几种情况：

（1）新手买家，他们对淘宝支付的操作不太熟悉，这个时候需要耐心地协助顾客操作，并给予适当指导，这样会给顾客带来好感。这种顾客户是非常容易成为店铺的回头客的，对服务满意，也能帮助店铺宣传。

引导话术："亲，您是不是在拍单付款上遇到什么问题了？您说一下或许我可以帮到您哦。"

（2）对产品有疑惑或者对价格有疑惑的顾客，此类顾客一般会说需要再多考虑一下或者看一下。

引导话术："亲，您还有什么疑问吗？说出来我会帮您解决的哦。方便的话您拍下付款，我尽快给您安排发货哈。"引导顾客说出他的问题，顾客解决之后引导拍单付款。

（3）已经拍下，但长时间不付款或者忘了付款的。

可以适当提示付款。

引导话术："亲，这边已经看到您拍下订单了哦。我跟您核对一下订单信息（发送收件人地址信息），没有问题的话您付一下款，帮您安排发货哦。"

五、售前客服议价话术实操

议价顾客可以分为几类：

1.对产品有意向，心动，但是希望能再优惠一点

回复话术："亲，我们店铺薄利多销，已经将利润都让给顾客了。主要是我们的产品能够满足您的需求，咱要买一个放心的好产品，这个价格不高了哦。"

顾客仍然不满足时可以告诉顾客："您看我这边申请给您送个神秘礼品，怎么样？"

2.产品还没有选好，想先讲价，此类顾客以价格为主，产品为次

回复话术："亲，抱歉哦，我们这里不能少价的呢，而且我们是做活动，这已经是最低价了。看您也是非常有诚意购买的，我这边给您申请一个礼包吧。"

3.没有意向产品，纯粹讲价

回复话术："亲，您看您先选好产品，咱知道自己需要什么样的产品。我们的产品能满足您的需求的话，说明这个价值还是非常值的呢。"

4.觉得产品离自己期望值有点差距，但如果优惠一点则能接受的顾客

从顾客的心理讲，其实就是希望得到优惠，能比其他人更便宜购买，需要一种心理的满足感；另外一个就是喜欢占小便宜；第三类人是套价格底线（对此类人除非无节操掉价卖东西，否则基本不会成交）。

针对以上几个问题，解决方式为：

（1）有一个统一的标准和原则，我们是坚决不还价的，而且要和顾客说，这是原则，如果给您私下还价了，那对其他顾客是很不公平的，以此来取得客户的理解（"您好，非常抱歉，我们的产品是承诺于所有消费者的，一口价原则，不议价"的）。

（2）针对爱占小便宜的顾客，从其他活动或者赠品的角度上来引导顾客，价格是还不了了，但是下订单后可以免邮费或者送赠品，顾客一般会接受的。

【启智育人】

卓越的·网店客服：素质与能力并重

网店客服是网店运营中不可或缺的一部分，主要负责与顾客进行在线沟通，解答客户的疑问，处理订单、退换货等售后问题，以及维护良好的客户关系。客服工作不仅要求能够快速、准确地响应顾客需求，还需要具备良好的沟通能力和服务意识等基本素质。

沟通能力：网店客服需要具备出色的沟通能力，能够用清晰、准确、礼貌的语言与客户进行交流。这包括理解客户的问题、需求，并能够给出合适的解答和建议。

服务意识：良好的服务意识是网店客服的核心素质之一。网店客服应该始终以顾客为中心，积极为顾客提供帮助和支持，解决顾客在购物过程中遇到的问题。同时，网站客服还需要有耐心和耐心，能够处理顾客的投诉和不满，并尽力给予满意的答复。

快速学习能力：由于电商行业的快速变化和发展，网店客服需要具备较强的学习能力，能够快速掌握新的产品知识、销售技巧和服务流程。此外，网站客服还需要关注行业动态和竞争对手情况，以便为顾客提供更加专业和有针对性的服务。

团队协作能力：网店客服团队是一个整体，需要各个成员之间紧密协作，共同完成任务。网站客服应该具备良好的团队协作能力，能够与其他成员有效沟通、协作，共同解决问题。

抗压能力：客服工作常常面临各种压力和挑战，如客户投诉、订单处理错误等。网店客服需要具备较强的抗压能力，能够在压力下保持冷静、理智和高效的工作状态。

诚实守信：网店客服需要诚实守信，遵守职业道德和法律法规，在处理顾客问题时，应该客观、公正地给出答复和建议，不得欺骗或误导顾客。

熟练使用电脑和网络：网店客服需要熟练掌握电脑和网络的基本操作，如打字、浏览网页、使用即时通信工具等，此外，还需要熟悉电商平台的操作流程和规则，以便更好地为顾客服务。

网店客服是一个需要多方面素质和能力的岗位。具备以上素质和能力的人员能更好地胜任这一岗位，为网店的发展做出贡献。

任务2 售中客服

任务解析

团队成员在实际工作中发现，只知道怎样做好售前客服还不够，因为当下顾客下来订单后会出现各种各样的问题，比如客户在提交了订单后，会因为各种各样的原因而要求修改订单，修改内容涉及价格优惠、邮资或收货地址等。客服人员必须熟练在开网店过程中，除了一些商品质量之类的硬性要求以外，像售中服务这样的软性要求也会在一定限度上影响店铺的成交量和店铺评价。售中客服与客户的实际购买行动相伴随，是提高成交量的关键环节。本任务要求了解网上售中客服所需要的一些基础工作，主要介绍售中客服的概念及售中客服的业务操作流程，要求掌握查询、修改订单技能及行之有效的技巧。网店客服需要达到一定的专业化水平，只要顾客进行询问就说明他（她）有购买意向，但是如果在顾客没有下单之前需要对他们进行引导，就要基于最基础的客服工作，使顾客最终的购买行为得到实现。

知识链接

一、售中客服主要工作内容

1.售中客服的定位

售中客服是指在产品销售过程中为顾客提供的服务。在顾客拍下商品到确认收货之前的过程中所提供的服务包括对商品信息和收货人信息的审单工作，配货单和物流单的打单工作。

2.售中客服的目标

售中客服的目标是为顾客提供性价比最高的解决方案。针对顾客的售中服务，主要表现为销售过程管理。热情、礼貌、专业的售前客服会给顾客留下良好的印象，而体贴、周到的售中服务能获得客户对店铺的信任。

3.售中客服的内容

接待服务是售中客服的中心内容。售中客服在接待客户时，通过主动热情、耐心周到的服务，把顾客的潜在需求变为现实需求，达到商品销售的目的。可以说，在商品销售过程中，接待服务对销售成败具有决定性的作用。客服服务质量的高低，关系着网店声誉的好坏，因此，网店应实行接待服务规范化，分别规定具体的内容和要求。

售中客服主要针对顾客已付款但未收到货物时发生的问题提供服务，主要包括查询订单状态、改价、换货或更改地址等。

二、售中客服订单处理技巧

1.先倾听再发言

微课 5-5

售中客服订单
处理技巧

假如顾客对一款竞争产品非常了解，那么这时候售中客服一定不要说过于主观的话，如"我认为……""我觉得……"。在没有清楚地了解顾客心理之前，不要鲁莽地做决定，一定要尊重他人想法，耐心地听顾客陈述完整。

接着售中客服应该了解顾客为什么对竞品会这样熟悉，是想购买还是另有原因。可以多多描述自家宝贝的特点和卖点以及最新的优惠活动，利用所具有的信息优势给顾客进行相关介绍。

2.摸清选择偏好

不了解顾客的偏好就盲目推荐，这样肯定没有效果。因此当顾客在店内询问款式时，售中客服应该先了解顾客的购买心理，在沟通交流过程中，也要充分尊重顾客的意愿，不要推荐不相关的宝贝，而且千万不要让顾客觉得服务不够热情，一定要针对性地满足顾客的真正需求，才能实现客户的转化。

3.迎合客户见解

顾客在购买产品时肯定也会有自己的想法，因为了解不多可能还会对自家的宝贝有些误解，此时售中客服先不要急着否定，要学会适当地认同顾客的观点，比如宝贝的确不可能实现绝对完美，但是我们一直致力于打造最优质的产品等，要慢慢解释说明，化解误会。

售中客服的表现直接影响着店铺的评价和顾客服务体验，所以引导过程不要太生硬和直接，要循序渐进，慢慢让顾客下定决心。在弄清顾客的喜好之后多推荐一些与之相关的宝贝，让顾客实在地感受到专业服务以及热情。这时售中客服的作用就会体现得淋漓尽致了。

4.适当催付订单

当我们看到顾客拍下但不付款的时候，都会非常着急，但是又不能硬生生地去催付款，应该如何有效地去催顾客付款呢？优秀的售中客服可以通过催单的工作增加店铺的成交量和转化率，为店铺带来更多的老买家和业绩。下面给大家总结了一些方法技巧。

（1）选择合适的催付时间

对于催付的时间，我们可以参考一下店铺的发货时间，这样在催付的时候就可以告知顾客什么时候要发货了。例如店铺的发货时间是下午5点，那么催付时间可以是下午4点左右。同时也要注意不要在顾客休息的时间进行催付，这样顾客会很反感的。

（2）了解顾客的下单情况

在对顾客进行催付前，首先需要分析顾客当天下了多少订单。假如顾客当天下的订单中有成功支付的订单，就可以判断顾客已经买到喜欢的宝贝了，这时候就不需要再催付了。假如顾客之前下了很多订单，却都没有付款，那么售中客服就需要选择顾客最新的订单来进行催付，因为这笔订单可能是顾客最终的决定。

（3）了解顾客的购物需求

顾客下单但不付款的原因有很多，在催付之前，我们需要找准顾客还不付款的原因，然后进行针对性的催单，那么挽回这笔订单的成功率就高了。

（4）提升服务质量

虽然我们的目的是催单，但是在和顾客沟通的过程中不要让顾客觉得为了催单而催单，可以和顾客聊其他方面的天儿，消除买家的疑虑，如说一说产品质量以及售后服务，让顾客放心购买。

三、售中客服订单处理话术

欢迎语：要素包括——店铺名（品牌名）、客服昵称、表情。要注重话术的规范标准，永远做最后一个说话的人，不要让顾客放空。

明确顾客需求：解答疑问、推荐款式。耐心听取顾客的需求，了解他想买什么，在适当的时候给顾客推荐店里的款式，让顾客觉得你推荐的是适合他的。

活动告知：推荐顾客参与店铺活动，通过活动引导而非强行让顾客购买。在店铺做活动的时候，把活动推荐给顾客，并且告诉顾客参加活动有什么好处。

下单行为跟进：如一段时间没有下单则需要回访。有时顾客没下单是因为自己在犹豫到底买不买，跟进顾客下单可以提高店铺转化率。

确认收货地址，附加催款：顾客下单后跟顾客核对收货地址，推送知识，引导付款。确认收货地址是非常需要的，有时顾客的默认地址是不对的，有时可能顾客是帮自己朋友买的，确认收货地址后可以避免货物到不了顾客手上的情况。

整理顾客信息并进行记录：对服务过程中获取到的顾客信息进行记录，为顾客回购助攻。

四、售中客服促销推广话术

关联推荐：主推款的推荐、搭配套餐或搭配款引导，提升客单价。可以在适当时机推荐与顾客需要的宝贝相关联的宝贝。

推送关注型优惠：邀请顾客关注帮派、微博，收藏店铺等，告知好处。引导顾客关注店铺在一定限度上增加二次回访率。

告别语：请求顾客关注收货后给店铺好评，并告知售后问题出口。这样可以提高顾客评价的质量，减少中差评。

▶ **任务实施**

售中客服接待话术技术运用

网店售中客服话术训练：结合客户回复，进行合理回复。

当顾客户点击售中客服进行交谈，立刻弹出："您好，欢迎光临，客服003号XX为您服务！"

当顾客打招呼的时候，应该立刻回复："亲，您好，很高兴为您服务，有什么可以帮助您的吗？"

当需要顾客等待时，应告诉顾客："亲，麻烦请稍等，我查一下库存，立刻回复您！"

微课5-6

售中客服接待
话术技巧

当顾客讨价还价时，应礼貌地告诉顾客："亲，我们都是小本生意，价格已经很优惠了！"

顾客一再要求要低价时，即使这个商品可以给折扣，但也不要立刻答应，应先回复："呵呵，这让我很为难耶。这样吧，我请示一下领导，看能不能给您一些折扣，不过估计有点难，亲，请您稍等，我快去快回！"过一段时间后，最好不要超过三分钟："亲，还在吗？亲，我刚才请示了一下我们领导，可以给您折扣的哦，但是收到宝贝后一定要给好评哦！"

当顾客询问价钱及有没有货物时，为了避免浪费时间："亲，我们店面只要能拍下的宝贝都是有充足库存的哦。"

如果顾客想要的商品我们暂时缺货或是没有的话，一定要先表达歉意："亲，实在不好意思，您要的宝贝暂时性缺货。您可以先看一下别的款式，到货后我立刻通知您，您看可以吗？"

当顾客表示麻烦了的时候："没关系，亲，很高兴为您服务！"

当顾客询问发货时间时："亲，因为我们的发货量很大，但是只要您是在下午5点之前拍下的，我们一定会尽快发出的。请耐心等待哦，很快就能收到心爱的宝贝了。"

当顾客叮嘱商品质量时："亲，放心啦！我们在发货前都有专门人员仔细检查的！"

当新手顾客问及邮费时，为了避免浪费时间，一次性把邮费说清楚："亲，一次性购买商品一千克之内是10元，每超出一千克加收5元。"顾客拍下商品，需要修改价格时："亲，已经为您修改好了价格，一共是xx元。您方便时付款就可以了，感谢您购买我们的宝贝。"

当顾客付款成功时："已经看到亲支付成功了，我们会尽快安排给您发货的，感谢您购买我们的商品。"

顾客购买成功，提示顾客好评会有返现："亲，收到宝贝如果满意的话，要给好评哦，我们会给予相应的返现的哦。"

在回答顾客的问题时，一定要及时、准确，尽量缩短时间，要简单易懂，其间顾客犹豫时一定要主动和客户交谈，让顾客感觉很亲切。交谈一定是售中客服最后结束。

【启智育人】

引领未来服务新潮流：虚拟数字人客服的崛起与应用

虚拟数字人客服是一种基于人工智能技术的智能客服解决方案。它使用自然语言处理（NLP）技术、语音识别技术、机器学习技术和计算机图形学技术，能够模拟人类的语言和行为，与用户进行自然、流畅的交互。虚拟数字人客服的技术实现原理主要包括以下几个方面：

自然语言处理技术：用于解析用户的语言输入，识别用户的意图和需求，从而提供相关的响应和交互。NLP技术使虚拟数字人客服能够准确理解用户的问题，并给出恰当的回答。

语音识别技术：使虚拟数字人客服能够识别用户的语音输入，并将其转化为文字进行处理。这使得用户可以通过语音与虚拟数字人客服进行交互，提高了交互的便捷性和效率。

机器学习技术：通过不断学习和优化，使虚拟数字人客服能够更好地适应不同的用户需求和场景。机器学习技术使虚拟数字人客服能够不断提升自身的服务质量和效率。

计算机图形学技术：用于创建虚拟数字人的形象和动画效果。这使得虚拟数字人客服能够以更加生动、形象的方式与用户进行交互，提高了用户的满意度和体验。

虚拟数字人客服具有多种应用场景，如电商平台的客户服务、金融服务的咨询和解答、文旅展示的导游服务等。它可作为企业的24小时客户服务代表，通过语音识别和自然语言处理技术，实现自动回答客户咨询、提供产品信息讲解和个性化服务等。此外，虚拟数字人客服还可以根据用户的行为和喜好，为其提供个性化的服务，提高用户满意度。

虚拟数字人客服的未来发展将呈现出更加智能化、普及化和人性化的趋势。随着人工智能技术的不断发展，虚拟数字人客服将能够处理更加复杂的问题，提供更加个性化的服务。同时，随着虚拟数字人客服成本的降低和技术的成熟，它将逐渐普及各个行业和领域，成为人们日常生活中不可或缺的一部分。此外，为了提高用户的满意度，虚拟数字人客服将越来越注重人性化的设计，能够更好地理解和满足用户的需求。

任务3　售后客服

▶ 任务解析

在网上交易的过程中，客户购买商品后，经常会出现各种问题需要售后服务进行处理。其中退款管理和投诉处理是重要的两个环节。售后客服是为解决客户疑问而存在的岗位，顾客在售前、售中、售后都能找到售后客服解决问题。在这期间，顾客对售后客服处理结果不满意的话，就会给予差评。当然，谁都也不希望差评的发生，但如果差评已经发生了，而且还置顶了，商家不想因差评对商品转化率的影响太大，售后客服就要想办法解决好，以求增加店铺信誉，增强买家对店铺的信任度，为店铺带来回头客等。

▶ 知识链接

一、售后客服工作内容

1.核实订单

当顾客付款之后，售后客服首先要核对订单及地址，确认电话等信息是否正确，以免造成麻烦，如果真的出现问题，就会造成双方的不愉快，甚至会影响顾客的再次购买。下午收货时间前对未填写的发货订单即时跟库房联系，通过旺旺即时发送出货信息给顾客，配合售后客服跟踪当天顾客的付款订单。

微课5-7

售后客服
工作内容

2.物流跟踪

当商品寄给顾客的时候，售后客服要实时关注物流的信息，出现问题或者延迟的时候，要及时联系物流并尽快解决问题，避免物流延迟，影响顾客的心情和评价。

3.遗留订单处理

每天上线后对昨天晚上值班客服遗留的售后问题和其他客服旺旺号留言进行统计整理进行相应处理；对昨日发货的产品进行跟踪，确定有物流信息更新；对昨天收货的顾客好评进行评价与解释，对出现的差评即时沟通与汇总。

4.解决快递的破损问题

在网络销售中最常见的售后问题就是快递破损了，产品在运送途中破损、包装破了等都属于不可控因素。快递在运送进程中的损坏在所难免，虽然原因不在买卖双方，但设身处地站在顾客的角度考虑，顾客花了钱买东西，到手的东西却是坏的，心里难免不痛快。

这时，售后客服不要和顾客争论，先给予补偿，不要纠结物品的破损到底是物流的责任还是我们自己的责任。遇到破损先补偿，之后再找快递公司或者是相关负责人才是最正确的方法。

5.发货后做好货物跟踪

跟踪好包裹的运输情况也是售后客服的工作内容。售后客服可以花一点时间来跟踪包裹。一般包裹派送时间为三五天，若包裹发出五天后仍然没有签收，最好查一下具体情况，联系顾客并告知情况，以防止顾客由于等待过久而对网店产生的不满情绪。

6.顾客签收后做好回访

把每一位顾客当成自己朋友对待，在顾客收到货后及时地联络，询问产品情况、有无破损、对产品是否满意等，若顾客觉得满意，可以请对方给予好评。顾客在对产品满意的情况下，肯定不会给我们差评。但如果真的出现了问题，也需要耐心询问，做好售后工作。

7.收集顾客信息，记录顾客偏好

收集有效顾客信息，能够让店铺很好地把握产品的受众人群。经过对整体顾客的剖析了解产品的问题和优势所在，也能协助商家提炼产品卖点。同时顾客信息是维护老顾客的主要手段，要掌握顾客的联系方式、购买途径、对产品的购买力等。这样才能更好地服务这些顾客，使之成为我们的老客户。

8.逐个好评回复

这是树立网店形象的重要一点。做好好评回复，老顾客会觉得咱们很贴心，而新顾客看到了又会觉得网店人性化，售后客服很专业。用心地回复、感谢买家支持和信赖，不只让顾客心理上认同服务，更能够促进新顾客产生信赖感。

9.维系老顾客

在老顾客购买了一段时间之后，在节假日时，我们可以用短信或旺旺发一些问候信息，以此来维系与客户的黏度。但要注意，不能太过于频繁。许多网店还会专门为老顾客定制一些回馈活动。新产品无人购买时，可以做老顾客活动，网店销量下滑、点击率下滑也可以做老客户活动。因此，维系好老顾客是网店赖以生存和发展的重要资源。

微课5-8
售后客服工作流程

二、售后客服工作流程

一个良好的店铺背后一定有一套完善、科学的售后服务体系。一般售后服务体系包含如下环节：

1.顾客咨询

顾客通过网店提供的客服渠道（如旺旺、聊天窗口等）提出咨询或问题，可能涉及商品信息、物流状态、订单问题等。

2.顾客信息核实

售后客服核实顾客的身份信息，如订单号、购买商品信息等，确保售后服务的有效性和合法性。

3.问题诊断与确认

售后客服根据顾客提供的问题进行诊断，分析问题的性质和原因。

请顾客详细描述问题，以便全面了解问题并给出相应的解决方案。

4.解决方案的提供

根据问题的性质，售后客服提供详细的解答和建议，包括退货、换货、维修等解决方案。

向顾客详细说明每个解决方案的步骤、条件和方式，并协助顾客选择适合的方案。

5.协商达成一致

售后客服与顾客进行协商，确认顾客是否接受解决方案，并达成一致意见。

如果顾客对解决方案有意见或不满意，售后客服需要耐心听取并调整和改进。

6.问题处理

根据达成的一致意见，售后客服开始着手处理问题。

如果是退货或换货，售后客服提供详细的退货或换货流程，并协助顾客完成操作。

如果是维修，售后客服与顾客沟通并安排维修事宜。

7.售后服务跟踪

售后客服可能会在一定时间内与顾客取得联系，确认问题是否得到解决，以提高顾客满意度。

8.异常情况处理

遇到包裹丢失、商品损坏等异常情况，售后客服应主动与顾客联系，提供解决方案，并协调内部部门解决问题。

9.顾客投诉处理

对于顾客的投诉，售后客服要认真收集信息，理解顾客的诉求，并在规定时间内给予答复和解决方案。

10.售后服务改进

定期收集顾客的反馈意见，对售后服务进行评估和改进，提高顾客满意度。

在具体执行过程中，不同网店的售后流程可能有所不同，但总体步骤大致相似。同时，售后客服还需要注意与财务、仓储、物流等部门的协同工作，确保售后服务的顺畅进行。

三、售后客服评价处理技巧

微课5-9

1.售后客服面对同行恶评的处理

处理同行恶评需要售后客服应保持冷静、专业的态度，并遵循合适的程序来应对。合理的举报、回应和改进措施可以最大限度地减少恶评对店铺的负面影响。

售后客服
评价处理

（1）识别恶评

售后客服需要准确识别出哪些评价是真实的客户反馈，哪些是可能的同行恶评。同行恶评往往具有一些特征，如语言过于尖锐、评价内容与商品或服务无直接关联，或者评价者的购买记录异常等。

（2）保持冷静

面对恶评，售后客服首先要保持冷静和专业的态度。不要因为恶评而产生过激的反应，这可能会影响店铺的形象和声誉。

（3）收集证据

如果怀疑某条评价是同行恶评，可以尝试收集一些证据来支持这一判断。例如，查看评价者的购买记录、评价历史等，看是否存在异常或可疑之处。

（4）举报恶评

如果确信某条评价是同行恶评，并且有足够的证据支持这一判断，可以通过淘宝的举报系统来举报这条评价。在举报时，应提供详细的证据和理由，以增加举报的成功率。投诉过程要注意以下事项：

①在投诉前，售后客服需要收集足够的证据来支持其投诉。这包括但不限于旺旺聊天记录、安存语录的语音凭证、手机短信、QQ聊天记录等，这些凭证可以展示评价者的恶意行为或评价内容的不合理性。

②售后客服可以通过淘宝平台提供的恶意评价投诉渠道进行投诉。在提交投诉时，需要填写详细的投诉信息，包括评价内容、评价者的信息、相关证据等。同时，确保投诉的受理时间范围在评价生效的30天内。

③提交投诉后，淘宝平台会进行人工审核处理。处理时间通常为1～3个工作日。售后客服需要耐心等待审核结果，并关注投诉的进展情况。

④如果投诉成功，淘宝平台会对恶意评价进行异常评价删除等处理措施。售后客服需要关注投诉结果，并及时跟进后续工作。

⑤投诉过程中，售后客服需要保持客观、公正的态度，避免与同行发生不必要的争执或冲突。

⑥如果投诉未成功，售后客服可以考虑通过其他途径解决问题，如与同行进行沟通协商、向淘宝平台申诉等。

（5）公开回应（谨慎使用）

在某些情况下，售后客服可能会选择在评价下方进行公开回应。这种回应应该是客观、礼貌且专业的，旨在澄清事实，而不是引发进一步的争执。然而，公开回应需要谨慎使用，因为不恰当的回应可能会加剧矛盾。

（6）与淘宝平台沟通

如果恶评问题严重，或者举报未能得到有效处理，售后客服可以主动与淘宝平台沟通，寻求进一步的帮助和支持。

（7）改进服务和产品

虽然恶评可能是不公正的，但售后客服也应该借此机会审视店铺的服务和产品是否存在可以改进的地方，通过不断提升自身质量和服务水平，来减少恶评的可能性。

（8）保持积极心态

面对恶评时，保持积极的心态非常重要。恶评可能是无法避免的，但售后客服可以通过积极的态度和专业的处理方式来最大限度地减少其负面影响。

2.因产品因素导致差评置顶

针对因产品因素导致的差评置顶问题，售后客服应积极应对并妥善处理。通过核实问题、提供解决方案、鼓励正面评价、减少差评曝光和提升产品质量和服务水平等措施，降低差评对店铺的影响。同时，售后客服应不断总结经验教训，提升处理差评的能力和水平。

（1）了解差评置顶的原因

差评置顶往往是由于多种因素综合作用的结果，包括但不限于以下几点：①产品质量问题：产品质量不符合消费者期望，如产品损坏、与描述不符等。②发货和物流问题：发货延迟、物流信息不准确或丢失包裹等。③客户服务问题：售后客服回复不及时、态度不好或无法解决问题等。

（2）针对产品因素的解决方案

首先，核实问题并主动联系顾客：售后客服应首先核实差评中提到的产品问题，并主动联系消费者，了解具体情况。

通过电话、旺旺等渠道与消费者沟通，了解问题发生的原因、时间以及顾客的期望。

其次，提供解决方案并道歉：真是因为产品出现问题了，那么售后客服就更需要做好后续顾客维护。售后客服先道歉，主动询问对产品的具体不满意地方，了解完后表示感谢顾客反馈，今后一定积极改正。同时为表示店铺的歉意，售后客服将实行小额打款或优惠券作为补偿。这样的做法让顾客对店铺态度有所改善，情况好时还能删除差评或追加好评。

如果是商家的问题导致的顾客退货如发错货、少发货、货物出现损坏等情况后出现差评，在消费者拍照举证确认后，售后客服首先要向顾客致歉，安抚顾客的情绪，随后提出解决方案，比如让顾客把错发的货退回，并且马上把正确的商品发出。在这里可以使用一些小的技巧，比如补偿的话，可以先给顾客以优惠券、会员等级优惠的虚拟方式，然后是现金类，比如红包、赠品等。但是不要执着于这一条技巧，应根据顾客的不满情况和个性随机应变，否则可能会引发顾客更大的不满。

最后，尽快处理并跟踪进度：根据顾客选择的解决方案，尽快处理退换货、退款或补偿等事宜。

跟踪处理进度，确保问题得到及时解决，并向消费者反馈处理结果。

（3）防止差评置顶恶性循环的措施

首先，鼓励正面评价：鼓励满意的顾客留下正面评价，以增加好评数量，降低差评对店铺的影响。通过赠品、优惠券等方式激励顾客给予好评。

其次，减少差评曝光：尽量避免继续有人点击进去查看差评，减少差评的曝光量；组织活动让买家或亲朋好友去点击查看好评，让好评陆续代替置顶差评。

最后，提升产品质量和服务水平：严格把控产品质量，确保产品符合描述和顾客期望。提升客户服务水平，提高售后客服的响应速度和解决问题的能力。

3.售后客服做好回评

不要顾客给了差评就在私下默默抱怨，既然事情已经发生了，关键是要解决好。售后客服可以做一个长长的回评试图掩盖差评，而且回评内容中还能对问题有一个道歉态度，更要对优点进行论述。

4.减少差评最好方法就是做好产品和服务

虽然售后客服无法选择产品，但是也能给老板提建议提高产品质量。服务一定要做好，不管购买与否，都要给予最佳服务，有意向要促成、没支付要催单。

随时关注评价与投诉，做到第一时间联系客户处理。在第一时间，顾客还在线上，是解决问题的最佳时间，问清顾客的问题，给出解决方案。绝大多数顾客会删除或修改评价的，并且会因为我们的良好售后理念留下来。

处理中差评时，首先要摆正心态，明确目的：不是为了修改评价，要诚实守信地处理问题，通过落实顾客的问题，重新建立信任，挽回顾客的不良体验，让顾客重新归队。信任有了，评价问题自然会得到解决。有了这样的理念，就会变被动、发怵为主动、愿意。处理纠纷、中差评、投诉，不是简单的赔礼致歉，更不是卑躬屈膝、沦丧尊严，而是认真分析顾客交易中的细节，对症下药，消除误会与疑虑。顾客想要的仅是解决好交易中的问题。切忌把处理中差评当成是"优惠=修改评价"的简单行为，这样处理的结果是，某些顾客在利益诱惑下可能给你修改了评价，但不良体验会加重，并且如果再次购物时，还会通过不良评价的方式来表达。

四、售后客服异议处理技巧

微课 5-10

售后客服异议处理

1.商品存在小瑕疵

很多卖家在商品描述中明确说明：像线头、小瑕疵等不影响穿着的问题，不算质量问题。其实质量问题的界定没有那么明晰。

相信每一位顾客对商品的期望都是一件尊贵完美的礼品，任何瑕疵都会影响到期待的心情。

对于这样的问题，只要顾客提出来了，售后客服就要真诚致歉，并主动送出5~10元的优惠券表示诚意。

内部进一步完善质检流程，严于律己、精益求精。不要让"小瑕疵"成为顾客流失的因素。

2.商品破损问题

售后客服首先要问清楚顾客商品的情况，判断是质量问题还是快递途中磨损所致。在一般情况下，以快递包装是否完好来判断。

如果是质量问题，售后客服要敢于承认，真诚致歉，承担往返运费，为顾客更换，不要找任何原因为自己辩解。没有什么面子上的问题，确实是咱们做得不够好，影响了顾客的购物体验，即使为顾客更换，也耽误了顾客的使用时间。一定要以自己的诚意打动顾客，挽回不良感受，让顾客愿意扎根在本店铺里。一位顾客给店铺带来的利益远远高于一笔交易。

如果是快递途中磨损，按平台交易规则，顾客签收了破损件，卖家跟快递则免责，因为顾客有当面验收的义务与责任。但是事实上，如果按规则办事，肯定会失去这个顾客。所以遇到这样的问题时，咱们要更人性化。一方面提醒顾客保存好内外包装（快递磨损的证据），并向当地快递公司说明情况。同时让顾客拍照外包装、衣服的破损情况，我们联系派送方协助顾客索赔，因为跟派送方有合作关系，一般会帮到我们的。万一索赔不到，也要跟顾客说明我们的努力程度，并且适当承担一部分损失，可以以优惠券的方式兑现。让顾客理解我们的不易。落实了顾客的问题，纠纷性质就不会上升。

如果是由于顾客不当使用导致的破损，刚穿一两次就坏了，比如因为尺码小撑坏了，或者因为意外扯坏了。刚买的新衣服还没有怎么穿就坏了，顾客的心情不言而喻。首先要表达我们的同情，然后问清楚具体情况，我们能帮顾客修的，不要嫌麻烦，尽可能地帮顾客修一下。如果需要返厂，则让顾客提供修理费和运费即可。问题解决了，顾客的黏度会增强。

3.顾客态度激进

遇到顾客骂人时，不要着急，也不要害怕。这样的顾客往往是脾气急、比较直爽，所以才有这样的表现，不要片面地定性为素质不高。

遇到这种情况时，赶紧跟顾客打个招呼，然后紧急查看聊天记录，了解顾客的情况。对我们处理不妥的环节表示歉意，开门见山地解决好顾客的问题。

确有中间环节存在严重过失的，如顾客的问题，问了N次、N个客服，每次都让客户阐明情况，N天也得不到解决的。这种情况往往是由于节假日等非工作时间，或者顾客跟售后客服的作息不一样，双方不能有效对话（顾客习惯晚上12点后上线，售后客服第二天看到问题，总是隔天相望）。售后客服要主动给出一些小补偿，比如下次购物送个小礼物，或者送张5-10元优惠券，表达我们的心意，安抚顾客的情绪。

4.异议跟进处理

如果顾客的异议在第一时间无法解决，需要协调其他部门处理时，要对顾客标注跟进，并且将每日跟进的处理内容发送给顾客，让顾客有更好的服务体验。

在跟顾客沟通的过程当中，不单单要按照流程操作，更要注意不要伤害顾客的购物体验。售后客服要礼貌耐心热情，凡事要多致歉，如果是我们的错，要为我们的错误向顾客道歉；如果不是我们的错，那么要为顾客的购物体验去致歉。这样顾客情绪才能得到安抚，同时也会记住商家的贴心服务。

▶ 任务实施

一、退款管理

在网上交易的售后过程中，引起退款的原因一般是少发、漏发，快递中途丢件，未收到货物，以及有差价产生等。不管是哪种原因引起的退款，卖家都需要第一时间和顾客沟通，明确原因，给出解决方案。

1.退款申请

买家需要在后台申请退款，卖家在确认金额以及退换货原因无误时同意退款。

需要注意的是，售后客服在引导顾客申请退款时，需要特别注意全额退款和部分退款的区别。

（1）部分退款。它多发生于少发、漏发、产品有损坏，以及产生差价的情况。这种情况需要顾客在申请退款时，选择已经收到货物，申请部分退款，并且申请金额应与和卖家协商完毕的金额一样。卖家后台确认无误后即可同意该项退款，款项到达顾客账户。

（2）全额退款。多发生于买家未在约定时间内收到货物，或者货物在运输过程中遗失，卖家又不具备补发条件的情况。买家在操作全额退款时，需要选择未收到货物，申请退款，卖家后台确认无误即可同意该退款，款项到达买家账户。

另外，在很多情况下，顾客在申请退款时，没有和顾客取得联系，而是直接在后台申请退款，并且在申请退款订单中没有说明原因或者上传对应的凭证。针对这种情况，卖家需要及时与顾客取得联系，而不要随意拒绝顾客的退款申请。

需要注意的是，一旦卖家拒绝退款，顾客就有权要求淘宝小二介入，小二介入后若判定为卖家的责任，就会成为退款纠纷，计入店铺退款纠纷。

2.退款流程

网店退款流程通常因平台而异，但大致上遵循相似的步骤。以下是一个基于多个平台（如淘宝、京东、天猫、拼多多等）退款流程的归纳，旨在提供一个清晰、分点表示的退款流程。

（1）登录账号并进入订单页面：①打开相应的购物平台App或网页；②登录自己的账号；③找到并点击"我的订单"或类似的入口，进入订单页面。

（2）选择需要退款的商品：①在订单页面中，找到需要退款的商品订单；②点击进入该商品的订单详情页面。

（3）发起退款申请：①在订单详情页面，找到并点击"申请退款"或类似的按钮；②根据平台要求，填写退款原因、退款金额等相关信息；③如有需要，可以上传退款凭证，如商品照片、物流信息等。

（4）等待卖家审核：①提交退款申请后，等待卖家在一定时间内进行审核；②审核期间，可以在平台上查看退款进度。

（5）卖家同意退款：①如果卖家同意退款申请，则平台开始处理退款事宜；②退款金额将按照原支付路径返回至顾客账户。

（6）填写退货信息（如需退货）：①如果退款需要退货，则根据卖家提供的退货地址，填写退货信息；②选择退货的快递公司，并填写运单号；③提交退货信息后，等待卖家确认收货。

（7）卖家确认收货并退款完成：①卖家收到退货并确认无误后，平台将完成退款流程；②顾客会收到退款成功的通知，并可在自己的账户中查看到账情况。

退款流程图如图5-1所示。

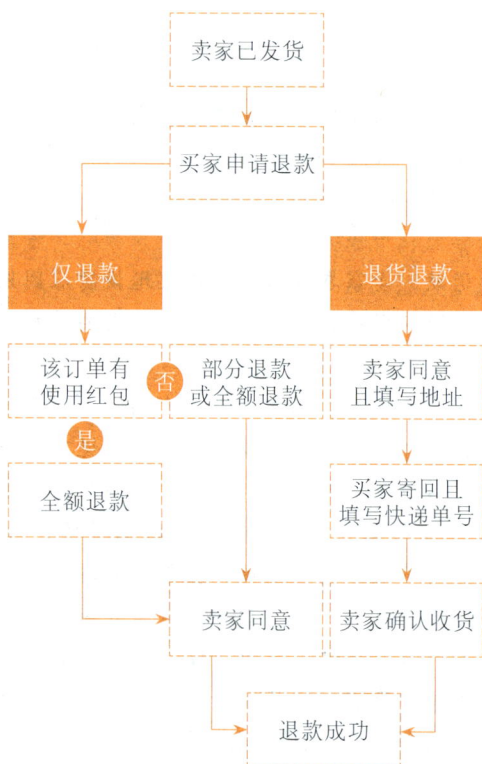

图5-1　退款流程图

二、投诉管理

(一) 了解投诉产生的原因

顾客投诉主要是因为与卖家产生了纠纷，即买卖双方就具体的某事或某物产生了误会，导致双方协商无果的情形，具体原因包括：

1.产品质量因素

产品质量是客户衡量商品使用价值的标准，具体包括：

(1) 外观质量：主要是指顾客在产品外观方面需要的性能，表现为产品的光洁程度、造型、颜色等各个方面，如产品缝制质量、产品局部瑕疵、产品颜色偏差等。

(2) 使用质量：①产品的使用便捷性。②产品的耐用性。③产品的可靠性。④产品的功效性。

2.物流因素

物流因素包括发货延迟、物流速度过慢、货品有破损。

3.货源因素

货源因素包括缺货、断货。

(二) 投诉处理

1.倾听

当顾客收到自己期待已久的宝贝，却发现宝贝和自己的心理预期相差甚远时，难免心里会觉得不舒服，自然会找到售后客服抱怨对商品的不满意。这时售后客服首先要充分理解顾客的心情，耐心倾听顾客的抱怨，给予顾客发泄的机会。当顾客发泄时，不要急着去辩解，所有的解释在顾客愤怒的时候都是无力的，甚至会激化与顾客之间的矛盾，引起不必要的争端。要做一个耐心的倾听者，站在顾客的立场上听他把话讲完，肯定并认同顾客的感受。

2.分析

售后客服认真倾听顾客的抱怨后，需要对顾客抱怨内容进行分析、归纳，然后找出顾客抱怨的原因。顾客抱怨的原因见表5-1。

表5-1　　　　　　　　　　　　　　　　顾客抱怨的原因

商品与描述不符	发货速度太慢	售后客服服务态度差	送件员的服务态度不好
商品质量有问题	商品到达时间过长	售后客服回复顾客疑问没有耐心	送件员对快件不负责
商品尺码不准确	耽误顾客应急使用	售后客服与客户发生争执	送件员故意损坏商品
商品与顾客预期有出入	超出售后客服承诺	售后客服的语言过激	送货中服务态度不好

3.解决

针对不同的责任提出不同解决方法。

(1) 店铺的责任。承担责任，诚挚道歉，主动退换货，承担运费，给与客户补偿。

(2) 物流公司的责任。售后客服要帮助顾客主动联系物流公司，弄清楚快递在运输过程中出现的问题，并要求快递公司进行赔偿，向客户赔礼道歉。

（3）顾客方的责任。售后客服应从店铺利益出发，让客户承担纠纷中的主要责任。

4.跟踪

售后客服除了能顺利解决纠纷并提出客户所认可的解决方案外，还需要对纠纷处理进行跟踪调查。

（1）告知顾客纠纷处理的进度，为顾客采取什么样的补救措施，现在进行到了哪一步，都应该及时告诉顾客，让他了解你的工作，了解售后客服所付出的努力。

（2）了解顾客对纠纷处理的满意度，在解决了与顾客的交易纠纷之后，还应该进一步询问顾客对此次解决方案是否满意，顾客对执行方案的速度是否满意，通过这些弥补性的行为，让顾客感受到店铺的诚心和责任心，用自己的实际行动去感动顾客，让顾客忘却此次不愉快的购物之旅。

【启智育人】

网店客服的服务理念

网店客服作为电子商务时代的重要职业，其工作不仅关乎客户服务质量，也体现了中国特色社会主义在经济发展和服务民生方面的理念。

以人民为中心的服务宗旨：网店客服应秉持"以人民为中心"的思想，将顾客的需求和满意度放在首位。通过热情、专业的服务，解答客户疑问，解决购物过程中遇到的问题，提升顾客的购物体验。这符合中国特色社会主义中强调的人民主体地位和服务民生的宗旨。

构建和谐社会：网站客服在处理顾客投诉和纠纷时，应遵循和谐社会的原则，积极沟通、妥善化解矛盾，通过公正、合理的方式解决问题，维护良好的客户关系，促进社会和谐稳定。这与中国特色社会主义倡导的构建社会主义和谐社会的目标相契合。

推动经济发展：网店客服作为电子商务环节中的重要一环，对于促进网络零售业的繁荣和发展具有积极作用。网站客服的高效工作和良好口碑能够吸引更多消费者，增加网店的销售量和盈利能力。这有助于推动中国经济的数字化转型和高质量发展，符合中国特色社会主义的经济建设方向。

注重职业道德和素养：网站客服应具备高尚的职业道德和良好的职业素养，保持诚信、敬业的工作态度，不断提升自己的专业能力和服务水平。这不仅有利于个人职业发展，也有助于树立行业的良好形象，为电子商务行业的健康发展贡献力量。这与中国特色社会主义对公民道德建设的要求相一致。

创新服务模式和技术应用：随着科技的进步和互联网的普及，客服行业也在不断创新服务模式和技术应用。网店客服可以积极探索智能化、自动化的服务手段，提高服务效率和质量；同时，也要关注顾客需求的变化和市场趋势的发展，不断调整和优化服务策略。这种与时俱进的精神与中国特色社会主义的创新能力相契合。

将以上这些理念和要求融入日常工作中去，不仅能够提升个人的综合素质和职业竞争力，也能够为推动电子商务行业的健康发展和构建社会主义和谐社会作出积极的贡献。

【项目总结】

　　网店客服项目作为电子商务的重要一环，在提升客户满意度和促进网店销售方面发挥了关键作用。客服团队不仅要具备扎实的专业知识，还需要展现良好的沟通能力和解决问题的能力。在服务过程中，要注重细节，积极回应顾客需求，努力解决购物过程中遇到的各种问题，要秉承"客户至上"的原则，不断优化服务流程和技术应用，提高服务水平和效率。同时，也要关注市场动态和客户需求的变化，及时调整服务策略，确保网店客服项目始终保持在行业前列。

【项目实训】

千牛工作台客服子账号设置

　　根据商家客服人数，在介绍分流设置方法时，按照不同规模商家的需求特点进行介绍，请按需取材。分流的设置可根据不同规模的商家需求分为极简模式和常规模式。

　　第一步：创建客服分组。

　　【主账号】或【有客服分流管理】权限的子账号进入客服分流后台，新建2个客服分组【售前分组、售后分组】，将售前客服和售后客服的账号添加到对应的分组中。新建客服分组后，可设置客服权重，权重值越大的客服，分给他的人越多。一个客服只能添加到一个客服分组，如图5-2所示。

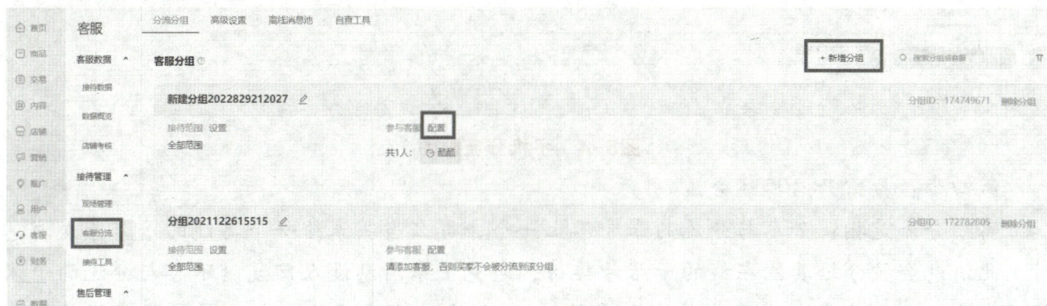

图5-2　千牛客服分组截图

　　第二步：设置接待范围。

　　客服分组如需接待指定的人群、商品、意图（小蜜）、订单状态，请设置接待范围，接待范围有优先级（人群>商品>意图>订单状态），可根据自己店铺的需求进行设置，不强制要求。

　　（1）订单状态分流——根据买家在本店的订单状态，判断该买家是售前咨询还是售后咨询。

　　（2）商品分流——根据商品种类或专精客服接待。

　　（3）人群分流——不同人群属性的客户（如：会员接待、区域接待），可用不同的客服来接待。

　　（4）意图分流——当店小蜜全自动接待解决不了、转接人工时（包含留言管理池再分配），算法识别消费者与机器人整通会话的意图分类，实现按意图分流到指定旺旺分组。

如图5-3所示。

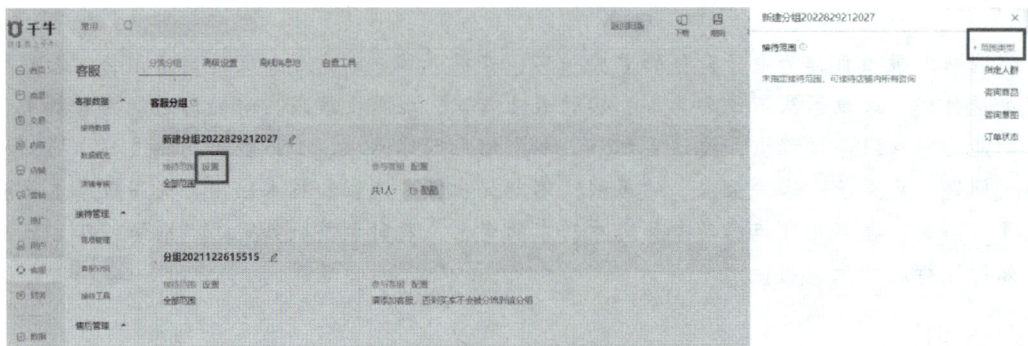

图5-3　设置接待范围截图

第三步：开启手机分流。

如客服用手机接待买家，先登录手机千牛，并在后台开启【手机分流】，如果不用手机接待，可不设置。

手机分流开启的方法，点此【允许在移动端接待】开启，如图5-4所示。

图5-4　手机分流截图

第四步：按需开启离线分流。

离线分流是指：如参与分流的账号不止一个，那么当买家给一个离线的子账号发消息时，此消息会被分给其他在线的子账号接待，避免买家消息没人回复（不参与分流的子账号不会生效，只有参与分流账号才会生效）。离线分流开启方法：点此【客服离线后消息处理机制】进入。如图5-5所示。

图5-5　离线分流截图

第五步：设置离线消息处理方式。

当晚上所有客服都离线时，买家消息会根据设置的离线消息处理方式进行分配，例如：

（1）若选择分配到留言管理池，当所有客服离线时，买家消息都会到服务助手的账号接待，等到第二天客服上线时，可自己到留言管理池中将消息再分配给在线客服跟进。设置方法【点此查看】。

（2）若从未设置过，离线消息会默认分流到主账号。

主要参考文献

［1］章玎玎，朱合圣. 网店运营与管理（慕课版）［M］. 北京：人民邮电出版社，2022.

［2］葛青龙. 网店运营与管理［M］. 北京：电子工业出版社，2022.

［3］李蛟，赵浩宇. 网店运营与管理（微课版）［M］. 北京：人民邮电出版社，2025.

［4］肖丽平. 网店运营与管理实务［M］. 北京：中国人民大学出版社，2018.

［5］赖玲玲，黄春松. 网店运营与管理［M］. 厦门：厦门大学出版社，2018.

［6］欧阳红巍，王晓亮. 淘宝网店运营与管理（微课版）［M］. 北京：人民邮电出版社，2021.

［7］张红，商玮. 商品信息采集与处理［M］. 2版. 北京：高等教育出版社，2020.